suncolor

suncolor

英國獨立出版商圖書獎（IPPY）時事類金獎記者
瑪琳娜・肯塔庫奇諾／著　　張家綺／譯
Marina Cantacuzino

寬恕

是終點，
還是起點？

FORGIVENESS

An Exploration

suncolor
三采文化

撼動推薦

「現在正是這本精彩好書問世的關鍵時刻，畢竟我們目睹太多值得寬恕的事發生。寬恕的複雜方法、意義、促成改變的動力，都可以在這本書中找到，最重要的是這本書也帶我們了解，寬恕能預防人們不再重蹈覆轍罪不可赦的惡行，讓人從仇恨中重獲自由。」

——艾瑪．湯普森（Emma Thompson），奧斯卡與金球獎影后

「令人深刻難忘的一本書，文筆美妙，觀點非凡、分外動容。人人都需要原諒，而這本書網羅各種人物角色，講述別具意義的寬恕故事，鼓勵我們慢慢走向寬恕，是一本在讀者心中縈繞不去的書。」

——亞歷山大．梅可．史密斯（Alexander McCall Smith），作家兼生物倫理學專家

「一場對於人生必經難題聰穎睿智的全面大搜查。」

——理查．哈洛威（Richard Holloway），《宗教的40堂公開課》（*A Little History of Religion*）作者、前任愛丁堡主教

「所有人都曾經受傷，也曾經傷人，這本意義深遠的書就是對所有人的喊話，作者語氣堅定誠實，強調寬恕勉強不來，卻同時充滿希望，邀請讀者看見人類選擇寬恕立場所帶來的潛能，不僅能為我們帶來希望，也讓人獲得跳脫仇恨的自由。任何對人性殘酷和苦難深感興趣的人都該一讀，這本書將會開拓你的視野。」

——關．亞德歇（Gwen Adshead），《你認識的惡魔》（*The Devil You Know*）作者

「這部既撫慰又振奮人心的著作句句道出寬恕的真相……既發人深思，又充滿希望。」

——瓊恩．斯諾（Jon Snow），電視節目主持人

「這部著作在這個世代意義深遠，我鼓勵大家莫再遲疑，趕快拿起來讀一讀。寬恕是什麼？寬恕是執行起來困難卻有其必要的任務，錯綜複雜卻顯而易見，痛苦同時卻帶來希望。本書內容引人入勝，說服力道強悍，充滿同情心，逼得你不得不檢視你與自己、他人、世界的關係，可說是一本意義重大，又意境美好的書。」

——泰莎．麥可瓦特（Tessa McWatt），《以我為恥》（*Shame on Me*）作者

「這本美好傑作講述的是一個棘手主題，是每一個曾經在寬恕他人、獲得寬恕之中掙扎的人都必讀的著作。」

——莎莉．康恩（Sally Kohn），《逆轉恨意》（*The Opposite of Hate*）作者

「瑪琳娜．肯塔庫奇諾的寬恕著作旨意不是說服，而是一種調查。她運用記者技能進行觀察與提問、反思每一則故事，提出個人見解，卻不給出單一答案。她擴音放大我

們不想聽見卻亟需傾聽的故事，提供真實又雋永的人類傳統智慧：究竟該如何挺過我們以為撐不過的難關。我已經追蹤她的事業多年，這本精彩傑作就是她潛心鑽研寬恕主題長達數十年的探索，探究寬恕的複雜本質和恩賜。」

——帕德雷格．歐湯姆（Pádraig Ó Tuama），詩人

「這本書最了不得的就是關於人類情感的描寫和貼近人性，書中到處可見深刻見解，講解錯綜複雜的寬恕，以及寬恕的寬廣意義、問題及優點。每一頁都散發瑪琳娜二十年來抱持著同理心探索寬恕的好奇心。相信放下這本書後，幾乎每個人都會感受到其中的同理心和激發內在的好奇心，展現出人性的溫暖和智慧。」

——史蒂芬．切里（Stephen Cherry），劍橋大學國王學院院長

目次

contents

作者序——

仇恨、自由與惻隱之心

「故事就是價值的祕密寶庫：改變個人與國家訴說並奉行的故事，你就改變了個人與國家。」

——班．歐克里（Ben Okri），奈及利亞詩人

威爾瑪．德克森（Wilma Derksen）再清楚不過成為家喻戶曉的寬恕代言人感受如何，她因為原諒殺害女兒的凶手備受讚譽，卻也遭受惡意詆毀。正因為她沒有掙扎就接受了這場定義她也消耗她的悲劇，媒體為她貼上「寬厚仁慈之聲」的標籤，而這三十六年來，她不得不面對無情公審。

許多人都很難理解，為何威爾瑪和丈夫克里夫決定原諒奪走女兒性命的男人，更別說一九八五年冰寒刺骨的一月天，在加拿大溫尼伯（Winnipeg）某個儲物棚中，尋獲渾身綑綁、冰冷僵硬的十三歲女兒坎達絲遺體沒幾個鐘頭，他們就鬆口

原諒凶手。

坎達絲．德克森在放學回家的路上人間蒸發，經過長達七週的搜尋，當地人覺得她的命案既貼近又真實。我在二〇一三年某次造訪加拿大時，特別安排和這對父母見面，雖然結案已近三十年，這個故事仍深植許多當地人的腦海，原因之一就是六年前遭到定罪的凶手近期上訴重審刑期。

我受邀到德克森家共進晚餐，當天也來了兩位和這對夫妻同為門諾派教徒的老友，餐桌對話圍繞著那年十月提早降臨溫尼伯的低溫、我這次專程來加拿大進行的邱吉爾紀念協會（Winston Churchill Memorial Fellowship）研究，以及著作豐富的作家兼記者威爾瑪近期的出版作品。

餐後，威爾瑪帶我來到他們的客廳，在她的作品及家族合照的環繞下，娓娓道來他們選擇原諒殺害女兒凶手的理由。

「這個決定其實很容易。」威爾瑪解釋。坎達絲遺體尋獲當天，許多朋友鄰居帶著食物和禮物上門，在那幾個鐘頭短暫撫慰了這對家長和另兩個孩子的心靈，並為他們提供一層關懷的防護罩，抵擋這場震驚消息。

稍後，大多朋友離開後，屋外忽然地傳來一聲敲門聲，一個全身漆黑的陌生人站在德克森家門前，聲稱在報紙上讀到這場悲劇，於是想主動提供協助。他還表示自己也是在謀殺案中痛失孩子的家長，特別來警告他們即將踏入一個陌生又可怕的世界，並一一列出女兒逝世後他失去的全部。他說他不僅失去自己的健康、人際關係、專注力、工作的能力，就連寶貝女兒的回憶都一併遺失，因為謀殺案深深烙印在他腦海，已經沒空間容納其他東西。

這名陌生人突然現身家門就是一種無聲邀請，請這一對在謀殺案中痛失愛女、心碎沉痛的父母加入失親行列。可是威爾瑪和克里夫決心不加入，只差沒安慰起眼前這名陌生男子，禮貌客氣地聽他說完話後送客。「他造訪我們家就像是一記當頭棒喝。」威爾瑪說：「我們才剛經歷失去女兒的巨大沉痛，現在甚至可能失去一切。」

這就是寬恕變成德克森家救命稻草的原因：因為他們害怕這就是「不寬恕」的後果，於是刻意下了這個決定。親眼見證慘澹未來的夫妻倆當晚睡前立下重誓，承諾自己絕對不走同一條路，於是試著原諒那個毀了自己人生的人，即使當下他們根本還不知道痛下凶手的人是誰。

你可能以為他們是門諾派教徒，本來就秉持著寬恕的信念，但其實我遇過不少門諾派、貴格派、各種基督教分支教徒，碰到這種情況，他們卻絕對不可能選擇原諒。所以寬恕無關信仰，而是兩個痛失愛女的父母在得知謀殺真相當晚有意識的選擇。眼見前景黯淡，他們決定了，原諒是唯一可以選擇、讓他們從痛苦人生中釋放的道路。苦痛則一直都是寬恕最主要的原動力。

接下來幾個月和幾年間，他們證實了原諒女兒的殺人凶手，正是失親後跳脫無限陷阱和創傷困境的有效方法，可是這過程卻一點也不簡單。

「我從沒想過寬恕這兩個字在接踵而來的三十七年竟會如影隨形，戳刺我、引導我、療癒我、標籤我、開悟我、囚禁我、釋放我，並且定義我。」威爾瑪說。選擇原諒女兒的殺人凶手後，她得面對形形色色可想而知的批評聲浪。「打從一開始我就公開坦承我希望原諒對方，可是在我加入謀殺案生還家庭組織（Family Survivors of Homicide）後，他們卻勸我別再使用『寬恕』這兩個字，因為他們看得出寬恕的危險。某方面來說，這對我不失是件好事，因為如此一來就能逼身為門諾派教徒的我跳脫宗教術語，更真實地去寬恕。寬恕很難，需要使出強大力量，也常常遭人誤解，有時真的是想像不到的艱鉅。甚至有人說如果我們原諒凶手，就代表我們不愛坎達絲。」

聽著他人痛失至親的故事時，我發現傷痛不會有終點。也許你可以學習堅強面對，可是一路上仍可能發生某些事，將你一把推落巨坑，而你得自己想辦法再次爬出那個坑。再說障礙各異，有的人可能因為加害者毫無悔意而受到二次傷害；有的可能因為至親不諒解他們為何選擇在這種情況下原諒，甚至覺得這麼做很屈辱，因而排擠他們；有的人則得和永無止境、懸而未決的凶殺案周旋。承諾會解決案子、卻奪走希望的司法制度，這幾年來不斷讓德克森一家沮喪失望。

直到二〇〇七年，警方才總算逮到嫌疑犯。擁有一長串犯罪紀錄的馬克・艾德華・格蘭特（Mark Edward Grant），因為一個相符的DNA比對，獲判一級謀殺罪。坎達絲遺體尋獲屆滿二十六年時，法院展開這場凶殺案審判，並當機立斷宣判被告二級謀殺罪。

得知結果時，德克森家鬆了一口氣，女兒的案件終於有個交代，而這個危險男人也不再逍遙法外，現在他們總算可以鬆一口氣。即使他們多年前早已選擇原諒，當時卻沒有他們可以實際原諒的對象，凶手只是一種抽象概念。威爾瑪形容這就是一種「生活方式選擇」，在不確定的混亂之中保持平心靜氣。如今他們可以望入凶手雙眼，確切知道殺了自己女兒的人是誰，而他們當初又是決定原諒什麼樣的人。

接下來發生的事對德克森家來說，肯定又是一大折磨。二〇一三年十月，我離開溫尼伯後不久，曼尼托巴省上訴法院（Manitoba Court of Appeal）推翻了格蘭特的定罪，理由是審判法官鑄下錯誤，當初並未給予辯方上呈證據的機會，並指出凶手另有其人的可能。後來審判再次上訴，但加拿大最高法院仍維持上訴法院的審判結果。

二〇一七年，本案在坎達絲遺體尋獲的三十二週年前夕重審，法官認定格蘭特無罪，採納辯方聲稱起訴案提出的DNA證據「謬誤」的說法。格蘭特最後獲得釋放，意思是坎達絲・德克森的謀殺案又回到懸而未決的狀態。

你或許會以為這一切發展讓德克森家備受考驗，但情況絕非如此。也許是因為這對父母早就選擇原諒，得知殺害女兒的嫌疑犯身分前已下此決定，因此即使案子未獲解決，他們也沒有大受打擊。事實上恰恰相反，懷疑與不確定似乎是很好的緩衝墊。威爾瑪後來告訴我，格蘭特獲判無罪時，她內心湧上一股自由感受，彷彿總算卸下一直以來不知自己肩負的重擔。她還說，當她開始想像自己再也不必繼續回答有關該名定罪罪犯的問題，內心更是輕鬆。「也許這是一種新形態的正義……別具詩意的正義。」她思忖。

這麼多年來我聽過數不清的故事，然而威爾瑪的故事始終在心頭縈繞不去，也許是儘管面臨無數障礙，她寬恕的決心依舊毫不動搖。對威爾瑪來說，寬恕仍是一種不斷更新、持續進行的任務，也是一種在不同時期以不同形式存在的心理狀態。即便有時她沒有力氣，無法真正寬恕，但她還是不斷嘗試。她認為寬恕就是一顆她追尋的「北極星」，也是安撫平復她心靈的「經文」。

進行寬恕計畫工作時，我遇過許多傷痛欲絕、傷痕累累的人，並且都在下定決心放手原諒時慢慢療傷。但我也遇過儘管選擇不仇恨報復，也不見得能在寬恕中復原的人。事實上，是否選擇寬恕不是重點，真正重要的是受傷的人能否從無法改變的事實中重拾平靜，並自知要是不遏止仇恨，仇恨最終可能侵蝕你的心靈。

自二〇〇三年起為我個人的新聞報導專案網羅搜集寬恕故事，最早訪問的其中一人就是北愛爾蘭ＵＶＦ（阿爾斯特志願軍，全名「Ulster Volunteer Force」）準軍事組織成員，艾里斯特．李托（Alistair Little）。艾里斯特清楚表明，他不想參與任何強迫深受傷害的人去原諒的寬恕專案，因為這只會讓受害者承受更沉重的負擔。我們在貝爾法斯特（Belfast）的社區中心初次見面時，沒幾分鐘，他已經告訴我：「我曾遇過始終無法原諒的人，但他們並沒有因為過去發生的事而喪失行為能力。不原諒只象徵他們也是凡人，而創傷嚴重到無法修復罷了，請問我們又有什麼資格告訴他們應該原諒？」

艾里斯特始終無法原諒自己加入暴力行動，奪走另一個男人的生命。他的故事絕非非比尋常，七〇年代仍是小男孩的他在貝爾法斯特戰火綿延的街頭長大，為了替朋友慘遭愛爾蘭共和軍謀殺的父親報仇，在十四歲那年加入ＵＶＦ。他告訴我：「十七歲那年，我走進一個素未謀面的男人家中，舉槍射殺他，而且這是我主動要求的。」在貝爾法斯特的朗格甚（Lang Kesh）及Ｈ區（H-Blocks）監獄服刑期間，他總算明白自己的所作所為是不對的，坐牢期間也開始思索敵人承受的痛苦。

監禁歲月度日如年，沉痛不堪，他說：「我為此付出龐大代價，過著寂寞孤單、離群索居的生活，但我後來發現，使用暴力的人只會從某個角度看待事情，我自己也是。他們沒想過，動用暴力就等於鼓勵對方仇恨報復，最後深陷沒完沒了的暴力循環。」

三十歲那年出獄後，協助敵對的兩方建立橋梁、防制衝突分派場景激化，便漸漸成了艾里斯特的人生志業。《耶穌受難日協議》（Good Friday Agreement）為北愛爾蘭帶來不完美的和平，那之後他就孜孜不倦為了和平貢獻心力，踏遍世界各地，協助人們建立和平。艾里斯特經常一副緊張煩躁的樣子，卻為人坦率，每次介紹新朋友認識，他都讓對方驚豔連連。他的誠懇讓人卸下防備，而他的悔意也是大家眼見為憑。此外，他與寬恕之間動盪不安的關係（部分是因為他從不覺得自己值得寬恕）幫助我釐清難以歸類的寬恕題材。

對我而言，與艾里斯特的相遇就是決定性關鍵。那個當下我明白了，我所搜集的故事必須闡述這個複雜主題的各種層面，說明寬恕的不同可能，而又是怎麼用來當作泯滅仇恨的終極另類選擇。我也知道我的主要聚焦在探索寬恕的輪廓，而不是試圖鼓吹、說服、要求人們相信寬恕是唯一選項。我最不希望的就是把寬恕當作所有痛苦的萬靈丹，絕非為了療傷「不得不」服用的一帖良藥，也不是擺脫內心惡魔的不二法門。

在緊接著進行寬恕計畫的這幾年，這個頓悟在我內心逐漸蔓延擴大，因為我深信無論你相信什麼，信仰轉換是一件危險的事。理由很簡單，要是一道光耀眼奪目到令人睜不開眼，就失去開示啟發的作用，只讓人變得目不可視。

和艾里斯特·李托初次見面時，寬恕主題為何讓我如此著迷，就連我自己也說不出來，當然也不知道努力搜集籌畫的故事能做什麼。對於那個階段的我來說，寬恕計畫只是我個人對二〇〇三年布希／布萊爾攻打伊拉克的憤怒回擊。身為記者的我想在當時攻占頭條、瀰漫著挑釁好戰、以牙還牙、加倍奉還的語言中，創造出一種相反論調。我深信轟炸無辜老百姓只會使怨恨力道加劇，而我們愈是去壓制對方，對方就愈可能重振士氣，更強悍堅定地起身回擊。

受傷的人選擇寬恕當作回應的做法讓我深感興趣，因為比起鐵石心腸的人，溫和的人向來更吸引我，脆弱又比堅強有意思。我一直相信這世界上罪大惡極的人少之又少，我希望以記者身分彙整出一部故事集，向世人展示受害者和倖存者的療傷過程，讓他們向大家展現自己的力量和傷痛。

我想讓大眾聽見不同人的聲音，希望大家能近距離見證他們療癒創傷的經驗。我想將受害者故事與暴力加害者轉型和平使者的故事並列比對。最重要的是，我希望大家都讀到這些故事，藉此揭露寬恕既混亂危險又勇敢堅毅的真實敘述。

最後，多虧兩名女性的實質行動及資金贊助「仇（寬）恨（恕）兩個字」（The F Word）展覽：社會運動家兼美體小舖的創辦人安妮塔．羅迪克女爵士（Dame Anita Roddick）、福斯特公關公司（Forster Communications）創辦人兼執行長，吉莉．福斯特（Jilly Forster），艾里斯特．李托的故事才得以於二〇〇四年一月倫敦南岸的 OXO 藝廊亮相。艾里斯特的大型肖像及一旁的八百字證言邊，就掛著帕特里克．馬吉（Patrick Magee）的肖像和證言。馬吉曾是愛爾蘭共和軍運動人士，當時是人人皆知的布萊頓炸彈客，並在一九八四年保守黨舉行會議的布萊頓格蘭德酒店（Grand Hotel）中埋下炸彈，導致五人遇害，而其中一名受害者的女兒喬・貝里（Jo Berry）肖像則擺在他身旁。

他們肖像的正對面牆上亦展示許多世界各地的修復故事，展覽的概念是向世人展示他們是怎麼和平解決事端，與其衝突仇恨、妖魔化敵人，不如將對方視為凡人。雖然這個概念不太尋常，卻也不是史無前例。許多掛在藝廊牆上的肖像主人親自參加展覽開幕儀式，事後都表示這段相處時光讓他們共同療癒修復。

這場展覽不可思議地空前成功，吸引廣大媒體關注及上萬觀展群眾。令人心痛的伊拉克戰爭結束後，充滿希望的論述似乎探入大家內心的深層需求，在這充滿仇恨的世界中找到人性。所以為了因應人們希望運用這些故事當作和平手段的廣大要求，幾個月後我成立了寬恕計畫慈善機構，擴大落實和平推廣。

寬恕計畫至今仍與具有實際經驗的人合作，目標是認識療傷、重建、回歸人性，更尤其援助受害者／倖存者及昔日罪犯，探索受傷與創傷後如何重建人生。這幾年間，諸如此類的「修復式敘事」確實能夠改變生命，不僅協助個人面對自己人生的問題，亦有助於重建寬容、希望、同理心的社會氛圍。

打從一開始，我為寬恕計畫設定的目標就是一種提問，而不是說服；我們提供的是協助，不是萬靈丹。我想透過這本書提煉濃縮個人觀點及我學習到的寬恕，書中包含許多真人真事，故事主人的寬恕或獲得寬恕的經驗都是我不曾有過的，而他們的視角見解也能夠幫助及點醒他人。訪談對象與我分享個人實際經驗，而我從他們口中搜集到的「人類容忍邊緣」[1] 故事後，去蕪存菁，保留這個複雜主題的精髓重點，希望可以藉此探索寬恕、發人深省，或許甚至提供解答。

我不是學術界人士，不是哲學家，不是心理學家，更不是神學家，我只是一名文字工作者，整合彙集他人故事，深思熟慮寬恕的含義、價值及極限後，迫不及待想和大家分享我所學到的東西。

「故事就是將私領域和個人經歷轉譯為公眾經驗的一座橋梁。」德國出生的政治理論家漢娜．鄂蘭（Hannah Arendt）於一九五八年寫道。我相信寬恕計畫搜集分享的故事不僅是第一人稱的主觀證詞，也是一種跨越個人疆域、形塑社群的集體記憶，進而重塑人們觀看世界的角度。

市面上有不少分析寬恕意義的書籍，但並非所有學者都所見略同，為寬恕得出統一定義。選擇去寬恕他人或曾經獲得原諒的人，寬恕的表現更是千百種。我之所以將展覽取名為「仇（寬）恨（恕）兩個字」，就是為了反映寬恕並不擁有單一定義。眼見有這麼多繁複晦澀又不盡理想的寬恕定義，學術人士佛雷德利．魯斯金博士（Fred Luskin）舉手投降，我甚至聽他說之後不會再使用「寬恕」，而是改用「自由」二字。[2]

我偏好讓故事自己說話，但若硬要我給出一個有關寬恕的定義，有時我也會用引述魯斯金的說法，另外再稍微錦上添花一番。對我來說，寬恕的意義就是與自己改變不了的人事物和解，進而療癒心靈傷痛、卸下仇恨重擔及報復欲望。但寬恕不是只有接納和放手那麼簡單，因為原諒還需要運用一種帶有人性的終極原料，那就是給予傷害你的人某種程度的同情或同理心，哪怕只有一丁點都好。這真的不簡單，因為當你想到威爾瑪和克里夫的故事，大多數人恐怕都無法想像，面對禽獸不如殘害女兒的凶手，這對夫妻是怎麼對他產生惻隱之心。

正在反覆思忖這件事時，我聽見兩名女兒遭到謀害的母親米娜．斯莫爾曼（Mina Smallman）參加英國廣播電台的《今日》（*Today*），並在節目中聊到寬恕。

那天是二〇二二年元旦，她受邀擔任該晨間節目的客座主編，講到寬恕時，斯莫爾曼的話語在在挑戰我個人的信念。我本來相信的是我們得對傷害自己的人付出一絲惻隱之心或同理心，才可能寬恕。然而談及她是如何原諒謀殺女兒的凶手時，她卻說：「寬恕倒不是要你真的去同情對方，而是內心不再醞釀怒氣和挫敗情緒、不再顧慮對方，繼續過自己的日子。」

斯莫爾曼清楚表明，寬恕其實不需要同情心然而在同一場訪談中，她也說了她很感激自己有基督教信仰，因為信仰幫助她「原諒這個年輕人」。這裡她用了一個不一樣的字眼，與其稱呼對方魔鬼、怪物，她稱凶手為「年輕人」。我們可以從這幾個字得出一個結論，那就是她把凶手當作和自己一樣的普通人，而這就是我所說的「一絲惻隱之心」。

第1章——

雜亂無章的寬恕

「寬恕擁有廣大浩瀚的光譜……光譜一端是遊樂場上的小吵鬧，光譜另一端卻是種族大屠殺，偏偏無論哪種情境，都只能套用這兩個字。」[1]

——茱莉・尼科爾森（Julie Nicholson），作家

關於寬恕的描述，我最喜歡的莫過於美國作家馬克・吐溫的名言，意思大概如下：「寬恕就像紫羅蘭，把它的香氣留在那踩扁它的腳踝上。」之所以喜歡這句話是因為它道出了寬恕的雜亂無章——雖然寬恕是傷害破壞的產物，卻也可能是療傷良藥。部分倡導寬恕的人看不見寬恕的繁複層次，一味鼓吹寬恕是近乎萬無一失、單一簡化的療法，可以治癒個人與社會的傷口，可想而知這種定位可能讓人產生誤會。

寬恕的範圍富有彈性、可隨情況調整變化，不是一種人人適用的萬用款，也不是某次遭到輕忽冒犯後寬宏大量的單一舉動，而是人類持續修復自我破碎的進程。某些時候寬恕也許易如反掌，某些時候怎樣就是無法原諒。寬恕具有流動性，變化多端，跟所有嘗試描述寬恕的定義一樣。

在我搜集網羅的故事當中，寬恕可以濃縮成一種能量，具有轉化力量卻令人心神不安、撫慰人心卻又沮喪。它具有減緩疼痛的力量，同時也可能讓人刺痛。寬恕可為憂傷帶來意義，也可能讓人困惑不解，既是矛盾對立，也清澈透明。

當我們相信自己是對的，表明自身立場、製造對立敘述，憤怒和辯解就會產生。但要是我們接受自己不是全盤皆知，我們的動機也不再是不計代價絕對要「贏」，那麼我們就能夠建立信任感。我看見寬恕與「不知」之間存在一種深遠的連結，意思是我們願意擁抱矛盾和不確定。

「寬恕並不是原諒某種行為，而是原諒人類與生俱來的不完美。」我和薩曼莎．勞勒（Samantha Lawler）在明尼亞波里斯（Minneapolis）市政中心準備一場寬恕論壇活動時，她這麼說。這是我初次與薩曼莎見面。那天下午，她向我敘述十八歲那年，父親在佛州羅德岱堡（Fort Lauderdale）自家勒斃母親的故事。

接踵而來的十三年，強烈交織的悲痛怨恨，讓她無聲沉默，人生變得一片朧朧。悲痛是因為她失去母親，憤怒是因為毀了這個家庭的人居然是父親，她下重誓這輩子再也不想見到他。「大家都告訴我哭出來比較好。」她告訴我，「所以有時我會整整一個下午都在痛哭。可是隨著一年年過去，我感受的悲痛無望卻毫無減輕。」直到薩曼莎加入地標論壇（Landmark Forum）為期三天的個人成長研討會，她才逐漸敞開心扉。這是她第一次與其他受害者產生強烈連結，課程結束後，她決定和自己在人生路上失聯的人和解，於是聯絡父親的監獄安排會面。這一聯絡不得了，她聽到監獄說其實他們一直想方設法聯絡她，因為她父親正處於病危狀態，隨時可能逝世。

於是在二〇一二年十月，她從紐約出發前往佛州探視父親。她說：「我和父親只有十分鐘時間。當下我幾乎認不出他，他只剩下昔日輪廓的空殼，多次中風發作，肌肉萎縮，還患有愛滋病，需要插管呼吸，而且無法言語，還得以手銬固定在病床上。」然而那整整十分鐘，薩曼莎的父親卻目不轉睛地凝望著她，直到她情緒漸漸平息，內心卻激動萬分。她現在總算清楚看見審判日的模樣。「那一瞬間我發現他的人生正如我所期望——淒涼痛苦。但當時我卻深深明白，他承受的痛苦並不能減輕我的痛苦，我們兩人長期承受的痛苦非但枉然，也對我本來獲得療癒的可能性毫無助益。看見他慘不忍睹的模樣，令我深感震驚，過往恩怨瞬間一筆勾消。我不斷告訴他我有多愛他，我已經原諒他，並為了我這麼晚才來探望他、告訴他這些話道歉。後來我發現在那十分鐘，我們之間並不存在仇恨或罪惡感，沒有所謂對與錯，只存在一種不需要言語、不需要道歉的深沉連結。在那十分鐘內，我又找回我的爸爸，離開監獄時，我總算感覺沉重重量逐漸瓦解。」

「寬恕並不是原諒某種行為，而是原諒人類與生俱來的不完美。」我一直很欣賞薩曼莎對於寬恕的詮釋。寬恕不只是原諒既成傷害那麼簡單，也讓我們擔起人類犯錯的責任，畢竟我們不過只是脆弱的人類。她的觀點也讓我理解，為何有些人能夠原諒多數人覺得不可饒恕的事。我現在明白了，當人們原諒令人髮指的暴行與邪惡，他們原諒的其實不是罪行，而是人人皆會犯錯失敗的人性本質。

他們之所以發揮同理心，不是因為他們能夠容忍自己遭遇的傷害，而是因為他們能對那些思想扭曲、殘酷無情的人，也就是莎士比亞形容的「大自然的受損品」產生同情心。[2] 他們可以站在對方殘敗不堪的立場，想像他們為何如此鐵石心腸，只能任憑變態衝動吞噬自我。

當你聽到最近某起罪不可赦的殘酷暴行，新聞標題挾帶「禽獸」、「惡魔」、「野獸」等字眼時，或許會覺得這些形容都再恰當不過。在這種令人產生強烈道德反感的時刻，要想像這種人值得原諒實在不容易，但確實有人罕見地選擇原諒這些社會稱為「野獸」的人，用意卻不是替他們辯解，只是為了釋放自我。

另一個可能就是選擇原諒的一方能夠理解，罪犯犯下的惡行不過反映出一個人的童年創傷。他們可以理解在暴力和缺乏關愛的環境下長大，一個人可能會出現道德缺陷的情況，長大後就變成忿忿不平的大人，進而演變成社會問題。再不然選擇原諒的人可能只是把罪行當作一種遭到暴力影響或洗腦的後果，以至於無法產生正常的同理心，無法分辨是非對錯。同理心就像是肌肉，要是不鍛鍊，它就會失去功用，癱軟無力。

在《你認識的惡魔》（*The Devil You Know*）中，關・亞德歇（Gwen Adshead）

分享她在高度警戒的英格蘭布羅德摩精神病院擔任精神科醫師的經驗談。她在序言中挑戰讀者踏進一個世界，而在這個世界裡「良善與邪惡、是非對錯、受害人與加害人，定義絕對不是黑白分明、不可翻轉，而是一種可能並存的共生關係」。

在了解良善與邪惡之間的親密連結後，我總算明白為何有人可以原諒玷汙人性本質、難以輕饒的惡行。作家兼大屠殺倖存者普利摩·李維（Primo Levi）談及奧斯維辛集中營的警衛時，也點出相同連結：「那裡沒有惡魔。我在集中營時一個惡魔都沒看見，只看見如同你我的人，而他們只是因為德國盛行法西斯主義和納粹勢力崛起，才會變成那樣。如果法西斯主義或納粹勢力又死灰復燃，諸如你我的人也會變成那樣，而且處處可見。」[3]

《一九一八～一九五六年的古拉格群島》（*The Gulag Archipelago 1918-1956*）也反映出相同情懷，立場反政府的俄羅斯諾貝爾獎得主亞歷山大·索忍尼辛（Aleksandr Solzhenitsyn）精闢解釋，為何我們不想為人類的可憎惡行負責：「若單純只有惡人躲在陰暗角落犯罪，那很簡單，我們只需要將這些人繩之以法，摧毀他們就好。偏偏區分良善與邪惡的那條線亦刺穿每顆人類的心臟，而又有誰願意毀滅自己的心臟？」[4]

時常有人告訴我，有關寬恕的嚴肅對話中，原諒和遺忘的概念並不存在，尤其要是眼前是最人神共憤的罪惡惡行。然而要是寬恕等於放下仇恨、與痛楚和解，那麼不可避免地，寬恕的意思就代表放手部分傷痛記憶，因而減少煩惱思緒、壓力焦慮。[5]

我還記得有位成年女兒遇害的母親對我說，多年後她總算可以把寬恕當作「最後救援」。不過她同時也說了，即使原諒凶手讓她找回原有人生，她有時也深感罪惡，因為這意思是她已不再每分每秒都想著女兒。在一段關係中，要是羈絆兩人的互動已失去對等情感，這種狀況就可能發生。詩人兼哲學家大衛・懷特（David Whyte）寫道：「這不過是受到傷害烙印、無法忘懷的那個自我，終於可以把寬恕當作一種憐憫的表現，而不是單純選擇遺忘。」

對女演員莎朗・史東（Sharon Stone）而言，寬恕一直都是敏感尖銳的話題，也是她童年遭到性侵，沉默數年後面對探究的課題。「我相信『原諒卻不遺忘』而不是『原諒並且遺忘』。」二〇二一年接受《故事雜誌》（*Saga Magazine*）訪談時她表示：「寬恕是為了自己好，但要是選擇原諒的對象是危險人物，就仍得將他們關在心房牢籠，不再重蹈覆轍。」

在個人回憶錄《重生之美》（*The Beauty of Living Twice*）中，莎朗·史東記錄她在四十三歲、腦部大失血後重建人生的故事。她回頭審視和三個兄弟姊妹在賓州小鎮長大的童年，印象中，她不記得母親愛過她，祖父則是虐待她的施暴者。她形容自己是亂倫倖存者，雖然祖父在她十四歲那年過世，她仍然緘默多年，最後才和母親攤牌，訴說自己的受虐遭遇。對此一無所知的朵樂絲·史東（Dorothy Stone）沉痛遺憾，可是這場對話卻讓母女倆建立珍貴羈絆。莎朗·史東在《故事雜誌》的訪談中提到母親時，說：「要是我始終沒有告訴她這個可怕祕密，我就不會認識她，不會了解她，而八十五歲的她也不會有機會成為一個疼愛六旬女兒的母親。」

對於史東來說，打破沉默意味著憶起並直視內心傷痛，並且開啟寬恕與解決的可能。戴斯蒙·屠圖主教（Desmond Tutu）以個人見解捕捉個中精髓：「寬恕並不是默許縱容已經發生的事，而是認真看待這件事，不減輕它的嚴重性。我們只是拔出一根在記憶中荼毒思想、威脅生命的毒刺。」[6]

談到駭人聽聞、有條不紊地剝奪黑人尊嚴的種族隔離制度時，南非作家普姆拉．戈博多—馬迪基澤拉（Pumla Gobodo-Madikizela）表示，這就是她所說的救贖記憶：「要是保持記憶是為了醞釀仇恨和埋怨，最後就可能演變成復仇記，導致暴力週而復始。但要是記憶鮮明的用意是跨越仇恨情感，那麼記憶就可能啟動療傷機制。」戈博多—馬迪基澤拉堅稱，寬恕的用意並不是縱容罪行，而是從傷痛中浴火重生。

有時寬恕是咬牙切齒、不得不的強制選擇。史提夫．麥昆（Steve McQueen）執導的三部曲紀錄片大作《起義》（*Uprising*）就是其中一例。[7]該系列紀錄片揭露一九八一年東倫敦發生的新十字大樓火災，最後十三名年輕黑人喪生火場。影片的重點不只是八〇年代倫敦的種族歧視現實，也道出黑人數十載來長期隱忍的不公不義。紀錄片尾聲，一名在惡火中痛失愛子的母親描述，經過兩次死因調查仍揪不出真凶後，她是如何接納這個殘酷現實。「我知道安德魯是不可能回來了。」她說：「我八成會在不知道真相的情況下踏入墳墓……凶手身分也不得而知。」緊接著，她以細如蚊蚋的音量說道：「我得把這一切放在十字架底下。」

我們聽見幕後傳來訪談主持人的聲音，請這位母親解釋這句話的含義。「意思是我原諒他們，也遺忘他們。」她聳聳肩。之所以選擇寬恕是因為她已向上帝立下誓約，抑或她心知肚明自己不原諒凶手，就會痛不欲生，在此並無清楚交代。但無論如何，你至少知道這名痛失愛子的母親總算放下並轉化痛苦，並從中獲得寬慰。想要遺忘指的絕非遺忘死去兒子的記憶，而是烙印在她心頭、不具面孔的加害人形象。

對於傷害造成不能說忘就忘的深刻傷口，「原諒並且遺忘」恐怕讓人冒犯，但我覺得遇到稀鬆平常、輕微惱人的煩惱情境，這句話倒是很合理。這裡指的是我們生活中普遍常見的怨氣，譬如你可能還記得幾年前與某個朋友的爭執，卻已經記不得當初吵架的主因，因為你已經忘了，如今這段友誼也毫髮無傷。如果你還耿耿於懷，多年後還沒忘記吵架的細微末節，恐怕就表示你還沒原諒對方。

很多年前，早在我考慮把探究寬恕的議題當作事業重心之前，有位記者同仁給我看一封他寫給叔叔的信，有意解決延宕數年的家族遺產紛爭。我的同事不想繼續爭吵，於是最後答應讓步，接受叔叔提出的要求。我讀著這封他費時完成的信，信中鉅細靡遺記錄所有事發順序，一一列出誰做了哪些事、事情何時發生等，分寸拿捏得恰到好處，語氣不慍不火，結尾表示希望和叔叔維繫良好關係。然而信末無意脫口說出的一句話，卻透露出截然不同的弦外之音：「我希望你知道我原諒你了。」

很明顯我的同事以為自己是釋出善意，主動求和，展現出寬宏大量的氣度，但我認為對某個不覺得自己有錯的人主動提出原諒，恐怕沒什麼好處。那之後沒多久他就搬去美國生活，好幾年我們都沒再見面，直到我們後來在倫敦某餐廳碰面吃飯，我問起他和叔叔現在的關係，他才告訴我叔叔完全沒有回信。聽說他們幾乎沒再見面時，我絲毫不訝異。那天他幾乎一整晚都在傾訴自己遭受血親冷落對待，感覺有多受傷。

我舉這個例子是為了闡述若我們希望寬恕生效，就不得不遺忘傷害。我的同事以為他已經原諒叔叔，當然他也真的想要原諒，可是事實上卻沒有，我之所以知道是因為他還沒有遺忘。這種情況下，要是埋怨持續沸騰，要原諒對方當然不可能，畢竟釋放怨氣是原諒的必經過程。我並不是說我的同事應該完全把這件事忘得一乾二淨，而是若他真的希望原諒，我想他就不該長期積怨。

同理，面對他人的小錯時，有的人會說：「我原諒你，但我不會忘記這件事。」原諒可能是寬大舉動，但是承諾永不忘懷，聽起來卻比較像是一種威脅。

二〇〇〇年，臨床心理學家彼得．霍頓（Peter Houghton）被診斷出患有晚期心臟病，除非出現開創性的人工心臟手術讓他多活七年，否則他將不久人世。職業生涯中，他多半都在倫敦的米德爾塞克斯醫院（Middlesex Hospital）諮詢瀕死病人，後來他在康復期追回自己在鬼門關前的經歷，著手創作隔年出版的著作《凝視死亡》（*On Death, Dying and Not Dying*）。[8]

霍頓在書中提到一件關於「原諒並且遺忘」的有趣發現。他回想起自己過去常常建議瀕死病人修復關係，若有必要就主動道歉，而今他自己也按照自己的建議去做，卻錯愕發現道歉對象大多已經不記得發生的事件。就算有人還記得，也認為他根本沒必要道歉，現在不需要，以前也不需要。最後霍頓得出一個結論，那就是他之前所做的事「對他們而言沒什麼大不了，只有我自己還在內心糾結」。

起初這讓他迷惘困惑，發現原來自己每天都抱著悔恨度日，但其實他對別人造成的傷害，並沒有他對自己造成的傷害來得嚴重。再不然就是傷害別人不過是他一廂情願的想像，而他主動聯繫的人明顯比他更有能力去原諒並且遺忘。「這件事賜予我一種全新視角。」他說：「這是我第一次覺得我可以接納自己、自己的人生，並且不去擔心人生中的黑暗。」

寬恕這個主題眾說紛紜，想要在地基搖晃不穩的情況下找到立足點，有時確實不太容易。由於寬恕與基督教具有強烈關聯，有的人以為寬恕計畫肯定是宗教組織，這點讓我覺得很有意思。我也遇過人們批評寬恕主題太虛弱單薄、微不足道，令人興致缺缺的情況。進行關於寬恕的演講時，偶爾也會碰到大表不贊同、惱怒翻臉的情況。某位孩子遭到誘拐的母親得知我是寬恕計畫人時，甚至在一場會議上當面訓斥我。我並不怪她，今天要是換作是我以為有人想說服我**應該**原諒誘拐我孩子的犯人，肯定也會勃然大怒。還有一次，我朋友在他參加的讀書會上遇見一位治療師，這位治療師拒絕翻開我第一部著作《寬恕計畫故事集》，她惱怒地宣稱絕對不讀一本鼓勵受害人原諒加害人的書，因為這只會讓她客戶的情緒更受傷。

我能理解「寬恕」這兩個字很容易與宗教畫上等號，這也是許多治療師不太喜歡這兩個字的原因，但上述這位心理治療師完全誤會我的意思。我的用意絕對不是打造一個鼓吹受傷後還要原諒加害者的世界，只是建議大家考慮寬恕的可能。你也可以說是在什麼方法都不管用的時候，請人們稍微考慮把寬恕當作打破痛苦循環的方法，只是因為曾有深受傷害的人告訴我真的有幫助。當然寬恕並非萬靈丹，並非人人都適用，也不是所有情境都可套用，但與其被怨念腐蝕吞沒，寬恕不失是另一種值得考慮的開創性做法。

我想要改變大家對寬恕的普遍認知，因為寬恕絕對不是縱容或視而不見，我也從不鼓吹非寬恕不可，只想指出消毒或簡化寬恕很危險，因為我知道原諒是多麼艱鉅吃力的任務，具有風險也不可預測。

幾年前，我在 Skype 上與一位美國社群媒體專家互動，最後不歡而散。她的事業著重愛與寬恕，並希望與寬恕計畫交流。我們開始對話沒多久，情勢急轉直下，她先是指示我去看她近期張貼於推特的勵志引言，隨後建議我換掉我推特私人帳號的大頭貼——如果我真心想要增加追蹤人數，最好換一張比較有笑容的照片。她還指出我的推文性質偏政治，想了解「愛與寬恕」不會感興趣，因為我滿臉寫著「憤怒、小心眼」。

但就在我感到垂頭喪氣，緩緩從螢幕前方移開時，她嚴厲批評我：「看看妳的肢體語言。如果妳想要打響知名度，積極推廣愛與寬恕，就不能是這副德性。」這場對話再次證明了一件我早就知道的事，那就是愛與寬容的世界也可能非常不寬容。但這也讓我決定定位寬恕的論述，吸引誤解寬恕是軟弱、矯情又微不足道的人。

雖然我遇過一些厭倦或不信任寬恕的人，卻也遇到更多認為寬恕是減輕痛苦關鍵的人，談及寬恕簡直就像是一種稀有的神奇靈藥，甚至抱怨太少人深思這個議題，導致理解不足。也有來自背景令人意想不到的粉絲，例如一名電視新聞製作人跟我聊到寬恕時，彷彿剛發現某件珍稀寶物，還決定要製作更多關於寬恕主題的電視節目。

對「仇（寬）恨（恕）兩個字」展覽展現興致的人，背景也是不可思議的五花八門。西雅圖某消防局曾將其中幾篇寬恕故事納入多樣性教程，有位南安普頓醫院的醫生亦與醫學院學生分享同樣的寬恕故事，希望培養出「更出色的醫生」。他深信寬恕是人們破解多樣性障礙的基石，同時也是認識多樣性的橋梁。

我們也和世界各地的人有過數不清的正面互動，這些年來，他們來信與我分享他們療傷的過程。很多人也告訴我，死守著過去的痛苦對自己沒有好處，正因如此他們開始踏上崎嶇不平的寬恕之路。而寬恕的擁護者也分成兩大派別，一邊是單方面的原諒，對這些人來說寬恕就是一種自我療癒，不需要對方參與，寬恕完全取決於受傷的人。另一邊則是雙方面的寬恕，原諒的一方是有條件的，他們相信寬恕是受害者與加害者透過道歉或懺悔取得的合約關係。這種情況下，寬恕需要被害人要求加害人悔過；對某些人來說要是沒有悔過，寬恕就免談。有個朋友這麼向我形容：「寬恕需要雙方參與，因為在兩方互動的那個當下，所有問題會迎刃而解。」

在炸彈攻擊中深受重傷的邁可・拉普斯利神父（Michael Lapsley）就是第二種寬恕立場的擁護者。一九九〇年四月，種族隔離鎮壓最高峰的時候，*身為非洲民族議會（African National Congress，簡稱ＡＮＣ）成員的神父邁可流亡辛巴威。當時，他收到一封炸彈郵件，導致他最後失去雙手、一隻眼睛，甚至震碎耳膜。這個索命爆炸裝置就擺在宗教雜誌內頁，寄件者是南非保安部隊的資深官員，目的是殲滅這個直言不諱、熱血支持南非解放運動的神父。儘管該政權並未澈底消滅他們的目標，肯定以為此舉至少能重挫邁可神父的影響力，畢竟他這下疼痛不堪地躺在哈拉雷醫院，動彈不得。

多年前甫成為神父的邁可告訴朋友，他的宗教使命是理解身為人的意義，當時卻沒想到這個使命會以這種形式降臨人生。使命感於一九七三年帶著他遠離家鄉紐西蘭，前往南非服務生活於邊緣的窮人。二十年後的他必須面臨不確定的可怕未來，對於他恐怕餘生都得僱用看護這件事心中有數。然而他對上帝的信仰及世界各地朋友給予他的愛和禱告，卻大大提振邁可神父的士氣，雖然人還在哈拉雷帕里雷尼亞圖瓦醫院（Parirenyatwa Hospital）接受身心治療，邁可神父的生還故事已經廣為流傳，備受人們尊敬，並且獲得充沛的精神支持。

邁可神父經過數個月專業的身心醫療照護，先是在辛巴威，接著轉至澳洲的醫療機構，儘管身體虛弱地折返南非，他卻意志堅定，非要找到這場磨難的意義不可。這時的他已裝上兩支充當義肢的實用鐵鉤，讓他多少可以獨立生活，飲食、操作相機（這是他最愛的娛樂消遣）、駕駛。每分每秒都在在提醒他身體的極限，他瞬間發現自己是一個屬於弱勢族群的局外人。雖然這從來不是他渴望加入的團體，他卻在病弱殘疾的人之間發現全新的歸屬感。破碎、不完整、不完美就是他創造第二神職生命的關鍵字。康復時，他著重培養出時時刻刻都活著的想法，打造出贏家而非受害者的思維。

我曾在倫敦西敏寺聆聽他的布道，過程中他提到南非偉大領袖艾伯特·盧圖利（Albert Luthuli）常說，自以為是受害者的人往往會反過來迫害他人。相同地，邁可神父的結論是「正因為別人迫害自己，所以人們會默許自己迫害他人」。

*種族隔離（非洲荷蘭語為 apartness）是一種支持對南非的非白種人民實施種族隔離政策的法律制度，近半個世紀以來，種族隔離政權以冷酷殘暴的手段剝奪黑人尊嚴。

在自傳《贖回歷史：從自由鬥士走向治療師的旅程》（*Redeeming the Past: My Journey from Freedom Fighter to Healer*）中，他描述自己發現，畢生追尋的平等與正義差點毀了他，卻也無庸置疑帶給他深遠獎賞。「因為這段旅程，我變得格外富有，人生也因此沒有什麼值得後悔的事。當然內心一部分的我偶爾還是會想：『早知當初警覺到裡面裝的是炸彈，不拆開不就沒事了』。可是上帝將我的炸傷經歷昇華成一種救贖。有些曾經熬過迫害的人是倖存者，但他們始終困在過往事件中，走不出來。我認為我們得跨出一步，不再禁錮在自己身為受害者的歷史，而是奪回主控權，再次加入形塑創造世界的行列，當歷史的主人。這時我漸漸發現，若我任由仇恨、怨念、報復的欲望吞噬自己，就永遠走不出受害者角色。」

邁可神父一直堅稱雖然他已經不記恨，卻也還沒原諒寄炸彈郵件的人。他在「仇（寬）恨（恕）兩個字」的播客節目中表示：

我訴說個人故事時經常掛在嘴邊的一句話是：我並沒有懷恨在心、埋怨自憐，也不想要尋仇。這時會有人對我說：「天啊，你果真是寬恕的超級楷模。」聽到這句話時，我會回答：「可是其實我從來沒提過寬恕這兩個字啊。」在我們交談的這個當下，我依然不知道寄炸彈的人是誰，也不知道製作炸彈的人是誰，更不知道是誰下的指令，所以對我來說，我談不了寬恕。

我現在確實會在腦海中想像有人前來敲我的門，說：「我就是當初寄炸彈的那個人，你可以原諒我嗎？」當然要是這種事發生，我也說不準自己會怎麼反應。但我猜八成會對他說：「是嗎？那不好意思，這位先生，我想請問你現在還會製造炸彈郵件嗎？」對方回答：「不，沒有了，其實我現在就在你家街角的紅十字會兒童醫院工作。你可以原諒我嗎？」然後我會回答：「當然，我當然願意原諒你。」也許我們會坐下來好好喝杯茶，然後我對他說：「先生，事情是這樣的，我是原諒你了沒錯，可是你看我還是少了一雙手，生活起居得請人從旁協助，所以你得幫我支付這筆看護費用。這並不是寬恕的條件，而是一種讓你懺悔補償的方法。」

我在二〇〇三年初開始搜集各式各樣的寬恕故事時，不斷聽說幾年前在蘇格蘭芬霍恩（Findhorn）某個宗教團體舉行的寬恕會議。當時邁可·拉普斯利神父受邀演講，一、兩位在場來賓指出，有幾名聽眾公然挑戰他的「有條件式」寬恕，質問他寬恕之前堅持要對方扛下責任，這樣是否鐵石心腸。他們話中帶話的質問恐怕都指向一個問題：**神職人員怎能不選擇原諒？**

邁可神父向來清楚說明，炸彈事件讓他變成一個更好的人，也成為更好的神職人員，但他指出即使他的「人性和極限」展示出同情與溫柔可能比邪惡與仇恨更堅強，但這仍然算不上寬恕。在西敏寺的布道上，他以**自行車神學**的用詞提出質疑，倘若有人偷走你的自行車，難道你真的只會聳聳肩不以為意，告訴對方「我原諒你」嗎？不，他鏗鏘表示，你會先要求對方歸還自行車，取回自行車後才原諒對方。

兩年後，我向邁可神父提出疑問，他表示：「我們常常簡化寬恕，以為只要說出對不起就好，但自己根本沒有懺悔補償的意思，可是懺悔和補償明明也是寬恕的關鍵要素。」

不贊成邁可神父自行車神學理論的人表明，如果需要先有別人的道歉和悔恨（若加害人已經死去、不具行為能力、身分未知，你可能永遠得不到一句道歉），才可能獲得內心的平靜，就等於是把力量交到錯誤的人手中，永遠無法擺脫疼痛來源。

二〇二〇年夏天，首波新冠肺炎封城結束後不久，在距離我不遠的倫敦西北部公園，妮可・斯莫爾曼（Nicole Smallman）及畢琶・亨利（Bibaa Henry），同母異父的兩姊妹經發現遭人砍殺致死。這起駭人聽聞的隨機暴力攻擊事件已讓社會氛圍低迷，更令大眾氣憤的是警方行動漏洞百出。搜救過程不僅慢半拍，妮可的男友總算找到兩人遺體後，有人發現兩名倫敦警察廳（Metropolitan Police）的警官在犯罪現場自拍，甚至四處散布照片。遇害者的母親米娜・斯莫爾曼，在事發十八個月後參加英國廣播電台的《今日》節目，擔任客座主編。斯莫爾曼是一名退休神職人員，也是英格蘭教會首位具備黑人或少數民族背景的女性副主教。第一次讀到她的故事時，我納悶她是怎麼承受女兒遇害的結果，也很好奇她的字典中是否找得到寬恕二字。

接踵而來那幾個月，斯莫爾曼幾乎不曾接受媒體訪談。事隔一年，年僅十九歲的丹亞爾・胡珊（Danyal Hussein）遭控為殺害兩名女兒的凶手時，斯莫爾曼才總算公開談話，質疑搜索女兒遺體的過程拖泥帶水，是否因為失蹤的是兩個黑人女性。有人問她為何這起命案引起的全民公憤，遠遠不及九個月後倫敦南部一名白人妙齡女子的綁架謀殺案，斯莫爾曼這麼回應英國廣播新聞：「因為其他人種在世界享有的光環比有色人種多吧。」[9]

這場訪談讓人看見斯莫爾曼不可思議的堅毅韌性，她不但是一名母親，還是一個社會運動人士，為了逝去的女兒，也為了改變充滿種族偏見的警政機關奮戰。他人問及她是否能夠原諒凶手時，她一拍都沒落、口齒清楚地回答：「我早就原諒了！其實我早就這麼做了，就連我自己都驚訝。當你對某人懷抱仇恨，失去自由的不只是對方，你自己也不再自由，因為報仇心理會糾纏不休，讓你不斷思考應該如何以牙還牙。我拒絕給予他這種力量，對我來說他什麼都不是……他對我們的人生不具影響力。」這種寬恕完全無關和解，恰恰相反，這是一種斬斷所有連結的寬恕：刪除拋棄式的寬恕。

同理，戴斯蒙・屠圖主教形容寬恕是「最有利於己的做法」。妹妹慘遭連續殺人犯弗雷德及露絲瑪麗・威斯特（Rosemary West）謀害後，瑪麗安・帕丁頓

（Marian Partington）解釋她原諒毫無悔意的露絲瑪麗・威斯特，是因為她不想讓這件殘酷悲劇侵蝕自我心靈，她才不會「一心只想報復，虛擲人生光陰」。[3]

瑪麗安在她個人的回憶錄《靜心凝神》（*If You Sit Very Still*）中侃侃而談，勇敢寫出原諒露絲瑪麗・威斯特的療癒和創傷經歷。對於是否原諒謀殺案審判之前就在獄中自殺身亡、逃避審判結果的弗雷德・威斯特，她並沒有太多著墨。我和瑪麗安促膝長談寬恕話題時，她形容寬恕就是找到與疼痛共處的全新關係，藉由同情加害者的痛苦解放自我，我十分欣賞這個說法。

瑪麗安在露絲瑪麗・威斯特的法庭審判上，聽說她小時候飽受暴力對待的故事時，內心瞬間閃過一絲同情，「這個可憐的靈魂只知道殘酷不人道的對待」。瑪麗安常常說寬恕應該是一種動詞，而不是名詞，寬恕是可以落實參與的行動，因為它是活的，具有流動性及「生命」。

芮妮克・蘭潔兒（Reinekke Lengelle）的觀點與這種寬恕論調相反，身為研究員、詩人、教授治療寫作的她，自丈夫離世後就專注傳授喪親經驗的寫作技巧。關於寬恕，她擁有相當豐富的觀點，並在一篇名為〈寬恕不是動詞〉的部落格文章中解釋：「嚴格來說寬恕是一種動詞，像是『游泳』和『跳躍』，所以『寬恕是動詞』的概念矇騙了我們。我們相信自己必須做什麼，卻不知道從何下手。『原諒』可以進行動詞變化，原諒卻不是一件可以說做就做的事。」[10]

我同意蘭潔兒的說法，寬恕的技能幾乎不可能教導傳授，畢竟寬恕不像駕駛或游泳，不能去上課學習「做法」，我也懷疑有誰只要參加寬恕課程就學得會原諒。不過我也能信心十足地說，只有你願意去做，無論是為了自己還是他人，而且不只是為了追求知識，是要發自內心地去擁戴寬恕，就真的辦得到寬恕。

蘭潔兒聲稱，當我們試著「去」寬恕或「爭取」寬恕，「寬恕往往讓人沮喪，變成在傷口上撒鹽」。然而「去」寬恕或「爭取」寬恕有兩種截然不同的動機。沒錯，主動要求或爭取他人原諒可能失衡混亂。我曾在美國監獄觀摩一堂受害者同理心課程，課堂上，獄友寫信給受害者要求對方原諒。雖然只是同理心練習，不是真的要寄給收信人，但我卻發現這個練習完全畫錯重點。信件內容的重點難道不該是道歉、擔起全責、發誓彌補過錯嗎？就如艾里斯特·李托所說，要求對方原諒只會造成受害者更沉重的負擔。

如果要求原諒是一種畫錯重點或自私自利的行為，那麼「去」原諒呢？我遇過許多人因為家族鬥爭、遭到朋友絕交、老闆欺凌而深受傷害，經過多年傷口依舊沒有癒合。這時他們會希望「去」原諒對方，當作自我解脫或成長的途徑。問題是他們並不曉得該從何下手。我無法提供萬無一失的快捷方法，很多老師開班傳授寬恕術，但我想得到最有效或最啟發人心的做法，莫過於傾聽他人思量並與寬恕搏鬥的真實故事，無論這些人最終能否原諒。

藝術往往是表現複雜敘事的最佳媒介。愛德華．聖奧賓（Edward St Aubyn）的《梅爾羅斯》（*Patrick Melrose*）小說就貼切展現出北愛爾蘭政治學教授當肯．莫羅（Duncan Morrow）的觀點，他說「寬恕是一種不可能為之，卻又不得不為之的需求」。在聖奧賓的半自傳體小說中，核心角色派崔克在五本書中努力對抗童年的創傷陰影、成年後又毒品上癮、經歷富裕家庭的家道中落，以及他身為人父的艱辛歷程。聖奧賓尖銳犀利的文字傳達出令人不舒坦的洞察力，帶領讀者了解派崔克性虐待傾向的父親，同時揭開他從未完全癒合的傷口。不只是派崔克尋覓救贖，作者本人也是。他似乎從來不曾讓過去的鬼魂安息，或者讓內心的魔鬼噤聲。儘管如此，這裡主要的想法是派崔克必須不靠毒品、性愛、酒精、恭維、愛情尋求慰藉，才能回歸完整的自我。聖奧賓自己在多場訪談中暗示，療傷的先決條件是看清事物的**現狀**，而不是它們曾有的模樣或應該要有的樣子，這種唯獨宣告放棄、才可解放自我的「現實起點」。[11]

《梅爾羅斯》系列小說探索的是飽受創傷折磨的人應該如何寬恕。最初，派崔克在原諒或報復的選擇間猶豫不決，後來他發現這兩者都改變不了既定過往。可是選擇原諒的話，就代表他得與迫害者協同合作，因此較不具吸引力。直到被仇恨折磨到精疲力竭時他才明白，最終的漠視或抽離才是唯一解脫。在充分理解寬恕的現實面就是這麼雜亂無章、前後不一、相互矛盾後，我們總算瞥見完整。聖奧賓如此描述派崔克：「他在恨意和殘缺的愛之間取得平衡，不再以憐憫或畏懼目光看待父親，而是把他當作一個無法控制自我性格的凡人。即使永遠原諒不了父親的罪，卻可以任由導致父親罪行的不幸，以及罪行帶來的不幸感動自己。唯獨與這種矛盾心理共存，他才能真正獲得自由，甚至邁向全新人生；讓他可以真正活著，而不是苟活，或許還能精彩快活。」[12]

我曾經聽布芮尼．布朗（Brené Brown）描述，她也是花了多年研究寬恕，才真正理解個中意義。她提到讓自己茅塞頓開的一刻，當時她聽見一對處於婚姻關係的男女故事，男方外遇出軌，雖然兩人都不希望終結婚姻關係，卻深陷不健康的互動狀態，他走不出無地自容的心態，她則是無法跳脫責怪心理。布芮尼．布朗思考這兩人的情況時，發現勢必終結這段婚姻的某樣東西，兩人才可能在人生路上走下去，無論是獨自或兩人攜手共度。接著，她說了一句非常震撼人心的話：「寬恕之所以不容易，是因為若我們想要原諒，就不得不讓某樣東西死去，好讓我們可以哀悼。」

你得知道自己失去了什麼，並且哀悼它的逝去，嶄新才可能從中誕生。你得明白一切可能就此變了樣，但更美麗的風景卻可能在前方等待我們，因此哀悼是寬恕的必經過程。而必須逝去的也許是我們認為自己報復的正當權利、認為自己沒有錯的堅決立場、以為可以為所欲為繼續下去的關係，或是期待他人永遠會以自己希望的方式對待我們的想法。

第2章

寬恕的黑暗面

「希望是一個充滿不定性的故事，背負著不知將如何發展的風險。」[1]

——蕾貝嘉・索尼特（Rebecca Solnit），作家

「去他的寬恕，實在愚蠢至極！」英國記者兼前任政治人物馬修・帕里斯（Matthew Parris）是其中一個質疑寬恕範例的人，他在某篇刊登於二〇一五年《泰晤士報》（*The Times*）的文章中痛斥，寬恕是一種軟弱、膚淺又愚蠢的行為，[2]選擇原諒的人全都被騙了。他撰寫這篇文章的動機來自一件德國憲法法庭的審判案。前任納粹黨衛軍奧斯卡・葛朗寧（Oskar Gröning），亦即人盡皆知的「奧斯維辛集中營記帳手」，因為協助謀殺三十萬人，七十年後定罪共謀，需要接受四年有期徒刑。

帕里斯文章的重點是奧斯維辛集中營倖存者萊昂・施瓦茲鮑姆（Leon Schwarzbaum）的回應。被問及是否原諒葛朗寧時，施瓦茲鮑姆說：「想都別想，我在奧斯維辛集中營總共失去三十個親人。」帕里斯承認他的寬恕定義並不複雜難懂，自幼就學時，老師就在他心底深深埋下寬恕是基督教義的觀念，可以洗刷罪惡或擺脫自身罪孽。老師告訴他，要是他「可以真正原諒，就會感到像早晨醒來那樣神清氣爽，發現原來一切不過是場惡夢」。也怪不得帕里斯不想和這種不可理喻的信仰承諾沾上邊。

這不是我對寬恕的理解。早晨醒來後感到神清氣爽，發現原來只是惡夢一場，感覺比較接近所謂的「澈底原諒法」。這種不拖泥帶水又完全無條件式的原諒，是已故的科林・蒂平（Colin Tipping）發明實踐的方法，核心概念就是寬恕可以將過往一筆勾消。

「不同於有條件式的寬恕，澈底原諒法沒有這麼困難，也不用花太長時間。」二〇一二年法國的寬恕日會議（Les Journées du Pardon）上，我聽見主持寬恕儀式的蒂平說：「這是一種簡易速成的做法，能夠緩解痛楚，讓你內心恢復平靜快樂。」在他的著作《澈底原諒》（*Radical Forgiveness*）中，他甚至進一步聲稱：「如果就連澈底原諒法都原諒不了希特勒，那麼這方法就誰都原諒不了。澈底原諒法就像無條件式的愛，要不原諒，要不就是不原諒。」[3]

帕里斯在《泰晤士報》文章中的總結是「可以說服自己放下原諒的人與獲得原諒的人，確實會感到無事一身輕，這點無庸置疑」。但他顯然認為這種寬恕並非現實會出現的反應，反而類似期望療法。對於透過個人宗教信仰或輔導師從旁指導的人來說，他們也許確實可以說服自己早就原諒，但對於我搜集、策畫、分享的故事主角，寬恕絕對不是可以說服自己完成的事。

知名瑜伽老師喬爾·克雷默（Joel Kramer）和黛安娜·艾爾斯戴德（Diana Alstead）解釋，[4]為何有些人這麼反對寬恕，尤其是無條件原諒加害者的情況。「在不要求對方改變的情況下選擇原諒，不僅是一種自我毀滅，也會繼續餵養並獎勵虐待，一段失衡關係也勢必會持續下去。」

凡事都有黑暗面，而我一直對寬恕的黑暗面非常感興趣。我指的是強迫中獎的寬恕，這種寬恕要不是讓人感覺不真誠，就是可能反而讓情況惡化。某些鼓勵寬恕的人寧可不探索黑暗面，但我卻覺得探討寬恕的黑暗面很發人深省。

首先，揪出假性寬恕十分重要。如果你是透過司法程序或脅迫手法獲得寬恕，又或者你是出於義務才選擇原諒，這就是假性寬恕，甚至是假意原諒。想像一下運動選手被抓到作弊時的乞求原諒，或是銀行主管導致金融業垮台後跪求憐憫，這種情況下的寬恕只是無地自容的可悲舉動，或是罪人的苟延殘喘。

有些人將寬恕當作減輕罪惡的方法，露西亞娜・吉梅納茲（Luciana Gimenez Morad）就是一個好例子。和米克・傑格（Mick Jagger）外遇八個月結束後，吉梅納茲聲稱寄信給正宮潔芮・霍爾（Jerry Hall），要求霍爾原諒。也和傑格共育一子的吉梅納茲表示，她從沒收到回信。

或許我們可以合理推斷霍爾覺得這個道歉來得太遲抑或誠意不足，或者不過是想要挽救聲譽的自私行為。也許吉梅納茲確實真心想要懺悔，或是搭起一座橋梁，畢竟她們的孩子擁有共同父親。然而吉梅納茲選擇向媒體披露她寄出道歉信，對方卻從未回應一事，卻讓道歉的美意蒙上陰影。

換作是殘暴罪行，原諒也可能是一種引起公憤的行為。以理查・威爾森（Richard

Wilson）的案例來說，他的妹妹在蒲隆地和其他二十名公車乘客遇上胡圖族叛變，最後慘遭謀殺。理查經常講到政府試圖將寬恕當作規避責任的手法，[5]在在彰顯出寬恕的極限。他也描述寬恕是「一廂情願的道德專制，既危險又羞辱」。[6]戴斯蒙・屠圖主教和其他支持者鼓吹，寬恕及和解就是跳脫報復、尋仇、血債血還的唯一選項，對此他提問：「那麼對於跟我一樣不想報仇，也不想和毫無悔意的殺人犯和解的人，我們又算什麼？」

身為終止資助仇恨（Stop Funding Hate）組織的共同創辦人，理查當然不是一個被報復欲望侵蝕掌控的人，他的抱怨單純反映出哲學家兼作者查爾斯・格里斯沃爾德（Charles Griswold）教授的看法，那就是寬恕的道德概念定義太鬆散，因此寬恕輕而易舉就會溜出掌握、淪落任人自表的風險，變成名副其實的「相互矛盾、交錯重疊的意義大雜燴」。

要是沒有明確或明顯的罪人，寬恕可能給人一種高人一等的感受。邁可神父曾經告訴我，寬恕有時會變成一種指控，這句話點醒了我。換句話說，如果你對某人說「我原諒你」，就等於告訴對方某件事之所以出錯全是他們的責任，而這可能是一項非常嚴重的指控，無論是親密關係或團體之間的衝突都是。

狄更斯的《塊肉餘生記》（*David Copperfield*）就是一個被動攻擊式寬恕的知名文學案例。尤拉．希普（Uriah Heep）告訴大衛他原諒他時，激怒了大衛。「你原諒我！」大衛義憤填膺地反駁。「我原諒你了，你愛莫能助。」尤拉嘲諷回道：「……被原諒不是你可以選擇的事……我下定決心要原諒你。」尤拉自說自話的原諒不斷惹火大衛。[7]

無論是小說或真實人生，都很難想像有誰不會被這種虛偽不真誠、自以為是的寬恕給惹怒。選擇「原諒」的那方自認是對的，「被原諒」的那方則是錯的，在這種假設之下，就算只是微不足道的鬥嘴都可能惡化擴大。遇到把寬恕當作武器，或是做錯事和遭到得罪的人邊界模糊的情況，我覺得魯米不批判的中間立場非常迷人精彩。這名十三世紀的波斯詩人、神祕主義學者寫道：「在對與錯的概念之外還有一個地方，而我會在那裡與你相見。」[8]

若有一個明確的罪魁禍首，魯米的中立場域或許就不那麼珍貴，但這種觀點對於人際關係中的日常小爭執相當重要。我最近在一場人際關係指導師的會議中，聽見英國心理治療師羅賓・薛荷（Robin Shohet）的演講。提到這個主題時，薛荷說：「自認正義的思維很危險，因為這給我們藉口，合理化我們做出的錯事。我們抬高自己身價的同時也貶低他人，認為自己正確無誤，就代表是別人錯了。我們時常不假思索地把他人歸類為『他們』，因為在這種時刻，我們就能從中獲得滿足的快感。」

多年來，我都是向喬・貝里學習重新賦予「他人」人性。貝里是一個令人格外刮目相看的女性，她在轉化衝突領域的先驅貢獻源自於自己的暴力極端主義經驗，以及她親手拉拔三個女兒、在自家為她們上課的經驗。一九八四年，喬身為英國國會議員的父親安東尼・貝里爵士（Sir Anthony Berry）在布萊頓的保守黨會議中，與其他四人遭到愛爾蘭共和軍炸彈殺害身亡。負責裝置炸彈的人是愛爾蘭共和軍運動人士帕特里克・馬吉，後來入獄服監十四年，並於一九九九年簽署《耶穌受難日協議》獲得釋放。

那之後喬就和他保持密切對話，兩人在二〇〇〇年的都柏林初次見面，她冷靜禮貌地聆聽他說話。「剛開始聽起來只像是政治辯解，但是我本來就是來聆聽他說話、並且用心去了解他，所以我沒有想過要改變他或責備他。」她說：「要是我馬上震怒，帕特里克就會持續辯解。我覺得情況很明顯了，要是受傷的人覺得自己是正義的一方，就不會好奇對方的行為動機，欠缺好奇心的我們就會去除對方的人性。最後是我的同理心讓他卸下武裝，因為在那一刻，帕特里克出現明顯變化。他這麼對我說：『我已經不曉得自己是誰，我從來沒遇過任何人像妳這樣敞開胸懷接納我。我可以聽妳發洩怒氣和痛苦嗎？』他再也不是代表愛爾蘭共和軍的『我們』說話，而是變成一個脆弱又具有人性的普通人，並且想要了解我父親。那個當下我恍然大悟，他把我爸爸當成人看待。」

好幾年前甫發生炸彈事件、初次見到帕特里克之前，喬都以寬恕角度陳述她的故事，因為她熱衷和平，決定不對殺害親生父親的凶手懷恨在心。然而隨著一年年過去，她的寬恕立場也逐漸改變。

有些大眾相當震怒不滿，恐怖主義者憑什麼獲得寬恕待遇，於是尖酸批評喬，並對她發出死亡威脅。但是她之所以改變寬恕立場，並不是為了避免這類批評聲音，而是因為她現在明白了，寬恕的語言無法讓她表達出人性的同理心，只是單純把人與人的關係簡化成一種交易，降為一種權力不平衡、誰虧欠誰的狀態。她明白了要是和帕特里克．馬吉對話時，她是用這種角度看待事情，就會讓她掌握道德力量，為他們不公平的關係定調。

喬中肯地描述寬恕的道德高尚本質：「說出我原諒你幾乎是一種高傲，讓你穩居『你們是你們、我們是我們』的局面，我是對的，你是錯的。但是這種態度無濟於事，改變不了什麼。反之我可以表達同理心，在那個頃刻不帶批判。有時正因為我和帕特里克已經見過面，而我也很清楚了解他的人生，所以已經不覺得有什麼好原諒的。」

寬恕計畫在監獄進行修復（RESTORE）團體課程、幫助獄友改過自新時，寬恕主題總是引起眾人激烈討論。雖然大家都認同寬恕的價值，卻也對過早選擇原諒抱持謹慎提防的態度。有位獄友將不真誠的原諒比喻為一種暗中醞釀的怒火，他說：「嘴巴上是說原諒，但我並沒有真正原諒，而是在內心懷恨積怨，晚一點再把這種怨氣拿出來當武器使用。」因為我們內心清楚某件事情不該發生，所以面對這種不得不寬恕的負擔，最後當然就是怒火中燒。

一九九三年二月十二日，瑪麗・強森（Mary Johnson）二十歲的獨子拉瑞米恩・伯德（Laramiun Byrd）在一場派對中捲入爭執，不幸遭到謀殺。凶手是年僅十六歲的歐薛・以色列（Oshea Israel），後來獲判二級謀殺罪、二十五年有期徒刑。瑪麗的宗教信仰堅定，她相信原諒是基督徒的義務，於是歐薛的母親在審判時請求瑪麗原諒時，瑪麗馬上當著法庭所有人面前一口答應，沒問題，她可以原諒放下。我在二〇一三年首次見到瑪麗時，我們正準備在明尼亞波里斯的寬恕座談會上演講。她向我解釋：「可是其實我沒有原諒放下，我的怨念太深，憤怒在內心牢牢扎根，我痛恨所有人，這種狀態持續好幾年，我心痛憤恨的故事嚇跑許多人。」

闖入型意志讓她精疲力竭，多年來，瑪麗都覺得自己是痛楚的人質，直到有天讀到一首講述兩位母親故事的詩。詩中一名母親的孩子遭到謀殺，另一名母親的孩子則是凶手。她說：「這首詩十分療癒人心，透澈描寫痛楚的共通性，也讓我看清自己的命運。」

兒子遭到謀殺的二十年後，瑪麗總算向懲教署要求和殺人凶手見面。她回憶當初：「我之前從沒踏進監獄一步，所以當時的我真的很害怕，恨不得轉身離去。但是歐薛走進室內時，我和他握手，對他說：『我不認識你，你也不認識我。你不認識我兒子，他也不認識你，所以現在我們得從頭開始，好好認識彼此。』我們足足聊了兩個鐘頭，過程中他坦承自己做錯事。這一次見面結束後，我看得出他有多愧疚，而這也是我第一次可以真誠說出我原諒歐薛。」

瑪麗告訴我，那天她離開監獄時已經對歐薛放下仇恨。雖然這種經驗聽起來不可思議也非比尋常，但在她之前我已聽過類似經驗，一旦下定決心寬恕，寬恕立即生效，且影響力深遠，在那一瞬，間憤怒與痛苦全都化為烏有。

有時，寬恕最大的問題恐怕是為罪行背書。某個週日上午，白人優越主義者狄倫．魯夫（Dylann Roof）走進南卡羅萊納州查爾斯頓（Charleston）的教堂瘋狂掃射，奪走八名黑人教區信徒的性命，其中幾名受害者家屬幾乎當下就原諒凶手。跟瑪麗一樣，他們都是在基督教信仰的驅使下選擇寬恕，在庭上公然原諒的影片片段在全美新聞快報中放送，很多人都覺得這種拒絕仇恨的心態令人寬慰。卻不是所有人都覺得這種急於原諒的態度令人寬慰，並在事後引發激烈辯論，甚至有人提出以下問題：「黑人的寬宏大量是否只是為白人暴力煽風點火？」

塔納哈希・科茨（Ta-Nehisi Coates）在著作《在世界與我之間》（*Between the World and Me*）中就探討同樣令人不快的種族問題。在一封獻給十五歲兒子的公開信中，他沉靜思忖警察冷血無情槍殺他無辜的大學好友普林斯・瓊斯（Prince Jones）的事件，最讓他氣憤難消的是黑人社群想都不想就原諒警察。最後他說：「必須原諒警方的說法說服不了我，即使這件事不過是序幕，但我早就知道普林斯不是被一名警官殺死，而是被整個國家害死。美國建國後就甩不掉的恐懼也是……我才不相信寬恕這一套。」

我第一次讀到這段話是在二〇二〇年秋天。那時適逢喬治・佛洛伊德（George Floyd）遭警殺害事件，全球爆發「黑人的命也是命」（Black Lives Matter）運動。我心情沉重，深深感到責任的重量，忍不住擔心起我搜集的寬恕故事。儘管在世界各地宣廣時，我們強調的重點是個人選擇和寬恕的多元複雜性，但我還是不由得憂心某些情況下，或許讓人感到某種壓迫，也就是饒恕的義務或原諒的壓力。科茨在此強而有力地總結，為何推廣鼓吹寬恕的人必須謹言慎行，因為這裡牽扯到組織架構的不公不義，而我們也有改變及廢除權力機構的道德義務。

「寬恕推動主義」是傑弗里・墨菲（Jeffrie Murphy）於二〇〇三年發明的專有名詞，他把寬恕當作一種必要的治療手法，意在推廣寬恕他人過錯就是繼續過人生的不二法則。寬恕的兩極化論戰和極端道德說法已夠讓我情緒低迷，根本沒時間去相信受傷的人是否不原諒就等於步上毀滅。

網路上充斥這種壓迫式說法，例如近來某篇基督教廣播網（Christian Broadcasting Network，簡稱 CBN）的報導標題就寫著「不寬恕的致命後果」，該文內容提到：「根據美國癌症治療中心主治醫師史提芬・斯坦迪福醫師（Steven Standiford）的說法，拒絕寬恕會讓人生病，而且久病不癒。」[9]

寬恕和身心健康之間的關聯不容置疑，也有許多證據指出長期對不愉快事件積怨，恐怕不利免疫功能，增加身體負擔，證據也顯示比起不原諒的人，心胸寬大的人心理較為健康。[10]

但我對寬恕推動主義頗有微詞，是因為若堅稱寬恕就是治療百病的良方，不原諒則會造成自我傷害等說法，就剝奪了憤怒與埋怨的空間。更別說這還暗示寬恕只專屬心理素質強大或道德優越的人，所以喬・貝里等人不是很希望和寬恕這種概念扯上關係，也不太情願提到這兩個字。我一點也不詫異，畢竟實在有太多人把她的故事套進寬恕的框架。

柯林・派瑞在二〇一一年寬恕計畫的第二場年度演講上說：「寬恕是一種欠缺實體的抽象概念。」這場年度演講上，我們邀請向來嚴厲抨擊伊拉克戰爭的前工黨內閣大臣克萊兒・肖特（Clare Short）擔任「正義缺席，寬恕不來？」的主講人，亦請來三個故事主講人分享個人經驗。其中一人就是一九九三年愛爾蘭共和軍轟炸沃靈頓時，痛失十二歲兒子的柯林。他之所以雀屏中選，是因為他對寬恕的概念感到矛盾。

時常有人問派瑞他是否選擇原諒，他的回答和邁可・拉普斯利神父一樣，一概表示要是沒人出面扛下兒子死亡的責任，他就不可能原諒。他很樂意和解，也致力在北愛搭建橋梁，甚至和新芬黨的高層官員會面。我覺得最有意思的是，派瑞從未口出惡言或揚言報復，所以很多人都以為他早就放下。

在谷歌網站上迅速搜尋一下，就會發現某英國教會網站甚至引述柯林的故事，把它當作「落實寬恕」的典範，最近我還在坦伯頓慈善基金會（Templeton World Charity Foundation）的線上寬恕論壇，聽見某人說柯林．派瑞的故事是「寬恕的完美範例」。也許聽起來沒什麼大不了，但我卻覺得這件事很重要，因為柯林向來清楚表明，他沒有原諒愛爾蘭共和軍，以前沒有，未來也絕對不會。與其認清寬恕本質的混亂、微妙差距、複雜、矛盾，諸如此類的猜想既懶惰，也過分簡化寬恕的概念。

拉米．艾爾哈南（Rami Elhanan）是以色列及巴勒斯坦共同組織團體「父母之家」（The Parents Circle）的成員，該組織成員包括六百多個在長期戰爭衝突中失去至親的家庭。拉米的女兒絲瑪達於一九九七年的特拉維夫自殺炸彈中身亡，得年僅十四。在這場殘忍內幕持續揭露的衝突中，有些父母之家成員把寬恕當作反抗和救贖手段，不讓自己因為人生的殘酷變得鐵石心腸，拉米不是其中一人，卻也沒有因此變得鐵石心腸。

講到殺害絲瑪達的凶手，他說：「我不會原諒，也不會遺忘……但我知道自殺炸彈客跟我女兒一樣也是受害者，只是受到憤怒和羞恥驅使才失去理智。」拉米溫柔又深具同情心，不過就我所知，他並不用寬恕這兩個字。他與痛楚和解，從悲劇中悟出道理，但他傳遞的訊息重點還是與分裂兩國的人民搭建長遠的和平關係，而這些以巴人民跟他經驗相似，都在暴力衝突中失去人生摯愛，團結同心。

若是導致傷痛的情況未獲改善就原諒傷害自己的人，恐怕就得付出極高代價。例如在一份針對新婚夫妻進行的科學研究中，田納西大學（University of Tennessee）的心理學副教授發現，要是原諒犯錯的另一半，對方可能只會得寸進尺。[11]他想要表達的意思是，寬恕可能讓虐待情況惡化，而諸如此類的互動模式突顯出寬恕的危險性，尤其是家庭暴力的案例。乞求原諒是暴力循環的一部分，而承諾會洗心革面不過是控制另一半留在這段關係中的手段。同理，兒童肢體虐待和性虐待的案例中，施暴者時常表達悔意並請求原諒，卻往往持續施暴。[12]

二〇二一年九月，一份獨立公開調查檢視英格蘭和威爾斯三十八個宗教團體的證據，包括基督教、正統猶太教、伊斯蘭教，發現許多宗教團體在處理兒童虐待指控時，[13]有道德疏失的疑慮。宗教領袖不肯承認組織內部的過失，比起受害者的需求，他們更重視組織的名譽聲望。

該份調查也發現，就算宗教領袖正面回應暴力指控，卻只是引用宗教教條解決問題。英國廣播電台的《一點鐘世界新聞》（*World at One*）上，負責該起調查的約翰・歐布萊恩（John O'Brien）特別指出，寬恕就是造成這種不幸局勢的主因，他說：「宗教組織濫用寬恕的觀念，原諒犯下可憎罪行的人，藉此確保問題不流出組織機構。」

基於以上種種因素，以道德觀點出發的話，寬恕可能會被拒於門外。關於這一點，在內容豐富多元的《寬恕實踐》（*Forgiveness in Practice*）中，克里斯多福・庫克（Christopher C. H. Cook）和溫蒂・多瑟（Wendy Dossett）就在上癮症和原諒的章節提出一個好例子。

庫克和多瑟引述一名遭到性侵並有成癮問題的女病患的話，這裡主要的重點是，她並不是真的無法原諒，而是刻意拒絕原諒。她的立場讓她深知，在某些情境下原諒加害者，或許對個人心理健康有好處，但道德責任卻不允許她原諒，因為原諒她的加害者，就代表原諒未來**千千萬萬**個加害者。她說明：「我不會原諒性侵我的人，就我的觀點來看原諒對方是不對的，因為我不是一個人而已。我是一個女性，而我和其他曾遭遇性侵的人（不分性別）站在同一陣線。」[14]

泰拉．莫朵恩（Tara Muldoon）把寬恕當作療癒性侵經歷的方法，幾年前她主動聯絡我，分享她在加拿大創立的組織「去你的：原諒計畫」（F-You: The Forgiveness Project）。這是一個以青年為主的社會改革計畫，旨在促進推動寬恕，讓寬恕更具體實際，不再抽象而不可觸及。

幾年後泰拉再度來信，心灰意冷地向我陳述她遇到「殘酷的文化傷害」。前陣子加拿大舉行一場公開審判，主角是性侵二十餘名女性而遭到指控的加拿大名人，卻僅有三名受害者參加審判，最近這個名人被宣判無罪，點燃女性的熊熊怒火，尤其是受害者。「這件事激怒大眾，沒人曉得該如何是好。我感覺這起事件讓我們先前的努力付之一炬，最重要的是我們對司法制度失望透頂，感覺我們澈底輸了。我知道現在並不是原諒的好時機。」

另一方面，寬恕也經常遭到汙名化，理由很簡單，那就是原諒得太輕率。二〇一一年，前任坎特伯里大主教羅雲．威廉斯（Rowan Williams）警告草率原諒的危險，他在《廣播時報》雜誌（*Radio Times*）中表示：「我認為二十世紀面臨的殘暴罪行，讓我們更認真思索輕言原諒的危機……因為要是說原諒就原諒，人們承受的痛苦折磨不就顯得無足輕重嗎？」托尼・庫士納（Tony Kushner）的戲劇創作《天使在美國》（*Angels in America*）主要講述愛滋病的殘酷無情，這齣戲劇於二〇一八年搬上國家劇院，而其中一個角色一語道破寬恕存在於愛與正義之間：「輕而易舉的原諒不算原諒，因為原諒是全世界最難辦到的事。」有人聲稱寬恕只是鼓勵不良行為的軟弱表現，他們實在需要聽聽這個說法。

阿爾及利亞裔的法國哲學家德希達（Jacques Derrida）得出一個發人深省的結論：不容易的寬恕才有效力。因為他的觀點是，唯一值得請求原諒的過錯，是無法饒恕的過錯，也就是行為和錯誤駭人聽聞到超越理解的程度，嚴重到不容忽視或當作沒有發生過，因此這種過錯無法經由補償、和解、道歉、正義得到修復。

套一句他的話：「寬恕不正常，**不應該是**正常行為、不能正常化、不能當作常規，即便不可能，也**應該**維持它的不尋常及特殊。」[15]這就是最艱難的一種寬恕，因為即使加害者贖罪，也無法減輕受害者的傷痛，可是受害者卻得在這種情況下，原諒罪大惡極的行為。這種原諒可能是脫離苦海的做法，當什麼都無法帶來寬解或安慰，這就是救命稻草，最後的一口氣，亦是無條件式寬恕的最高形式。倘若今日德希達尚在，八成會和馬修．帕里斯或格里斯沃爾德教授等人激盪出有趣的辯論。

二〇一四年，我在南非的寬恕和解會議上認識雷．密尼康（Ray Minniecon），他是來自澳洲的原住民牧師和人權社會運動人士。我坐下和雷聊天時，第一件注意到的就是他有一對歷經風霜的眼睛，完全看得出這雙眼睛已看透世間冷暖。他是昆士蘭的卡比卡比（Kabikabi）和古隆古隆（Gurang-Gurang）族人，現居雪梨，終其一生都致力於支持「失竊的一代」（Stolen Generations）。

失竊的一代是一八八〇年代末起，直到一九七〇年代遭到澳洲政府機關和教會布道團壓迫，離開原生家庭的原住民和托列斯海峽兒童，人數高達十萬名，宗教政府機構打著同化異族的意圖，逼他們融入澳洲白人文化。失竊一代的兒童被迫離開自己原本的家庭，交由白人家庭領養，或是居住在國家寄宿學校，長年遭受各種可以想像、令人髮指的虐待暴行。強迫遷移政策至今仍對後代持續造成影響，當然也絲毫不教人意外，有的失竊一代兒童飽受虐待及冷落，他們的養父母也是在失格家長的羽翼下長大。

雷成功躲過他許多朋友躲不了的命運。「儘管如此，小時候的我還是活在恐懼之中。」他解釋：「我父母告訴我，要是警察想帶我們離開，我們就得不顧一切地跑，跑得愈遠愈好。黑色警車駛進布道所時，社區的四面八方偶爾會傳來女人高聲叫喊，要孩子趕快跑進草叢躲好。我就是其中一個幸運沒被逮到的孩子。」

他的父親是基督徒牧師，在昆士蘭砍伐甘蔗賺取微薄薪水，碰到甘蔗收成季節，他們就會舉家搬遷至各大農場。甘蔗季一結束，他們就會回到指定的保護區或布道所。當時的原住民並不具身分，也不准進城。

雷洋洋灑灑列出他的族人承受的國家侮辱，以及接連幾個政府有恃無恐對他們強制落實的法規。原住民不可納入人口普查，所以沒人確切知道究竟發生多少宗謀殺或屠殺事件。政府可以掌控原住民的所有生活層面，強迫他們住在保護區，晚間六點之後不准外出，也不准與白人廝混。政府可以決定誰可以結婚、應該**和誰**結婚、可以擁有多少錢、應該替誰工作、可以在哪裡工作。原住民的政治參與也備受牽制，禁止使用自己的母語或實踐文化傳統。

當原住民困境成為一道政治議題，這類政策總算展開改革，怎料竟是換湯不換藥，新問題源源不絕湧上。雷說：「我們雖然已經踏出保護區和寄養家庭，卻被迫生活在陌生的都會環境，天天都得面對種族歧視遭遇。我就和其他對抗不了種族歧視、手無寸鐵的年輕人，成天買醉吸毒，藉此減輕痛苦。這對我們來說可是一種令人陶醉的自由，在毫無拘束的情況下生活，總算可以為所欲為。」

後來是父母的強烈信仰帶領雷踏上父親的腳步，戒除讓他忘記憂愁的毒品，重新回到信仰世界，尋覓與眾不同的全新人生方向。這時他開始積極參與政治，多年研究政府強行帶走原住民及「洗白黑色人種」政策讓他大開眼界，發現他的族人遭遇的不公不義。由於過去無法取得報紙或觀看新聞報導，所以他們一直被蒙在鼓裡。不多久，他甚至有機會一覽失竊一代的官方紀錄，初次了解曾經發生的歷史不公，他了解到白化政策讓許多人長期嚴重臥病在床、心理人格失調、喪失個人與社會身分、遭到社會隔離、犯罪、自殺、自殘，更別說持續貶低原住民社會及價值，是怎麼形成有條不紊的種族歧視。

「你今日仍能在街上目睹這種殘酷傷痛，在在說明我們歷史上遭遇的暴力仍是現在進行式。」雷告訴我。他緊繃地將紳士帽從一手拋至另一手，帽子上別著各式各樣的搪瓷徽章，每一個徽章都象徵著每一場或輸或贏的戰役。

接下來話鋒一轉，我們講到寬恕的艱難話題，艱難是因為決定原諒某個傷害你的人很容易，但你又該如何原諒一個政府？行政內閣？冷眼旁觀的全國民眾？面對規模如此龐大又有條有理的殘酷暴力，考慮寬恕真的正確嗎？

我認為雷對於寬恕和療傷的說法極具啟發性，同時也很悲傷。他告訴我，他現在覺得寬恕比療傷重要，因為「我後來發現對原住民來說，療傷是兩個非常無用的字眼，因為我們的傷口根本無法癒合。靈魂飽受殘酷的蹂躪踐踏，尤其是被迫與父母、社群、文化斷聯的失竊一代」。他的故事完美詮釋了德希達的理論，因為在雷的過往人生中，從來沒有、也不會有道歉或賠償就能修復的傷害。

族人遭遇的罪行不可能討回公道，但寬恕至少可以帶來些許解脫。「我與寬恕奮戰搏鬥，但我知道為了釋放內心的苦楚，我每天都得去原諒。」他這麼告訴我：「我每分每秒都得這麼做，因為每次走進一間商店遇見種族歧視的人，我都得馬上轉過身，整理內心的憤怒與悲憤。畢竟他們可能早就習以為常，根本沒發現自己種族歧視，所以我得自己學會放手，說：『算了，雷，原諒那個人吧。』如果我不原諒他們，我就永遠無法斷開過往，痛苦記憶也會陰魂不散。」

第3章

寬恕的孤獨

「唯獨你自身的厭惡，可將你與厭惡的對象緊緊牽絆。」

——詠給・明就・多傑仁波切

伊娃・摩西斯・寇爾（Eva Mozes Kor）是羅馬尼亞出生的美國人，她在孩提時代和雙胞胎姊姊蜜莉安成功逃離奧斯維辛集中營。她們之所以沒有死在集中營，全多虧她們是納粹的雙胞胎偽科學醫學實驗對象。在奧斯維辛集中營時，伊娃和蜜莉安飢腸轆轆，飽受殘酷對待，每週三次得全裸待在一個房間，長達八個鐘頭任由人稱「死亡天使」的納粹醫師約瑟夫・門格勒（Josef Mengele）測量、探察、研究。

一九四五年一月二十七日，這對雙胞胎十一歲生日的前四天，蘇聯軍隊解放奧斯維辛集中營，待在難民營九個月後，伊娃總算回到羅馬尼亞村莊老家，卻發現家人無一倖存。她輾轉搬到以色列，最後投入美國的懷抱。多年來，這對雙胞胎姊妹都不怎麼提及這段遭遇，一般人恐怕心想，保持沉默也許就是忘卻過往傷痛的好方法，直到一九七八年國家廣播公司（National Broadcasting Company，簡稱NBC）製作的迷你劇集《大屠殺》（*The Holocaust*）躍上螢光幕，[1]人們才開始好奇伊娃那段驚心動魄的恐怖實驗時光。她也總算回頭正視自己的人生歷史，促使她主動接觸其他門格勒虐待的雙胞胎倖存者，後來不少人都站出來。伊娃發現和他們分享過去經歷，首次公開談論自己的故事，讓她總算宣洩解放內心積壓已久的情緒。

一九九三年，伊娃受邀前去對一群波士頓的醫師演講，主辦方詢問她是否可以帶一名納粹醫師參加。起初這個要求看似不可行，但後來她卻想起來，她曾經和一名前任黨衛隊成員漢斯．明希（Hans Münch）參與紀錄片拍攝，於是馬上聯絡人在德國的明希。明希答應和她碰面，並為這場會議拍攝一段訪談。

一想到要和奧斯維辛官員見面，伊娃不由得驚慌失措，害怕他會對她做什麼，也害怕她的憤怒會爆發。然而當那天來臨，明希醫師卻對她尊敬有加，而且有問必答。「我問他是否看過毒氣室，他說毒氣室是他每天不得不面對的夢魘，我很驚訝原來納粹也有惡夢。」事後她想要寄一張「感謝」卡片給他時，腦中乍然冒出寬恕信的念頭。「我知道這是一份別具意義的禮物，也是給我自己的禮物。因為在寫信的過程中，我發現我再也不是一個無能為力、無可救藥的受害者。」

明希醫師非常感激收到這張卡片。兩年後，伊娃邀請他一起參加奧斯維辛集中營解放五十週年慶祝大會，他在這場活動上簽署關於毒氣室作業的文件，伊娃則朗讀她的寬恕信。

伊娃總算能原諒德國全體人民，然後是折磨她的納粹，再來才是整體納粹體制。這種行為似乎難以想像，不過她從最初的沉默、否認、憎恨慢慢走到這一步，卻也很合理。有一種回應創傷的處理策略是躲在否認的安全網中，否定可以壓抑痛苦，讓人一步步面對傷痛。退入沉默的陰影或黑暗或許是事發當下最需要的寬慰，但這麼做也讓人感到孤單可怕。唯獨公開清楚說出自己在奧斯維辛的經歷，伊娃才從長達數十載的痛苦中解脫。她常常說她是在一九四五年踏出奧斯維辛集中營，卻是在五十年後才總算無條件地原諒，迎接真正的解脫。

和很多我認識的人一樣，對伊娃而言，寬恕是一種其他策略都不奏效或失敗時採取的生存機制。伊娃確實形容寬恕是一種「奇蹟靈藥」，不花錢也沒有副作用。不過對於認為寬恕有害或不合乎常理的人，她也提出一句發人深省的勸告，那就是寬恕「和化療一樣，很看個人」。

在人生後半段那幾年，伊娃・寇爾都是人人眼中的「寬恕運動人士」，不過她也竭盡所能強調，她個人並不能代表所有人。自從二〇一九年離世後，她的兒子艾力克斯每每講到母親留下的成就，也會強調相同論點。伊娃的個人著作《奧斯維辛的雙胞胎》（*The Twins of Auschwitz*）及她參與拍攝的紀錄片《原諒門格勒醫生》（*Forgiving Dr. Mengele*），還有她經常公開談論寬恕的行徑，有時會引起他人誤解，讓她在大屠殺生還者和猶太團體之間不太受歡迎，尤其是她人生最後幾年發生的黨衛隊警衛奧斯卡・葛朗寧入監服刑事件。

伊娃在審判期間公開談及她走進德國呂訥堡（Lüneburg）法庭，上前擁抱他的情況。[2] 她相信他俯首認罪自己的「道德罪行」、請求原諒，已足以表現出真心懺悔，亦公開表明葛朗寧在社會的貢獻會遠遠超過在牢獄監禁。她認為葛朗寧在學校和教育機構分享故事，就是一劑強力解毒劑，足以揭穿否認大屠殺理論的危險謊言。

跟其他選擇高調原諒、不避諱談論寬恕的人一樣，伊娃・寇爾在這一生中扮演極端角色，有人誇讚她是深具遠見的和平使者，也有人謾罵她是猶太倖存者的可惡叛徒。二十五年來，這位女性不屈不撓面對同儕怒火，持續推廣寬恕的療癒力量是甩掉受害者思維的唯一途徑。伊娃說，奪回自己的力量，就是她對那些曾想摧毀她的人的「終極報復」。

人類社會常常透過以牙還牙的手段達到互不相欠，所以要是有人選擇原諒攻擊、折磨、對抗自己的人，而親朋好友或社會表現出不認可和不可置信的態度，想必也並不稀奇。在諾丁罕（Nottingham）遭到殘暴種族攻擊的受害者沙德・阿里（Shad Ali），是我見過最溫暖的人之一。二〇一七年，他因為一場不相關的疾病英年早逝，而在那之前他常常和我聊到這件事。

「我在醫院病床上心平氣和醒來的那天開始，就踏上我的寬恕之路。」他說：「但我周遭的家人朋友焦慮不安，尤其是想要尋仇的男性朋友。對我來說，寬恕最早是以好奇的形式出現，我會納悶怎會有人可以不痛不癢地去折磨另一人？」

長久以來，沙德的家人朋友都不能諒解，為何他會原諒攻擊自己的人。可是沙德堅守立場，堅定到他多年來不斷和司法體系搏鬥，想要藉由修復式正義，和攻擊他的凶手會面。沙德老說是修復式正義修補了他倆的人性。

當時沙德的妻子與朋友總算接受他不可動搖的寬恕決心。我認為他們最難接受的恐怕是他不假思索就下這個決定。在遭逢這麼嚴重的創傷後，這麼快就全心全意原諒對方，這種情況確實非常罕見。一般來說，正常人需要數年，甚至數十載，長期在艱難的悲傷苦澀中掙扎，精疲力盡，才可能因為開始尋找其他解脫的方法而考慮原諒。

沙德說之所以可以這麼快原諒，是因為他心懷感激自己還活著，能在病床上醒來，於是決定善用這種感恩的心情，採取積極行動。在當下，這代表他必須原諒一個自己不知道身分、當時警察還沒逮捕到的人。他表示，儘管周遭的人一開始都不支持他的做法，但他這樣其實只是想讓自己好過一點。

就算沙德真的生氣，也從來不是氣攻擊他的歹徒，而是布下重重關卡的刑事司法體系，讓他空等多年才終於見到犯人。但沙德可不是等閒之輩，大多受害者長期處於憤怒，最後才能慢慢面對傷痛，所以憤怒是寬恕的必經過程，不應該抹滅憤怒的重要性。確實，瑪麗安・帕丁頓也發現若憤怒吞噬了她，她自己也可能殺人，而在她發現這個事實的關鍵時刻，她形容：「寬恕最初現身的形式就是勃然大怒。」詩人帕德雷格・歐湯姆（Pádraig Ó Tuama）一語中的：「憤怒是一種很好也很重要的自衛機制，如果真的想要原諒，必須先具備某程度的安全感。有時憤怒就是一種提醒，讓我們知道自己還沒有安全感，而這種時候憤怒就是一種保護機制。」[3] 所以無庸置疑，要是遇到傷痛或不公正的情況，憤怒往往是必要的階段。真正困難的是長期懷恨在心或不可抑制的自憐蔓延擴張，最後根深蒂固，形成自我毀滅行為的循環。

儘管如此，雷・密尼康說他可以管理、控制、理解義憤，因為這是人之常情。人類的核心欲望就是要求公道，於是他的結論是當憤怒轉為怨念，問題就會跟著找上門。「我也有過怨念，這種感受會讓你的心靈扭曲變形，最後失控。」他說：「每當這種情況發生，我得謹慎小心，嚴防掉入陷阱。我之前曾經掉進陷阱，也是花了很長時間才再次爬出來。」

寬恕常常被解讀成一種道德抉擇，受害者必須放下想要報仇的直覺、拋下仇恨。當然寬恕必須要有這個目的，但另一方面，一個人也完全有可能放下仇恨和報仇心態，卻不原諒對方。本身也是大屠殺倖存者的義大利籍猶太作家、一九八七年告別人世的普利摩．李維，堅決拒絕「仇恨的獸性罪惡」，然而他怎樣就是無法、也從未真正原諒。

緊接在李維令人心酸的大屠殺回憶錄《奧斯維辛生存錄》（*Survival in Auschwitz*）之後出版的《休戰》（*The Truce*）中，[4] 他提到奧斯維辛解放的故事，並在這本書的結語中回應讀者常見問題，其中一個問題是：「在你的著作中，你並未提及你對德國人懷恨在心，也沒有提到想要報復。所以我想問你，請問你現在原諒他們了嗎？」李維的回答富有啟發性。

> 我認為仇恨是一種殘酷獸性，我希望自己的行為思想盡可能是理性的產物。

但我更不樂見的是一竿子打翻一船人，將仇恨矛頭集體指向某個民族，例如所有德國人。要是我認為這種思想沒有問題，那這不就代表我也是納粹主義準則的追隨者？畢竟納粹精神不就是建立在國家與種族層級的仇恨上？但我不得不坦承，如果現在我面前站著一個當初迫害我們的人，而且是某張我們認得的面孔，一如既往撒著謊，我可能會很想去恨他，而且是熊熊燃燒的暴力仇恨。但正因為我不是法西斯主義者，也不是納粹，所以我斷然拒絕這種誘惑……回答你的問題：沒有，我並沒有原諒任何一名罪魁禍首，以後也不會輕饒任何人。除非這人對自己的罪行展現出知錯能改的態度，下定決心譴責自己的錯誤，並從他和別人的良知中剔除罪惡。畢竟要是一個敵人看得出自己犯錯，那這人就再也不算敵人了。[5]

儘管如此，放下怨恨或報復心理可能是寬恕最不可或缺的條件。當然，對於可以在修復情境中療癒傷口的人而言，寬恕往往是解放傷痛最重要的能力。根據許多我曾經交談的重罪受害者，若非在宣誓開戰時因為可能已經精疲力竭，於是將復仇直覺驅逐體內，就是在實際行動前逐漸消逝，只因為受害者再也無法承受仇恨循環。有些謀殺案受害者的親人講到反對死刑的原因時，也會套用相同原理。

尼采在《善惡的彼岸》（*Beyond Good and Evil*）中的話語也值得深思：「對抗妖魔時，可要當心別讓自己也成為妖魔……因為當你久久凝望深淵，深淵也會回望你。」

面對創傷傷痛時，寬恕也許很管用，因為寬恕能消弭報仇的衝動，否則報復衝動可能讓一個人走不出強迫性仇恨中，不斷反映出厭惡至極的殘酷。某次，瑪麗安·帕丁頓提到她與無期徒刑犯人和其他危險囚犯進行修復工作，也向我指出這件事。發現妹妹遭受綁架、折磨、謀殺後，她身陷伸手不見五指的絕望深淵，坦言當下她覺得自己能和「所有走不出自己心靈、備受折磨的人產生連結」。

二〇〇二年，蘿比·戴米里恩（Robi Damelin）的兒子大衛在以色列軍隊擔任後備軍時，遭到巴勒斯坦籍狙擊手槍殺身亡。蘿比回溯政府派人到家中通知噩耗時，她說出的每字每句：「請不要打著我兒子的名義尋仇報復。」她已經下意識明白報仇帶不來什麼好處。

我們將在第8章深入探究前任洛杉磯幫派成員亞基拉·薛里斯（Aqeela Sherrills）的故事，而他深愛的十八歲兒子泰瑞在一場槍戰中身亡時，他的反應也很類似。這位父親在洛杉磯街頭幫派之間居中協調，解決糾紛，而他自己也放下血債血還的衝動，理由其實很單純實際，只因為他清楚報復是怎麼一回事。「這並不是我第一次面對暴力和死亡，這輩子什麼大風大浪沒見過。」他說：「可是無論是什麼樣的經歷，都無法讓我做好心理準備，面對自己孩子的死。自泰瑞三歲起就由我獨自撫養長大，他是個很了不起的孩子。我衝去醫院，聽說他回天乏術的噩耗時，心想：**這場悲劇是否能帶給我什麼正面啟示？**後來他的兄弟聚在一起，我聽見他們準備為了死去的泰瑞尋仇，於是馬上制止他們。」

亞基拉並不訝異行政司法長官沒有追蹤這起案件，殺死他兒子的年輕人也仍然逍遙法外。不公不義確實是可能讓他一腳踏入報復，但是面對兒子的謀殺案，他反而選擇敞開心胸與思想。「我是有報仇的機會，但我決定報復不該是泰瑞離世之後的遺產。」他說：「我選擇和大家進行有意義的對話，說說為何尋仇不會有幫助。後來我發現加害者只是一個十七歲的孩子時，馬上就原諒他了。這並不是在赦免他的所作所為，而是我不認為經驗能**代表**一個人。我們曾經鑄下的過錯和別人對我們造成的傷害並無法定義我們，最多只能說明我們會成為什麼樣的人。」

我不把他當作加害者，反而把他當作受害者，因為這個黑人青少年是整體文化下的受害者，而這個文化並不把他當人看，同時又缺乏同情心。除非你是一個鐵石心腸的人，否則不會痛下凶手，所以我很想知道這名年輕人是為什麼變得鐵石心腸，而光是抓到人、把他丟進監獄是不夠的。」

在令人鼻酸的南非種族隔離抗爭中，擔任阿扎尼亞人民解放軍（Azanian People's Liberation Army，簡稱APLA）軍事行動領袖的萊特拉帕．姆法勒勒（Letlapa Mphahlele）對我說了一句話，令我永遠無法忘懷，他的闡釋既誠懇又坦率，深植人心，清楚說明報復究竟會帶來什麼後果。他講到APLA時期的他深信要是有人威嚇你，你就要用更激烈的手段威嚇對方，因此對付明目張膽、大規模屠殺黑人居民的種族隔離政府，當時唯一有效的做法就是下令授權軍隊，也明目張膽、大規模屠殺白人居民。

可是經過多年的深思內省，他開始改觀：「這種仇恨究竟會在哪裡畫下句點？」他提出問題：「如果我的敵人是食人族，這是否代表我也得吃白人？如果我的敵人強暴黑人女性，我是否也得強暴白人女性？」

比起包容體諒，我們生存的世界似乎更擁戴報復，也許是因為比起善意，報復更需要氧氣助燃，讓人更有活著的感受，但是點燃時也加倍危險。人類對復仇的渴望始自原始本能，暴力復仇就是對於傷害和威脅的下意識回應。荷馬筆下的阿基里斯深刻理解復仇爆發的感受，他揚言「激起的怒火猶如煙霧往人心撲來／在他心底甜美更甚涓涓蜂蜜」。

《舊約聖經》中處處可見報復情節，在希臘悲劇乃至莎士比亞等經典文學中，報復破壞了自然秩序，幾乎是所有現代文學作品和電影類型中的主要劇情和次要情節。*政治中的報仇情節也屢見不鮮，當脆弱不穩的政府垮台，歷史久遠的敵對關係往往會浮上檯面。其中一個例子就是前南斯拉夫的共產黨政府垮台時，昔日種族舊恨趁虛而入，最後爆發波士尼亞戰爭。為了提升支持度或因應政策等，尋仇可能是政府下意識的動作，譬如二〇〇二年美國入侵阿富汗，明顯就是向奧薩瑪．賓拉登發動九一一攻擊的尋仇手段。

許多棘手衝突和內戰的引爆點往往都是尋仇，從另一個角度來看，報復也可以說是具有尋求正義的道德意圖。死刑就是國家在報復謀殺罪犯，一命償一命。

當然報復具有目的，有時確實也具有嚇阻功效。以牙還牙的威脅可以嚇跑敵人和對手，有時這種手段對於一個人、一個團體或國家的生存至關重要。

報復的概念或許很吸引人，「罪有應得」這個名詞也在在承諾著某種誘人特質，道出人類基本的報復本能。這樣的公式卻不一定說得通，暗示只要傷害你的人吃到苦頭，你的悲慘就可以瓦解，不公不義也得以伸張。幾年前我就曾在霍洛威監獄（Holloway Prison）親眼目睹一個小小案例。當時大家正在討論背叛是怎麼導致復仇行動時，一名參加修復團體課程的年輕女囚犯，開始和大家分享丈夫不忠的故事。後來她寫信給小三的孩子，向他們告狀自己母親幹下的醜事。起先她覺得讓對方難堪不幸是一件很痛快的事，怎知這種感覺並不持久。「是這樣的。」她說：「雖然這個後果可以說是她自找的，但事後我內心卻沒有比較好過，反而更難受。」

*我也想特別指出，寬恕的主題倒也意外地受歡迎，我的耳朵已能自然辨識出這類主題。就我個人觀察來看，在每部小說、電視影集或劇情片中，幾乎都有一個於原諒或徵求原諒中苦苦掙扎的角色。

我從心理治療師羅賓・薛荷身上學到許多關於報仇的觀念。薛荷對這個主題深深著迷，也十分清楚報復的強烈毀滅性，最後還主辦了兩場寬恕會議，兩場都在他參與大半輩子的芬霍恩基金會（Findhorn Foundation）宗教團體舉行。二〇一一年，薛荷和我受邀前往法國的寬恕日會議演講。在某間位處瑞士邊陲的修道院，他對多為法國人民的廣大聽眾解釋，他最初想要探討寬恕這個主題的原因。他和朋友兼心理治療師同事班・傅希（Ben Fuchs）受邀著手一本講述復仇的書籍，結果兩人開始走訪北愛爾蘭和以色列／巴勒斯坦，徵求沸沸揚揚的離異伴侶以及吵得難分難解的家庭分享故事，也有意引述自己不斷掙扎的怨恨經驗。

薛荷絕不是一個會懷恨在心的人，但他很擅長黑色幽默，也從來不避諱公開談及自身的黑暗面。著手這本復仇著作時，為了取得額外素材，他展開幾場研討會，後來研討會讓他大開眼界。「研討會上笑聲不斷，因為我們發現不管是明著來或是暗著來，人人都『有罪』。」他說：「舉凡八卦、奚落、『不小心遺忘』、遲到、不洗碗盤、生悶氣、隱瞞、拒絕知會承認某人、嫉妒、不忠、耍廢擺爛，或是力爭上游，什麼情況都有，以上這些本身也許不見得是一種報復，但在某些情境中都可以當作報復手段。」

這本關於報復的著作從來沒有完成：薛荷和傅希反而於一九九九年在芬霍恩展開首場寬恕會議。寫作和研究的過程中，他們逐漸相信報復最後只會帶人走上「死路」。「我所謂的『死路』具有兩層意思，其一呼應以下名言：『策畫報復時，別忘記挖掘兩座墳墓』。另一個則是和我的發現有關，報復被當作一種試圖奪回掌控權的手段，可惜並不管用，執著於報復只會讓人和過往傷痛和傷害自己的人糾纏不清。」

我喜歡薛荷對於報復與寬恕這兩極主題的描述，因為他絕對清楚報復的誘惑，卻不批判帶有報復心理的人，畢竟他自己也常常有這種心態。「我覺得報復最大的吸引力，就是它能夠帶給人一種身分認同。」他表示：「在《基督山恩仇記》（*The Count of Monte Cristo*）中，唐泰斯說：『別奪走我的恨，因為恨就是我的全部。』在我的治療工作上，我見證過以報復形塑自我身分的人，這也是他們不放棄報復的強大理由。為了某個目的而戰可以賦予他們人生目標、同志情誼和歸屬感，同時可以在對抗敵人時，標榜自己道德清高。」

薛荷認出以傷痛形塑自我身分，以及自己就是正義一方的想法，可能讓我們深陷報復心態。我喜歡他在《寬恕實踐》講到報復的文章中，提到人們尋仇就是為了避免自我憎厭：「前陣子我去找一位治療師，抱怨我太太攻擊我的事。我腦袋也清楚自己回應了她的攻擊，卻還是忍不住感到受傷。治療師耐著性子聽我說完故事後，冷靜地回答我：『這件事與她無關，全是出自你的自我厭惡。』我知道她說得完全沒錯，因為在我們批評討論他人時，往往也反映出我們如何對待自我。要是內在危機痛苦到忍無可忍，我們就會向外投射憤怒，找一個可以頂下自我不耐症的代罪羔羊。」[6]

現今年近百歲的英國戲劇導演、牧師、撰寫儀式與冥想的作家詹姆斯．羅斯—艾文斯（James Roose-Evans），在處理常見的支離破碎人際關係方面可說是經驗豐富。他在一篇部落格文章中奉勸讀者，要是有人虧待或狠心對待自己，與其生氣回擊，不如可以反過來思考為何對方這樣做，是否有尚未解決的衝突，導致他們用這種方式釋放怒氣或嫉妒，甚至捫心自問：「我是不是做了什麼事，才激起對方這種反應？」他也寫到隨時敞開心胸、接受和解可能的重要性，並且大方分享一則個人故事。「無論是哪種人際關係，小問題都在所難免，處理問題的要訣在於不過度反應，不要以同樣方式回應對方……這讓我想起一位相識多年的女性好友，我們是關係密切的同事，某次她寫了一封滿滿四頁的信，批評我的人生、性格、工作。我左思右想她突然爆發的原因，回信時只說：『看來橋梁已斷，不過我想邀請妳和我吃頓午餐，一起重建橋梁，如何？』後來她出來和我吃午餐，用餐過程中完全沒有提及這封信和她突然爆發的原因，不過我看得出來，她很慶幸這段友誼沒有破裂。」

香奈兒・米勒（Chanel Miller）是一名性侵倖存者，她想要寫下自己的故事，並藉由書寫好好面對並釐清這段往事。我是在二〇二〇年 BBC 第四廣播電台（Radio 4）的《女性時間》（*Woman's Hour*）節目上，首次聽說她的故事，當時她在倫敦宣傳個人自傳《這是我的名字》（*Know My Name*）。[7]《華盛頓郵報》（*Washington Post*）形容這部作品就像「狠狠揍上肚子的一拳」，同時卻「充滿光明希望」。米勒想要利用自傳描繪人性最黑暗的一面，並且赤裸裸攤在眼前，細節描述既貼近又勇氣十足。接二連三的恐怖事件始於二〇一五年一月某夜，她在史丹佛大學校園的兄弟會派對外，遭到一名該校學生性侵。後來有人發現衣衫不整的她意識不清地倒在大垃圾箱旁。

這起案件開庭審理時，米勒開始套用假名艾蜜莉．朵伊（Emily Doe），部分是為了避人耳目、保護自己的真實身分，部分是希望移除身上的標籤。她不想要大家知道她就是辯護律師口中那個被發現躺在垃圾箱旁、醉得意識朦朧的「不明女性軀體」，與此同時，侵犯她的布洛克．透納（Brock Turner）卻因為體育成就備受讚揚。她在自傳中寫道：「跟他的運動潛能相比，我所承受的痛楚根本無足輕重。」最後法官宣判透納三項罪名：性侵醉酒的受害者、性侵意識不清的受害者、意圖性侵。最後他只蹲了三個月的苦牢，也不曾展現出一絲一毫的悔意、遺憾或自責。

在法庭判決前的聽審上，「朵伊」面對布洛克．透納朗讀她的受害者身心評估報告，第一句話就開門見山地說：「你並不認識我，但你卻曾經進入我的身體，正因如此，我們今天才會在這裡相見。」透納的輕判刑期令她震驚不已，於是她決定將完整的受害者身心評估報告公諸於世，刊登在 BuzzFeed 網路新聞網站，結果迅速遭到旋風式瘋狂轉發，短短四天就獲得一千一百萬的高點閱率。

「朵伊」在著手撰寫《這是我的名字》訴說自己的故事時，首度公開自己的本名。以兩種身分躲躲藏藏令她身心俱疲，她再也不想繼續匿名背負這個重擔。於是二〇一九年艾蜜莉．朵伊又變回香奈兒．米勒。收聽《女性時間》節目時，米勒熱血激昂地表示，希望自己的故事可以幫助其他人，也是為了這個目標才以倖存者的身分站出來，她知道自己愈是勇敢發聲，就愈能鼓舞其他倖存者也說出自己的故事，或至少知道她在為他們發聲。

審判過程中，性侵米勒的犯人矢口否認到底，並試圖減輕他的罪行。「消除就是一種欺壓。」她在BBC電台訪談中指出，透納從未為自己的行為負責，並且彷彿透過廣播電波，直接對他喊話：「我鼓勵他從這件事學到教訓，也希望有天他能頓悟自己幹了什麼事，不要只依賴特殊待遇而活。」她說特殊待遇的意思是，他覺得不必檢視自己的行為，也不管自己對他人造成的影響。

米勒在自傳中描寫自己難以抑制的震怒，然而靜下心思索希望與復原力時，她下了一個結論：「報復是一顆小型驅動引擎」，她似乎找到了寬恕的餘地。這種寬恕絕對不是來自道歉或和解，而是一種想要卸下沉重負擔的欲望。她在《這是我的名字》中寫道：「悲痛衍生信心，憤怒帶來目標。視而不見這兩者，就等於視而不見這個經驗賦予我的寶貴工具。如果你擔心我還沒原諒他，我只能說仇恨太沉重，消耗太多內在空間。我永遠都會祝福他學習成長，這點不容置疑，畢竟不學習的人生又有什麼意義？可是就算我原諒他，也不代表我聖潔，純粹因為我需要為內心騰出空間，讓痛苦煎熬的感受入土為安。」

記者兼社會運動人士巴麗．李斯（Paris Lees）在她的BBC播客節目《反面》（*The Flipside*）中，也說過寓意相似的話：「有個人讓我的成長過程生不如死，而這個人從未道歉，也不曾要求我原諒。但幾年前我發現，我熊熊燃燒的報復心態只會讓我內心更難受。非要對方道歉不可我才能原諒的想法，只給予對方繼續傷害我的權力，畢竟我是否能夠繼續過日子，全視我對他的期待是否實現而定。於是我心想，**我才不需要你覺得抱歉，也不用你承認自己的所作所為，我自己就可以原諒你**，這種想法真的讓我充滿力量。」[8]

原諒敵人也許可以讓你無事一身輕，但你身邊的人就不見得喜歡這個選擇，所以在可能遭到親朋好友排擠的情況下，寬恕或許就得遮遮掩掩、祕密進行。有時寬恕只能放在心底，唯獨透過和解小舉動或溫柔安慰話語才能看出端倪。然而我們也可以大聲說出原諒，大方分享，變成一種公開抗衡，譬如伊娃．寇爾、甚至菲根．莫瑞（Figen Murray）的案例。

二十九歲的馬丁．海特（Martyn Hett）在二〇一七年曼徹斯特體育場爆炸案中身亡，四週之後，他的母親菲根．莫瑞登上國家電視現身說法，公開討論寬恕話題，希望大家能聽聽她說話。炸彈攻擊總共奪走二十二條人命，不少都是孩子，她認為這件事之所以發生，是因為社會欠缺容忍與同情心，她兒子的性命也是因為這樣才慘遭犧牲，所以在她的認知中，唯一改善現狀的方式，就是由她親自示範這種社會價值和原則。

我初次和菲根進行對談是在二〇二一年，當時正在進行曼徹斯特體育場攻擊事件的獨立公開調查。菲根每天都必須出庭，此外亦為了推動馬丁的法規忙碌奔波。她的建議是迅速立法，強制保障公開場地的安全。她向我解釋，其實她已經原諒自殺炸彈客，因為她深信仇恨循環勢必終止。跳脫這件事帶來的創傷後，她看清了局勢全貌，她的心才沒有被黑暗澈底吞噬。

爆炸事件發生之後，她也展開了反恐怖攻擊的碩士學程，因為她需要從這場悲劇中找到意義，而這也包括試圖理解為何一個來自關愛家庭、擁有良好人際關係的人，竟然會相信殺害孩子是對的。「因為馬丁是一個心胸開闊的人，他不會希望我沉浸在憤怒或埋怨中，所以這也是我選擇原諒的原因。」她說。

她並非立刻發現原諒是唯一選擇，攻擊事件的震驚與痛苦沉澱之後，她才逐漸靜下心接受事實，但那時的她還沒有原諒。過去的她一直覺得寬恕是無濟於事的概念，只是讓犯人無罪開脫罷了。可是在曼徹斯特體育場爆炸案四週後，《衛報》（*Guardian*）刊登一張照片，澈底改變了她的心境。

照片描述一場發生在倫敦芬斯伯里公園清真寺（Finsbury Park Mosque）的恐怖攻擊，一名男子駕駛休旅車衝撞路人，最後造成一人死亡，十人受傷。攻擊發生後凶手跳車逃逸，可是在憤怒群眾的團團包圍下，他哪裡都逃不了。這張照片道出接下來的發展：一名伊瑪目和四個信徒築成一個人形鏈條，包圍起這名極右派恐怖攻擊者。菲根說：「在一陣混亂、恐懼、倉皇失措之中，這五人根本沒有時間溝通，卻很有默契地勾起彼此的手，保護這名恐怖主義者。」那一天，這個強而有力的憐憫畫面縈繞她的心頭不去，平撫了她內心的悲痛。當晚她下定決心要公開說明，原諒凶手。

寬恕拯救了菲根，卻也孤立了她。一開始宣布原諒凶手不久，就有人出言抗議。她的丈夫雖然支持她，卻無法原諒凶手，而她的其他孩子也不贊成這個決定。不意外的是，她在社群網站上慘遭酸民圍剿攻擊。雖然家人現在都支持她的立場，也已經沒有酸民批評她，菲根仍在獨立調查期間寫信告訴我，截至目前她仍感到自己遭受排擠。「和其他痛失至親的人坐在法庭時，我覺得自己好像是異類，也可以感覺到他們不能理解我為何原諒。很多人恐怕都不懂我的決定吧，我常常害怕別人以為我太天真軟弱，可是我並不是這種人，這反而是經過深思熟慮的決定，對我個人而言，這就是最正確的決定。」

不少人在決定不走復仇之路時，會發現自己的立場既尷尬又孤獨，而鼓勵大家發揮惻隱之心則是一種背叛行徑。伊凡．漢伯（Ivan Humble）是英格蘭護衛聯盟（English Defence League，簡稱 EDL）前成員，他坦蕩蕩講起離開長年帶給他歸屬感的極右派運動後，深深感到格格不入，然而他的推特標籤「@展開全新一天」卻說明，他是一個改過自新的男人，熱愛他過去譴責的信念。

我在某個烏雲密布的九月早晨第一次和伊凡碰面，地點是倫敦某個人潮擁擠的公共花園廣場。前一天他才在訓練師課程上演講，而該課程的用意是找出可能加入激進組織的青年。我已經在網路上看過幾支伊凡的影片，他在影片中說明自己的種族歧視觀點最初是如何生根茁壯，最後又是怎麼瓦解。我很想和這個反仇恨的熱血社會運動人士見面，好奇著這個嗓音溫柔、謹言慎行的男子，改變道路之後的人生發展。

端著一杯熱茶找到安靜角落坐下後，伊凡開始告訴我，當初他是怎麼被吸收加入極右派活動。起點是二〇〇九年三月十日，激進伊斯蘭教士喬德里（Anjem Choudary）與極端激進組織「移民者」（Al-Muhajiroun）分派的八名穆斯林中斷盧頓（Luton）的士兵返鄉遊行。皇家盎格魯兵團（Royal Anglian Regiment）的士兵在盧頓遊行時，喬德里和他的支持者手舉「盎格魯士兵去死」和「巴斯拉屠夫」的標語，對他們高聲大喊：「恐怖分子！」可是警方卻出動保護喬德里，伊凡不可置信望著兩名抗議喬德里的觀眾遭到逮捕。對他而言，那天ＥＤＬ的誕生完全合理。數週不到，伊凡也自願加入，擔任該組織的網頁管理員。

「我是一個寂寞憂鬱的單親父親，常常以大麻麻痺自我，所以社群媒體很快就占據我的社群生活，ＥＤＬ則成為我的親友。」他解釋：「我總算找到歸屬感，但我不得不說，我的孩子真的很可憐，因為我沒日沒夜掛在網路上，完全沉迷於網路世界，最後甚至從管理員一路晉升至東盎格利亞（East Anglia）的區域組織者。」

二〇一〇年，伊凡在彼得伯勒（Peterborough）籌備一場ＥＤＬ宣傳活動。這時的他已經把所有穆斯林定位為跟喬德里一樣的激進極端主義者，於是當該社區的清真寺透過當地報紙聯絡他們，邀請ＥＤＬ和他們對談時，他非常吃驚。伊凡和他的同僚深信這肯定是對方的陷阱，於是置之不理。然而這件事卻在伊凡心底埋下一顆種子。他納悶：「我們在外面說了他們那麼多壞話，還到處恐嚇穆斯林團體，他們怎麼會想和我們溝通？」

幾個月後，伊凡帶著兩個孩子到鄰鎮進行聖誕節採買時，發生一件讓他改觀的事。他在購物中心等待女兒時，看見兩名包著頭巾的穆斯林女性步上階梯。他從未這麼近距離接觸穆斯林，於是尾隨她們步上兩層樓，來到一間禱告室，這時突然有一名穆斯林男子走出來和他打招呼。伊凡緊張地脫口而出他是ＥＤＬ的人，只是想來看看他們在做什麼。「我本來以為（也許甚至希望）我們會發生衝突，但這個改信穆斯林、名叫哈里爾的白種男人居然給我一個擁抱，說：『太好了，我早就想認識ＥＤＬ的成員。』」

這個回應讓伊凡卸下防備，本來他支支吾吾地想說出有說服力的話，最後卻答應隔天回來和哈里爾聊聊。事實上，接下來六個月他們總共見了十九次，這段期間哈里爾不斷給伊凡機會，讓伊凡挑戰和測試他的信仰，直到伊凡最後總算投降，接受哈里爾信仰的伊斯蘭教深具憐憫之心、熱愛和平，跟喬德里的伊斯蘭教是兩碼子事。

兩人對話後不久，伊凡又認識一位名為曼瓦．阿里（Manwar Ali）的穆斯林，而阿里也對伊凡造成極大影響。曼瓦是一名學者，之前是阿富汗激進暴力的聖戰士先鋒，現居伊普斯威奇（Ipswich）的他餘生致力鑽研伊斯蘭信仰、對抗極端激進主義。由於曼瓦最近買下一間棄置不用的教堂，傳言是準備將教堂改建成清真寺，因而引起伊凡的注意。ＥＤＬ的東盎格利亞分會組織一場抗議活動，可是伊凡決定得先會見這名穆斯林學者，親口告訴他伊普斯威奇的人民不希望他在當地建清真寺。

這兩個男人一碰面，曼瓦立即安撫伊凡他不會把教堂改建為清真寺，而是一個全社區共用的活動中心，不分信仰任何人皆可使用。這就是伊凡和穆斯林展開的第二場漫長對話。二〇一二年伊凡的姊姊辭世，六個月後父親也過世，可是陪在他身邊的人不是他視為家人的ＥＤＬ成員，而是他的新朋友曼瓦。「我開始思考，我的仇恨或許是一種誤判。」他告訴我：「可是接下來發生一件可怕的事，也就是李．瑞格比（Lee Rigby）謀殺案。」

二〇一三年五月二十二日午後，在倫敦東南方伍利奇（Woolwich）皇家炮兵兵營（Royal Artillery Barracks）附近，英國步兵李．瑞格比遭到麥克．阿德波拉杰（Michael Adebolajo）及麥可．阿德波瓦萊（Michael Adebowale）殺害。那一天瑞格比正好休假，阿德波拉杰和阿德波瓦萊先是開車衝撞他，接著跳出車衝上前去，並當著驚恐的旁觀者的面前拿出利刃和剁肉刀，活生生將這名休假士兵砍殺致死。恐怖行徑結束之後，他們還向嚇壞的旁觀者冷靜表示，他們揚言以伊斯蘭的名義宣戰，而動手殺害瑞格比的動機，則是為了遭受英國武裝部隊無辜殺害的阿富汗和伊拉克穆斯林報一血仇。

這件事本來大可輕易讓逐漸與極右派運動漸行漸遠的伊凡退縮，可是曼瓦和哈里爾察覺到事情的嚴重性後，翌日主動致電伊凡，為了伍利奇發生的謀殺案表達遺憾，並堅定表示這兩名凶手並不能代表真正的伊斯蘭信徒。這時伊凡已經和這兩人交談甚深，知道他們說的都是實話，可是腦中仍不免冒出其他想法：

李·瑞格比遭到謀殺後，EDL的支持聲浪大漲，對穆斯林進行的仇恨犯罪也愈來愈猖狂，令我不禁好奇某些仇恨罪行的主使者，會不會是我先前招募煽動的極端主義者。EDL在全英國組織支持李·瑞格比的沉默遊行，於是我詢問曼瓦是否願意冒險和我一起上街遊行，結果他答應了。那天我出門與他碰面時，也見到他的女兒，後面跟著他的妻子，以及其他二十五名穆斯林。他的女兒捧著一大盒玫瑰花獻給眾人，當下真的令人激動萬分，那天我因為安排這場活動而獲得不少美言，可是曼瓦卻慘遭某些穆斯林團體抨擊，直指他是叛徒。剎那間我為自己的參與深感罪惡。要是有這麼多穆斯林歡迎我，我又憑什麼去恨他們？

這個頓悟狠狠敲醒我。二〇一四年一月，漸漸對EDL感到失望幻滅的伊凡打開筆記型電腦，在EDL的網站頁面敲下一行字：「我不玩了，再見。」就和不肯怨恨恐怖主義者的恐怖主義受害者一樣，他離開仇恨團體的決定也讓他飽受詆毀貶低。自從離開EDL的那一刻起，伊凡．漢伯就淪為惡意批評的目標。「那個剎那間，我從酸民變成被酸的那個人。」他說：「有人指控我變成穆斯林信徒，熱愛穆斯林教。我明白為何他們恨我，仇恨其實就是一種對未知的恐懼，當初是我煽動他們，讓他們內心產生這種矛盾情緒。」

這些日子以來，伊凡的人生有了全新方向，毅然決然挑戰暴力極端主義，並在彼此仇恨的團體之間建立橋梁，踏遍英國東南西北（身旁常常有他的青少年女兒相伴）公開演講，並帶領課程研討會，後來這些帶給他意想不到的歸屬感和意義。「被仇恨傷得最深的人，往往是心懷恨意的那個人。」伊凡說。「自從離開EDL，我就持續和穆斯林團體碰面，試著釐清之前誤信仇恨的謬誤認知。即便這對我和我的孩子來說並不容易，還是比走上街頭、謾罵他人來得有意義。」

我為了寬恕計畫搜集和分享的倖存者故事，重點大多都放在羞恥、沉默、隱身等創傷反應，而這讓人想起美國作家和人類學家柔拉・涅爾・賀絲頓（Zora Neale Hurston）別有先見之明的名言。她在自傳《僕僕風塵》（*Dust Tracks on a Road*）中說：「在內心深藏一個委屈的故事，絕對沒有哪種痛苦比得上。」我希望寬恕計畫這些年來確實提供的一項服務，就是為遭到噤聲的人打造空間和平台，讓人們聽見他們無人知曉的故事。

蘇格蘭單人喜劇演員比利・康諾利（Billy Connolly）參加愛爾蘭RTE電台，解釋要是有人目睹創傷和羞恥事件，受害者反倒比較輕鬆。講到他十至十五歲時遭受有酗酒問題的父親虐待的往事時，他說：「我也是公開談論這件事，才能成功擺脫往事。我所做的只有對聽眾宣洩，其他交由觀眾消化，而我很慶幸我有這麼做。」這名喜劇演員的受虐經歷，最早是在他太太潘蜜拉・史蒂文森（Pamela

Stephenson）二〇〇一年出版的自傳中揭露，當時他的父親已經辭世多年，但是他足足等了十二年才首度公開談論，為何唯獨原諒父親，他才能與童年的受虐經歷共處。

二〇一三年，在一場英國廣播電台的訪談中，康諾利告訴記者柯斯蒂．沃克（Kirsty Wark），性侵是一件「非常奇怪的事……例如我的經驗就很典型：你絕對不會對外宣傳。人人都納悶為何受虐者不衝去找警察、政府、叔叔阿姨，告訴他們自己發生了什麼事。可是正因為你覺得這種事之所以發生，自己也不能脫罪，所以不會到處宣傳」。他也告訴沃克，即便他多年來肩負罪惡與羞恥，受虐經歷並沒有讓他因此不愛父親。「我還是愛他，我對他的愛始終沒有改變，至今也依然愛他。你知道寬恕有多強大，寬恕的力量無窮，連死人都原諒得了。」[9]

和康諾利一樣，其中一名寬恕計畫故事分享人喬夫．湯普森（Geoff Thompson）也有相同體認。受虐事件後無地自容的感受將他禁錮在窒息牢籠，是分享個人經驗並原諒對方，他才深刻感到自由。喬夫在十一歲那年遭到自己信賴的大人性侵，他常說對他而言，誘姦兒童的經歷比虐待本身的傷害巨大，讓他深感羞恥及自我厭惡。隨著時間，他數度挺過精神衰弱的憂鬱症發作，逐漸將憤怒藏在內心，直到他找了一份酒吧保安的工作，才透過肢體宣洩怒氣。但他表示肢體宣洩的渴望在在威脅他，將他變成一個「怪物」，後來接觸武術訓練課程，讓他踏上一條意外道路。

這時他開始了所謂的「內心審視」，不斷挑戰自己的羞恥、自責，以及所有讓他不開心、關乎自己的負面想法。於是他開始藉由文字抒發這場受虐經歷，探索自己內心的恐懼，運用自我表達能力宣洩怒氣，最大的頓悟莫過於儘管他渴望重新奪回純真童年，也永遠無法透過尋仇或暴力回到當初。換言之，只有惻隱之心可以擊潰虐待他的人。

喬夫具體解釋他後來和虐待自己的人見面，並且原諒對方的過程，以及對他而言，人與人之間互相產生作用力的意義為何。

有天我總算在麥當勞與這傢伙正面攤牌。我一見到他內心就立刻明白，要是我和他起肢體衝突，只會讓自己愈陷愈深，如此一來彼此就會形成相互作用，不管他內心怎麼想，我的憤怒都可能只會餵養他的想法，我內心的感受也會跟著茁壯。我瞬間發現這就是我和他平等對話的機會。我為這個傷痕累累、沒有安全感的孩子套上一副盔甲，一面保護他的盾牌，可是看見這傢伙的那一刻，這個十一歲的孩子卻無所遁形。從麥當勞椅子上站起來的感覺猶如爬出防空洞，跨越兩軍交戰的無人地帶，彷彿生死關頭，但我知道要是我選擇轉身離去，就會失去這個寶貴機會。

這時候的我已經完全破相，以前的我容貌俊美，散發著雌雄同體的氣質，但經過性侵後，我刻意讓自己鼻子被打歪、耳朵變形缺陷，體型練得魁梧粗獷。而為了完全卸下漂亮的外表，讓自己破相就是一種下意識的舉動。那時我站在他的面前，說：「你已經不認得我，可是你虐待過我，我現在只是要你知道，我原諒你了。」我重複這句話兩次，而且一定要堅定說出口，一次是說給他聽，一次是故意說給我自己聽。然後我望著他的力量在我面前漸漸瓦解，在我原諒他的那一刻，我望著他的力量隨風飄逝。

第4章

人際關係的潤滑油

「不論友情是長或短，基礎都得建築在長遠的互相諒解上。」

——大衛·懷特，詩人兼哲學家

卡斯坦·馬修森（Karsten Mathiasen）是一位丹麥故事分享人，也是馬戲團表演者，在他眼底，人生就是一連串課題。他告訴我「災難」發生在多年前，那時他甫為人父，帶著他的冰島小馬前往日德蘭半島西方，請一位知名馬師傳授表演絕活。回到澤蘭（Zeeland）前的最後一個下午，卡斯坦和馬師打開電視觀看新聞，碰巧看到四千英里外的紐約世貿中心雙子星塔倒塌的驚悚畫面。卡斯坦說：「當時的我萬萬沒有想到，我自己的人生也即將分崩離析。」

卡斯坦遇上的災難當然無法和美國史上最大規模恐怖攻擊的驚悚畫面比擬，但對於卡斯坦的人生，卻是毀滅力道猛烈的龐大打擊。回到家後，妻子告訴他自己愛上另一個男人，要求每週至少與他見面一次。他想要為了年幼子女保持婚姻假象，於是忍氣吞聲接受妻子要求，黯然垂淚。

卡斯坦以故事分享人的精準和目的性講述個人故事，將個人經驗塑造成寓言故事的形式，佐以強烈的起承轉合和深具說服力的道德結局。他繼續說下去：「有天我太太問我：『你想知道真相嗎？』我回答她：『不想！』因為我知道我絕對承受不起。後來我們的關係每況愈下，聖誕節那天不得不告訴孩子他們的母親即將離開。我從沒聽過孩子如此心碎的哭聲。」

後來卡斯坦向他最親近的鄰居坦承兩人即將離婚的事實，鄰居聞言後便和他分享個人智慧。他們告訴卡斯坦，他們認識兩對離異夫妻，其中一對和平分手，後來與彼此的伴侶及伴侶的孩子成為一個和樂融融的大家庭；另一對離異夫妻則是樣樣都吵，最後因為法律訴訟耗損不少金錢，此後兩人更是變成頭號仇敵。卡斯坦心中有數應該採取哪種處理方式，他很願意為孩子吞忍傷痛，可是儘管有此用意，達到心平氣和卻很難。接踵而來幾個月，他的悲傷很快就高漲成憤怒。

他沒有把怒氣發洩在妻子身上，反而是她的外遇對象托本，怒氣膨脹到連他自己都詫異，甚至發現自己會在腦中想像屠殺托本的畫面，於是他決定尋求專業協助。「我去找精神科醫師，告訴他我有殺人的念頭。」他說：「醫生建議我捲起一條毛毯，想像這條毛毯就是托本，並且拿起棍子狠狠揍他一頓。可是我想要傷害托本的欲望卻愈來愈濃烈，我想要真正恐嚇他。於是有天我打電話給托本，告訴他我想要殺了他，電話那端的他悶不吭聲。最後我掛掉電話，隔週又打給他，說：『我不會殺了你，但我要扯下你一條胳臂！』」

卡斯坦的復仇幻想再接著幾週持續延續，直到有天孩子去探望媽媽後告訴他，托本其實是一個很好的人。卡斯坦心知肚明他的復仇記可能只會造成家庭分裂，於是再次逼自己克服報復心態。「一週後我又致電托本。」他說：「這次我對他說：『我不會傷害你，但我想去你的辦公室，拿斧頭砸爛你的電腦。』並在腦中沾沾自喜地想像這個畫面。」

可是托本還是不吭一聲。請記得這是值得留意學習的地方，要是遭到欺凌時不直接反應，而是秉持耐心、全神貫注地聆聽對方，兩人的關係就有重建的機會。正因為托本沒有激烈回應，只是靜靜傾聽卡斯坦的痛苦，兩人的關係才得以改善，卡斯坦的怒火逐漸消退後，便拿起紙筆寫信給他的仇敵，答應他日後不再煩擾他。然而這場休戰並不代表他已經走到心平氣和那步。

後來一樣是他的孩子讓他重新思考。感恩節前一週，卡斯坦的女兒開始擔心那年全家不能一起慶祝感恩節。卡斯坦明白這對她而言有多重要，因此理解他得徹底改變局勢。於是他拾起電話，撥打托本的號碼，但這次是邀請他到哥本哈根喝咖啡。卡斯坦率先抵達咖啡廳。「我看見這男人穿越咖啡廳大門走進來，立刻覺得他看起來帥氣又友善。」他回想當初：「他具有我欣賞的吉普賽人樣貌，那一刻我馬上知道，我們可以當朋友。後來在感恩節派對上，我們坐在一起，好好聊天。下一次我又邀請托本參加女兒的花園生日派對，他不僅僅自己來，還帶了母親同行，而這就是我們培養大家族的良好開端。」

當卡斯坦的鄰居聽說這個來得突然的意外和解，他們又和卡斯坦分享智慧建言，提醒他「能夠征服自己心魔的人，比征服城鎮的人偉大」。而這就是卡斯坦和托本要好情誼的開端，後來這段情誼甚至維繫了好幾年。

跟所有真實故事一樣，這則故事的結局不止一個。幾年後，卡斯坦和女兒在森林散步時發現女兒似乎很氣惱。他問女兒是不是有心事時，女兒告訴他，最近她問媽媽為何愛上另一個男人，於是母親告訴她，他們還小的時候爸爸曾和另一名女子外遇。正因如此，她誓言哪天要是有機會遇到好對象，她絕對不會制止自己。卡斯坦怔怔站在森林，女兒一臉沮喪地轉過頭面對他，問：「你怎麼可以背叛我？我那時還只是一歲小孩啊。」

這段回憶至今依舊刺痛酸楚，他說：「這就像是一記當頭棒喝，即便太太似乎早已原諒我，我卻瞬間驚覺，原來這段年代久遠的外遇仍是一個不可外揚的醜聞。我又該怎麼向一個十七歲少女解釋男人為何會失去理智！後來我和女兒繼續默默散步，直到我問她：『妳可以原諒我嗎？』她回答：『可以。』兩人才手牽著手走回家。起先我以為我是那個寬容大量的大好人，但到頭來原來我才是那個需要他人原諒的人。」

卡斯坦的故事清楚闡釋我想要展開寬恕計畫的用意，他的故事動人地說明，即使是最漆黑的暗處，你也可能看見微光閃現，證明了仇恨之中可能誕生愛，善意亦可平撫痛楚。正值中年的卡斯坦帶著深刻感恩的心情，回顧家人的故事。

「我們整個大家族和平相處，直到托本罹患癌症。我眼睜睜看著這個充滿智慧的善良男人漸漸萎靡死去，內心真的很不捨。臨終前，托本雙眼緊閉躺在病床上，無法言語，我坐在他的身旁握緊他的手。我知道托本和父親的關係並不融洽，於是向他訴說一個關於父子的寬恕故事。說完故事後，他輕輕掐了一下我的手。那是我最後一次見到他，我得坦承他離開我的世界時，就像他剛踏入我的世界時如出一轍，令我忍不住痛哭流涕。」

這個故事有許多值得效法的地方，最重要的是這個訊息並非只有單薄的一面。卡斯坦是「寬宏大量的大好人」，但他也是一個請求女兒原諒的父親；有的人可能會認為托本是「破壞他人家庭的小王」，但他同時也是典型的和平使者。這則故事讓我們看見，如果我們希望療癒、修補破碎關係，就得敞開心胸展露脆弱的一面。故事也闡釋了傷痛多麼容易渲染整個家庭，雖然復仇想像可能令人喘不過氣，卻也可能帶來蛻變。

卡斯坦的故事讓我想起南非的吉恩．弗里（Ginn Fourie）是如何講到她和萊特拉帕．姆法勒勒的關係。姆法勒勒下令恐怖攻擊，因而奪走她女兒的生命時，她這麼說：「如果我們表達內心的脆弱感受，就可能建立長遠羈絆。」

寬恕計畫搜集到的故事架構都較為龐大，案例比較極端，然而在日常生活中寬恕卻也是相當有效的手段，不但可以修復破裂關係，也能修補破碎的心。家庭關係其實很脆弱，如果我們不能透過寬恕的鏡片觀看人際紛爭，那麼就可能步向關係破裂、家庭失和的局面。隨便抓一個人來問，你八成會發現親人之間醞釀著數不清的未解傷痛，抑或撕毀友誼的悲傷。

我這裡指的是C．S．路易斯（C. S. Lewis）形容的「日常生活中永無止境的挑釁」，我們可能和自己在乎的人漸行漸遠，或許是占據我們生命數年的親朋好友，可能是我們深愛、一起開懷大笑的人，也可能是婚姻中的另一半，甚至是一輩子的朋友、交往密切的同事。我聽說過的家庭疏遠悲劇多到不勝枚舉，當然這種情況不同於威爾瑪．德克森和菲根．莫瑞等人承受的刻骨銘心之痛，卻也算是不一樣的自相殘殺。

不久前，我坐在北威爾斯美麗的康威（Conwy）海港小鎮的一間小咖啡廳，鄰桌坐著兩名顯然是好友的老翁，當時我獨自一人，很難不聽見他們的對話。過了一會兒，我注意到其中一名老人伸長脖子，眺望窗外，說：「那是我孫女。」一手同時指向一個推著嬰兒車的年輕女子。我本來以為他會站起來呼喊她，他卻沒有這麼做，只是默默看著她經過自己面前。「你是因為她的母親才沒再和她聯絡嗎？」我聽見他朋友這麼問。「沒錯，我甚至不知道小孩是男生還是女生。」老翁回答。空氣中瀰漫著一陣沉默，我迅速移開視線，卻能感覺兩名老翁的低迷情緒。當下我赫然發現，雖然這一個親密貼近的時刻分外悲傷，卻也十分普通常見，不過又是一個家族分崩離析的案例，在世界不同國家的各個角落一再重演。

光是我現在這樣坐著，完全不用費心苦思，就能輕鬆想到三個類似案例。這些故事的主人翁都不是我的朋友，但都是我認識的人。其中一個案例是一對夫妻，經過難堪的離異後，他們逼得四個青少年孩子捲入兩人的紛爭，最後嚴重到孩子不得不選邊站。後來兩個孩子選擇站在父親那邊，另外兩個則是支持母親。儘管生活在同一座康沃爾村莊，兩組人馬卻早已失聯，和解的可能更是愈來愈渺茫。

另一個類似案例的主人翁是一對姊妹。兩人與彼此的丈夫共同經商近二十載，兩家人住得很近，生活往來密切，羈絆非常深厚，五個表兄弟姊妹也常常一起參加派對、出外度假旅遊，甚至在學校有共同朋友。可是當公司碰到經營困難的窘境，財務問題找上門時，姊妹倆的丈夫卻將矛頭指向對方。現在兩家人已經斷絕往來，見狀後祖父母焦慮心碎，不解原本和睦幸福的家族，怎麼會分崩離析成這副模樣。

最後一個例子的主角是一名五十三歲的女性。兩年前，她的年邁母親過世，後來因為持久授權書和母親遺囑的爭議，與哥哥漸行漸遠。哥哥現年三十多歲的孩子甚至寫信憤怒控告姑姑偷走遺產，但她堅稱這筆錢本來就是母親留給她的。這名女子單身，沒有孩子，現在甚至連一個親人都沒有。

以上三個案例中，每個家人的觀點都兩極分裂，毫無交集，想要在這場誰對誰錯的拔河賽中找到和平，感覺就像棘手的中東戰爭一樣無解。上述例子或許聽起來都不稀罕，而我敢說大多數人甚至能想到個人案例，有的人也許甚至碰過關係突然遭到切斷的情況，也許是自己主動，也可能是他人選擇與你斷絕關係。

我甚至記不起來我和大學死黨羅伯到底哪裡出了問題，即使記得恐怕也解釋不了什麼。我唯一確定的就是我做的事或說的話引起他的痛苦和恐慌，簡單來說就是他覺得我背叛了他，於是突然斷除所有與我的聯繫。我知道之前他也曾經與其他朋友斷絕關係，就像鋸斷一根枯萎樹枝那樣，但我天真以為這種事絕對不會發生在我身上。經過多年經營培養，我們的感情愈來愈要好，有幾次他從蘇格蘭來到倫敦時甚至暫住我家，睡在家裡客廳的沙發床。他和我三個孩子相處融洽，也會和我丈夫喝啤酒到深夜，我們還會一起外出旅遊，所以他突然間解釋全無地選擇斷聯，連告訴我問題出在哪裡都不肯，著實令我心痛難過。這種情況下，我唯一能怪的只有自己的愚蠢、粗線條，沒有扮演好忠誠朋友的角色。

哲學家兼作家艾倫・狄波頓（Alain de Botton）幾年前在推特上張貼的一句話讓我心有戚戚焉。他發明一種可以解決這類誤解的想像療法：「每年一次攤開清掃心中嫌隙，就算無意間得罪他人引起對方厭惡，也不需要深感羞愧，覺得必須解決什麼。」當你得罪某人，對方卻怎樣都不肯接受道歉，尤其是你根本不知道自己做錯什麼，而且雙方也拒絕溝通對話，真的會讓人非常惱怒困惑。無論我向羅伯道歉多少次，他都對我充滿悔意的話語視而不見，後來我漸漸不那麼歉疚，情緒轉為憤恨。隨著歲歲年年過去，我在腦中想像他肯定早就釋懷了吧，可能隨時都會寄來一通善意的簡訊或一張明信片。我本來自信滿滿沒有解決不了的個人衝突，與任何朋友出問題肯定都能順利和解，也總是不吝於彌補對方。

問題是我愈是努力補償，我的努力就愈是變成一種卑躬屈膝的羞辱，畢竟我選擇把所有掌控權都交給他。這件事過了好幾年後，我才總算學會完全放手，起先放棄嘗試懺悔，然後是接受這段友誼已經畫下句點，最後是不再在乎。對我來說，這件事教會我一個簡單道理，那就是人們有改變心意的權利，可以決定自己和誰保持密切聯繫。

要是這真的算得上是寬恕，我對羅伯的原諒可以說是一種奇怪的寬恕，可是儘管自己被朋友任意拋棄，連對話機會都遭到剝奪，我確實早已放下所有憤怒沮喪。至於羅伯究竟是否已經原諒我，又是另一回事。我猜想應該沒有，我甚至懷疑他和我相反，仍能清楚記得我的每條罪狀。

對於產生嚴重分歧、不願妥協、不肯前進或遺忘的人來說，寬恕是一件艱難任務。心理治療師班・傅希解釋，對某些人來說，寬恕和放下嫌隙「不怎麼吸引人，是因為這意味著放棄辛苦得來的權力感受……也代表你要放棄自己遭受背叛、對方是叛徒的清高無罪道德」。這類型的棘手衝突之所以格外難纏，癥結點就出在雙方往往都自認同樣「正確」，兩人都覺得自己理由充足，而且遭到不公平待遇的是自己。

在人際關係的動盪不穩之中，親近的人犯下的小錯似乎往往比陌生人鑄下的大錯難以原諒。也許愛與恨確實只有一線之隔，於是乎，與自己在乎的人發生的任何嚴重衝突，都可能沾染上背叛、拒絕、偏心、不公平等指控，或許也不令人意外了吧。這種情況也可能揭開舊瘡疤、出現新傷口，讓我們感覺脆弱無助。要是覺得自己遭到背叛或深受委屈，也很容易舉起道德憤怒的盾牌捍衛自己，並且採取強硬立場，畫清界線，最終祭出打入冷宮的懲罰，直接當作對方不存在。與其帶著脆弱開放的心往前跨出一步，彼此之間達成共識，雙方寧可堅守立場，互不相讓，任憑傷口持續惡化，並從中尋求慰藉。

諸如此類的激戰發生當下，無論是國家爆發戰爭抑或手足起衝突口角，最好的做法就是讓憤慨與正義的怒火燃燒，畢竟當你不顧一切地想要生存，或是下定決心非贏不可，寬恕就不可能進場。就如我們先前所說，讓憤怒延續一段期間是必要的，因為憤怒可以幫助受傷的人重建韌性，所以是復原過程不可或缺的一環。很明顯，在你傷痕累累或被悲傷吞噬的時候，提出原諒也毫無助益，只會點燃你內心的不平衡，讓你一頭栽進震怒之中。

在某段親密關係中受傷的人，通常會想盡辦法討回公道。我見過不少出軌伴侶受到自己劈腿的另一半長期重罰，到頭來這種報復心態反而比感情不忠更可能摧毀婚姻。我並不是想要減緩背叛造成的傷痛，傷痛裂縫會讓曾經狀似安全平穩的世界粉碎，不過相信已經活了幾十載的人都曉得，人生本就充滿殘酷驚喜，人也是說變就變，不可預測。一如班．傅希所形容：「我們帶著各種人生迷思長大：想像著愛情、夢想著感情應該要有的樣貌，可是……現實卻是另一回事，往往背叛了我們的迷思。」[1]

寬恕無庸置疑可以幫我們在混亂之中釐清方向，因為寬恕心態也可能讓對手的盾牌出現裂縫，最後改變心境。可是寬恕心態又是什麼？如果某個人的行為令你難過、生氣、失望，寬恕心態或許就是採納一種世界觀，接受他人可能與你抱持完全相反的意見，卻不代表他們是壞人，也不代表他們錯了。

擁有寬恕心態是即使你感到氣憤受傷，與其勃然大怒，你仍能以憐憫之心回應。意思是你的預設立場不該是責備，而是能夠依據各種微妙情境反應，保持想法的彈性，不要只專注於自己的受傷情緒，而是反過來去擁抱他人的受傷情緒。也就是說，與其只想著自己，不如想像一下對方的感受。那倒是，畢竟柏拉圖就曾在近兩千五百年前得出一個結論：「最高階的知識是同理心，因為同理心需要我們放下自尊，活在另一人的世界裡。」

美國心理學教授凱瑟琳・羅勒—勞博士（Kathleen Lawler-Row）特別著墨這個主題。記者哈麗特・布朗（Harriet Brown）於二〇一三年逝世的兩年前，就曾在歐普拉的個人網站上發布一篇引人入勝的文章，[2]並且引述羅勒—勞博士的話。羅勒—勞博士的這番話語讓我心有戚戚焉，久久縈繞心頭不去。深思寬恕本質的定義時，她的結論是：「寬恕的人會比較有彈性，對於人生及他人的期望不是非黑即白，若要說擁有寬恕經驗的人具備哪種特質，那我會說這個特質就是寬廣視角：我不能預期人生會為我帶來什麼，但我會用這種方式回應。」

我向來不是很懂非黑即白、善惡對立的世界觀，這種觀點不但沒有彈性，也沒有轉圜餘地。不過我也曉得當一段關係變得凶險惡毒，最聰明的做法就是轉身離去。

戴斯蒙．屠圖主教提出一個有趣說法，打消人們普遍認知中的寬恕及和解。二〇一四年，他為線上舉辦的屠圖國際寬恕挑戰（Tutu Global Forgiveness Challenge）及他和女兒姆法．屠圖．范福斯（Mpho Tutu van Furth）共筆的《原諒之書》（*The Book of Forgiving*）製作一支宣傳短片。他在影片中解釋：「如果有個人總是虧待你，那麼做好原諒對方的心理準備，並不代表你是受虐狂。要是有個人總是反覆傷害你，那最好的做法就是放下這段關係，而不是重新開始。」換句話說，你可以轉身離去，同時仍然選擇原諒。

身為南非種族隔離制度後期的和解運動核心人物，在真相與和解委員會擔任會長的經驗，讓戴斯蒙．屠圖比多數人清楚正義和究責確實可以寬解傷痛，可是他也從諸多親眼見證的殘暴故事明瞭，選擇原諒需要一顆開放柔軟的心，也需要一個人深刻明白，傷害我們的人不會、也不可能依照我們想要的方式做事，因此內在療癒需要一種具有創意又獨到的個人回應。

正如屠圖所述，有時離開是必要之舉。要是不採取預防措施，有毒行徑可能流傳數代，殘害更多人。舉個例子，要是一名母親嚴重傷害女兒，女兒成年後發現唯一修補傷害的方式，就是將母親列為拒絕往來戶，既能保護自己，也能保護自己的孩子，所以對她來說，這也許就是最好的補償。哈麗特・布朗參加寬恕專家佛雷德利・魯斯金博士率領的寬恕學習研討會，而這名作家的文章就特別探究這種兩難情境。布朗出席報導該研討會過程，同時也試著藉此機會修復個人創傷，跳脫出母親深深傷害她的經驗。

以下她描述研討會結束時，她詢問魯斯金的內容。布朗想知道當心理治療、寫作、冥想、和母親溝通、不和母親溝通等方法都嘗試過，證明無效後，而她也仍然放不下對母親的怨念時，應該怎麼做。

下午休息時間，我逮到幾分鐘向魯斯金提問：原諒往事是一回事，畢竟已經事過境遷，但要是過去傷害你的人現在仍然不斷傷害你，請問你該怎麼做？我話還沒說完，他就直接打斷我：「此時此刻她並沒有傷害妳吧？」他漫不經心地回答：「所以妳再努力看看。」

我深吸一口氣，鬆開咬緊的牙關，換一種方式問他：「面對一個難以相處的人，請問你應該怎麼保護自身安全？」聽到這個問題，魯斯金露出微笑，那是我一整天首度看見他露出的真誠笑容。「這樣問就對了。」他笑盈盈地說：「妳不會淪於責備心理，也不會樹敵。」他把注意力放在應該注意的對象身上，也就是我。「妳恐怕已經知道這個問題的答案。」他說。

我告訴他，我的答案就是與母親保持距離，也許一年和她講一、兩次話就好。他鼓勵地點點頭，問我：「那妳可以敞開心房做到這件事嗎？」

我的背靠回椅子，陷入沉思，認真誠實地沉思這句話的意思：我不會再說我母親的壞話，不再向朋友抱怨取暖，也不再顧影自憐，盡自己所能地以同情心看待母親；但也沒必要與她過度親近，坦然接受我們目前的關係，而不是期望可以改變現狀。

這時我才漸漸明白，寬恕不是假裝不生氣或不受傷，而是出於善意、不再憤怒地回應對方。寬恕就是任由自己全方位去感受，無論是悲痛、憤怒、受傷都好，同時也要保持善意和憐憫，即便對方深深傷害自己也一樣。

社會工作人員荷諾・羅德斯（Honor Rhodes）已進行家庭介入工作三十五餘年，所以再清楚不過利用寬恕解決家庭紛爭的困難，尤其是一想到寬恕，人們往往可能會將事主分成受委屈和做錯事的兩大陣營，關於這個難處，她也曾在《寬恕實踐》的〈家人、原諒、拒絕原諒〉章節中探討。情況之所以複雜，其實是因為受委屈和做錯事的往往都是同一人。羅德斯在東倫敦展開社會工作時，發現背叛和缺乏尊重、罪惡感和渴望獲得憐憫是許多家庭問題的主因。於是她開始仔細思考寬恕可能扮演的角色，雖然她明白每個人都有寬恕的經驗，卻鮮少有專業人員可以運用的寬恕工具。

羅德斯漸漸在職業生涯中將寬恕納入個人工作。她發現對於某些家庭情境而言，寬恕遙不可及，於是把重點放在原諒不可行時值得採取的做法。文中，她提到一個例子，我認為要是原諒不可行，那麼在思考修復家庭裂痕時，這個案例或許會有幫助。

「我遇到一家人，他們採取的立場挺有用的，也就是承認自己被虧待的事實。一個信賴的朋友惡意詐騙，他們不甘心被人背叛，也深知不可能獲得賠償，但還是希望往後講到這件事時，至少不再憤怒激動，帶給孩子負面影響。」

於是羅德斯幫這家人打造一個不同的創傷敘述，處理消化他們的痛苦。她協助這對父母找到一個「劇本」或是可以解釋情境的故事，讓他們不再感覺一蹶不振。「說出自己遭人背叛和復原的故事，可為他們減輕整起事件帶來的傷痛，讓他們覺得自己是有選擇權的，也充滿力量。這一點很重要，因為他們能夠藉此想像自己未來能再相信他人，而且不遭受背叛。」所以說，這個例子的主角是以理解與接納取代更難以辦到的寬恕。

我現在學會了，寬恕是一個敏感話題，對任何心碎的人給予寬恕忠告時要十分小心。曾經有一個朋友寫電子郵件給我，說她發現自己的丈夫外遇，當下她非常錯愕震驚，既感到被背叛又很受傷。描述她的心痛和事發經過等種種細節時，她問我：「瑪琳娜，我真的可能原諒他嗎？」

現在我才明白，我的朋友當下並非真的在尋求忠告，反而比較類似修辭性的疑問句，可是那時我卻當真了，還認真地回答她，說：可以的，隨著時間過去，妳還是可能原諒妳的丈夫。這句回答完全誤判她發出的求救訊號，隨口說出的答覆簡直像是一句粗枝大葉的風涼話。我的電子郵件散發出錯誤訊號，比起當面談心，隔著大洋敲敲打打文字確實很容易犯下這種錯。我的回信讓朋友更沮喪難過了，雖然我馬上真摯地向她賠不是，卻很快就發現無論我說什麼都沒用，收不回我寫下的話語。我朋友只是希望我聆聽她說話，所以那個當下並不是給予智慧忠告或大談闊論寬恕的好時機。

結果我們的友情進入長達兩年的冷卻期，那時她捎來的簡短訊息都充滿距離感，我們的對話也時常有一搭沒一搭。後來是她為了母親的喪禮前來倫敦，我們才真正前嫌冰釋，總算可以好好當面聊起那時發生的事。她很抱歉這些日子以來的冷漠，我則是為了當初的粗線條道歉。最後我們各退一步，檢視這段長達數十年的友情，兩人都明白這份友誼值得努力挽回，於是很快又重建友誼，甚至比以往更要好。

談及寬恕讓我們的關係陷入膠著，當下我真的**不應該**大聊寬恕，這一點我明明最清楚不過。然而正因為這個誤解，我們的友情變得更寶貴堅強，猶如日本的金繼修復藝術，以樹脂和金粉巧妙修復破碎後的瓷器雖然不完美，卻更美麗。

為了寬恕計畫長期蒐集真人真事時，我往往避免日常瑣碎的牢騷和嫌隙。擔任記者的十五年來，我的主軸向來是在「描寫人類情感經歷」的故事上，面對編輯索求更多故事角色的人生細節時，見獵心喜、挖掘八卦的記者從業本質常常讓我感到挫折。出於這個理由，後來我決定故事焦點是鎖定犯罪、暴力、大屠殺、恐怖主義等極端故事框架，寬恕不可原諒的人事物就是我的聚焦，因為我知道這樣的故事更能激起讀者的好奇心，也更能帶來啟發。

然而即使我大多不去碰觸家族傷痛等日常故事，在框架龐大的寬恕故事中，仍然埋藏著常見的疏離、家庭嫌隙、霸凌、鄰居糾紛等小故事。

南非出生的瑪格德琳．馬柯拉（Magdeline Makola）就是其中一例。二〇〇八年十二月，人在蘇格蘭愛丁堡皇家醫院（Edinburgh Royal Infirmary）擔任護士的她遭到綁架，歹徒則是賈斯提斯．恩傑馬（Justice Ngema）。恩傑馬將她關在她的歐寶旅行車廂內後便棄車逃逸。十天後被警方發現時，她只差幾個鐘頭就命喪黃泉，我發現瑪格德琳的故事之所以有意思，是因為雖然她原諒了綁架犯令人髮指的惡行，卻永遠原諒不了身邊親近友人犯下的小錯。

恩傑馬是一名熟人的朋友，某次他前來敲她的家門，想要把行李寄放在她的公寓，她卻婉拒了他。後來聖誕節之前的某個深夜，他又前來敲門，這次是希望可以和她喝一杯。瑪格德琳解釋緊接下來發生的事：「我當時沒想太多，天真地讓他進門，沒多久他就架住我的脖子……往我嘴巴塞東西，蒙上我的眼睛，我還來不及反應，他就把我甩上肩膀，然後一把將我丟進我的車內，我真的嚇傻了。」她描述一開始的幾個鐘頭她有多驚惶失措，接連幾天獨自受困汽車車廂，卻毫無頭緒自己人在何方，是否會有人前來營救她。她躺在那裡憎恨著恩傑馬：「我從來不知道我居然可以這麼憤怒。」可是她明白若想活下來，就必須保持冷靜。後來她深信不會有人來救她，於是開始向上帝祈禱，內心再也沒有怒氣和恨意的她，只求能夠平靜死去。

瑪格德琳是在聖誕節隔天的節禮日獲救，被人發現時嚴重凍傷，卻欣喜若狂，謝天謝地自己還活著除了喜悅，她沒有其他感受。開庭審理時，恩傑馬雖然俯首認罪，卻毫無悔意。瑪格德琳解釋，這是無條件式寬恕的故事，「因為獲救後我太慶幸自己還活著，再也不對賈斯提斯．恩傑馬懷有絲毫恨意，只是深感悲傷。

畢竟我們同是身處異鄉的南非人，不是應該要像兄弟姊妹般照應彼此才對嗎？」她也提出一個重點，那就是儘管她已經原諒恩傑馬，卻不代表她可以再相信他。

我之所以提到這篇故事，不是因為瑪格德琳原諒了毫無悔意的綁架犯，而是因為這場綁架案影響了她和某些朋友的情誼。她告訴我：「最悲傷的是這件事結束後，比起關心我過得好不好，有些朋友似乎更有興趣要向媒體披露八卦小道消息。尤其是一名跟我很要好的朋友讓我深感遭受背叛和傷害，傷害力道已經超越我被關在後車廂的經歷，現在我已經不知道該如何相信人了。」

馬修．薛克（Mathew Shurka）的故事於報紙刊登後轉發至推特，由於他的故事具有寬恕特色，我想更深入了解，於是和他約在紐約市見面。

坐在他位於布魯克林區摩天高樓的三十樓公寓時，他開始對我訴說自己的故事，向我攤開拼湊出所有人生碎片，以及後來令人安心的心靈覺醒。風采自信又散發超酷氣質的他，只有偶爾顫抖的聲音透露出他曾經走過的黑暗歷史。

他告訴我，他是在九〇年代的紐約郊區長大，在這個關係緊密的猶太家庭中，除了自己，他還有一對父母和兩個姊姊。雖然他們不是特別虔誠的猶太教徒，但是每逢週五至少會有三十個人出席安息日，而馬修也從未錯過一場活動。到了青少年時期，他的性向開始浮現，他發現自己受到其他男生吸引，卻害怕向任何人坦承這件事，甚至對自己否認到底。他毅然決然不讓自己成為同性戀，甚至願意不計代價證明自己的男子氣概，朋友使用「同性戀」或「娘炮」等字眼時，他也熱烈加入他們的行列。然而身處這種團體卻需要付出代價，抗拒自己逐漸成為的那個人，令他內心備受折磨。

到了十六歲，這種感受更是變本加厲，快令他難以招架，於是馬修決定向父親出櫃。這是他發出的求救信號，本來以為只要告訴父親真相，他就算是跨過人生最艱難的障礙，無奈事情發展不如他所料。馬修說：「起初我父親的反應讓我鬆了一口氣，他只說：『無論如何，我都是愛你的，我也會支持你。』可是事實上我父親很怕大家發現他有一個同性戀兒子，於是安排我去看心理治療師。治療師是一位大學教授，他告訴我世界上並沒有同性戀，而我今天對男生有感覺，也可以選擇對女生有相同感覺。那時我很篤定是我心理有問題，所以轉性對我來說是攸關生死的大事。」

性傾向迴轉治療又稱「矯正治療」，甚至是「同性戀治療」，指的是改變、抑制或是扭轉性傾向的療法，意在降低同性吸引。至今仍有人相信這項理論，尤其是具有宗教信仰的人，但是現在這類療法廣受質疑，許多醫療機構及專家都出面譴責，證實LGBTQ身分不是需要心理治療治癒、「改變」或根除的疾病。[3]

馬修經歷的療法格外殘忍。醫師告訴他由於他還年輕，所以治癒的機率很高，前提是他必須和母親及兩個姊姊分開生活。也就是說，雖然他們同住在一個屋簷下，他卻不能和她們互動，免得他的行為舉止變得女性化。醫師也要求他交一個女朋友，在校時盡可能和其他男同學相處，以鼓勵「健康」的男性關係。他和女友無法進行親密行為時，他們還開了威而鋼藥物給他。

因為相信治療師的話，馬修的母親也不情不願地配合演出。矯正治療就這麼持續整整五年，在這段期間，馬修已不再覺得家是一個溫暖的避風港，反而深信如果他真的想要幸福健康的人生，就勢必要完全壓抑自己的同性戀傾向。「我在家裡扮演著警察的角色，只要母親試著跟我說話，我馬上堅決對她說：『拜託不要毀了我的努力！』」

隨著馬修年紀愈來愈大，他的迷惘和怨恨也逐年增強。他注意到父母的相處出現問題，彷彿他的性傾向迴轉療法讓他們總算看清兩人婚姻的缺陷。高中畢業之際，他深陷極度焦慮情緒，並且萌生自殺念頭，直到理智線斷裂，再也無法維持一直以來努力營造、壓抑真實自我的虛假表象。於是二十一歲、筋疲力盡的馬修鼓起勇氣，放棄迴轉療法，開始以男同性戀的身分生活。他的母親可以清楚看出這整件事對兒子造成的傷害，於是和丈夫分居的她全力支持馬修出櫃。

就如同所有搖搖欲墜的家庭，他們畫清全新界線，戰場輪廓也跟著浮現。馬修解釋：「我父母剛離婚那一年，我選擇站在母親這邊，當時他們正在爭奪我名下的家庭資產，於是我便對父親提出訴訟。當時我只想尋仇，而且是不計一切地傷害他。這段期間我父親搬回他的祖國以色列，而我也不知道今後是否還有機會見到他。」

即便馬修已經向親朋好友出櫃，一部分的他仍然認為自己很失敗，因為療法對他起不了作用。他的自尊岌岌可危，夜裡輾轉難眠，對於人生種種深感焦躁不安。後來他又花了四年與心理治療師諮商，才總算化解傷害，重新回到迴轉療法前的自我。馬修事後透過地標論壇的個人與事業發展訓練課程，逐漸找回自我，並在這過程中發現，其實他根本不需要矯正或治療。

二〇一四年，他展開名為「天生完美」（Born Perfect）的運動，和其他倖存者共同率領全國運動，並希望透過與法律專家合作，通過立法廢除性傾向迴轉療法，終結這種療法對LGBTQ青年和家人造成的傷害。

但是馬修的故事並未就此畫下句點，地標論壇課程也鼓勵學員主動修復衝突紛爭導致的破碎關係，於是深受鼓舞的他積極尋找解決之道，在二〇一二年決定冒這個值得一冒的風險。他第一件做的事就是訂購一張前往特拉維夫的機票，並主動聯絡告知父親他即將前往以色列。這時他們已經五年沒有聯絡，馬修告訴我接下來的發展：

我抵達以色列的第一天傍晚，我們去了一家餐廳吃飯，飯後我父親建議我們去散散步。由於我們已經五年沒講話，他不知道我是否繼續迴轉療法，抑或我已經公開同志身分。他問我是否已經出櫃，我回道：「我認識不少激勵人心的楷模，獲得許多愛與支持，所以爸，沒錯，我已經出櫃了。」那一刻他馬上回到長久以來的立場，說：「這樣是不對的，你會受傷。」當下我第一個反應是生氣，可是這次我卻沒有頂嘴，只是靜靜聽他說。他滔滔不絕了十分鐘，說著我已經聽了不知道幾百次的話。但這是我第一次明白，他是在求我拯救自己的人生，過去我總是覺得他只是一個不了解我、不關心我的壞爸爸，可是當下我卻看見一個深愛自己兒子的父親，於是我保持冷靜，等他把想說的話說完，擁抱並輕輕親吻他的臉頰，望著他的眼睛，說：「爸，別擔心。真的沒有什麼好擔心的，我了解這個世界，我也了解我自己，我答應你我會勇敢面對，也會擁有美麗人生，好嗎？」我父親震懾地看著我，最後只擠出一句：「好吧。」

馬修在二十四歲那年和父親重修舊好，那之後甚至重建關愛溫暖的父子關係。原諒父親之後，他總算釋放同性傾向帶給他的最後一點壓力，現在甚至可以一夜好眠。「我對父親生氣的那幾年，都沒有好好活在當下。」他說：「生氣是一件很傷神的事，也很浪費時間，害我不能專注在真正重要的事情上，無法認真追逐夢想，也不能活出我熱愛的人生。」

馬修的故事就是一個很好的例子，說明了若想原諒家人就得先踏入敵營，站在對方的視角觀看世界。無庸置疑這執行起來並不簡單，尤其是早已破碎或多年來因為距離或不認可，變得腐朽敗壞的關係。

親子關係往往交織著悲傷和失望，寬恕也常常縈繞腦海。二〇一八年，法國作曲人和音樂製作人尚—米歇爾．雅爾（Jean-Michel Jarre）接受《大誌雜誌》（*Big Issue*）訪談，[4]這篇標題為〈一封獻給年輕的我的信〉的深入對談令我震撼不已。他形容自己和身為電影音樂製作人的父親不完美的關係，他對父親也向來了解不深，主要是因為五歲那年父母離異，父親搬去美國生活，那之後他就很少見到父親。青少年時期之後，他們甚至形同陌路：「這對一個青少年來說真的很難受……如果和自己的爸爸吵架，至少還有一個叛逆的對象，反而比較好。可是當你身邊什麼人都沒有，那感覺就形同置身黑洞，要爬出黑洞很難，我真的為此吃了不少苦，因為他長年不在身邊而深陷憂鬱。」

幾年後，雅爾總算接受他和父親關係疏離的事實，也終於能平靜看待自己不被愛的傷痛，他形容的故事既陌生又出乎意料：「現在我真的已經放下我和父親的關係。我是這麼想的，每個人都只有一個父親和一個母親，無論他們對你做什麼，你都只能接受，所以停止質疑，也別再讓自己受苦。我父親可能因為自己的父母，內心出現缺口，所以表達不了父愛，這點我能理解，這對他而言當然是很可惜沒錯。他過世時我站在他的遺體前，對他說：『好，我原諒你。』接著又說出一句莫名其妙的話：『請原諒我不能被你疼愛。』要求傷害自己的人原諒，是一個非常好的方法，在那之後我內心好受多了。」

再講回哲學家詩人大衛・懷特。我認為懷特在探究日常用詞意義的《撫慰人心的52個關鍵詞》（*Consolations*）中，以個人哲思概括了尚－米歇爾・雅爾的故事。在整整三頁關於寬恕的個人沉思中，懷特劈頭就說：「寬恕讓人心痛，也不容易，因為說來奇怪，寬恕不只拒絕消除原始傷痛，也讓我們更貼近傷痛源頭。寬恕就是接近傷痛本質，當我們步步逼近傷痛核心，重新想像我們與傷痛的關係就是唯一解藥。」[5]

「寬恕就是接近傷痛本質」，這就是雅爾的做法。他的傷痛本質源自缺乏父愛，後來他站在父親的立場，才接受父親也是不得已，導致他們的感情無法成長加溫的事實。他在父親臨終前說出那番話後，內心積壓多年的受傷和深刻悲痛才開始轉變，而他的心靈也能再次感受到愛。雅爾慢慢逼近傷痛「核心」，並藉由重新想像他和傷痛的關係、逆轉傷痛，進而找到療癒的可能。懷特在他對於寬恕的絕美深思中，深入解釋：「寬恕就是置身更遼闊的經驗重力場，跳脫最初傷害我們的狹隘範圍。」愛因斯坦形容典範轉移時也曾說：「要是我們硬是套用同一種製造問題的意識，問題就無法解決。」

前任專業足球員兼電視名人伊恩・賴特（Ian Wright）在二〇二一年ＢＢＣ紀錄片《記住鄉愁》（*Home Truths*）說的話也十分類似。[6] 賴特分享他小時候在飽受身心暴力的環境中長大，在這趟尋找解答的旅途最末，他和曾經傷害他的人見面，並開始沉思他與如今年邁衰老母親的痛苦關係。

他描述自己不得安寧的童年，跟母親、繼父和哥哥住在同一個房間時，經常目睹繼父毆打母親的畫面，而哥哥為了保護賴特，摀住他的耳朵不讓他聽見聲音，就是他唯一的逃離。他形容他親眼目睹的暴力循環，身為受害者的母親後來也逐漸變成加害者，對賴特的身心施暴，還常對他說有多後悔當初生下他。

他知道自己的童年遍體鱗傷、沒有愛的滋潤是如何持續影響他的人生，導致他最後在足球場上對其他人暴力相向。他說：「小時候發生的事會變成一種揮之不去的情感烙印。當你覺得自己沒人疼愛，長大後就會演變成一個問題。」

紀錄片尾聲，賴特和試圖改變暴力行為的人見面，他們則向賴特傾吐自己複雜壓抑的童年經歷。現在他更理解暴力循環，於是開始深思真正原諒母親的可能性。寬恕在這個案例中就是一種轉變工具，幫助讓賴特跳脫無能為力的受害者身分，並且中斷創傷循環。

在《記住鄉愁》的最後幾分鐘，賴特如此描述母親：「我逐漸放下，並且真正原諒她，因為我不得不接受現實，無論她曾經歷哪種人生，或許都無法像今天的我這樣處理問題。」想到母親曾有的經歷，賴特總結：「我可以原諒，我得從內心找到原諒的動力，畢竟我還得為了我的孩子繼續過日子，我必須傾盡全力嘗試，以保孩子身心發展正常。」

在寬恕計畫上課的監獄中，我們常常探討暴力和寬恕的固有本質。有名女子描述她親眼看見十七歲的女兒惡意攻擊一個婦人，而這就是憤怒與仇恨代代相傳的清楚寫照，這名女子希望找到辦法防止暴力行為延續。在她的練習簿中，她寫下課程心得感想：「這堂課讓我發現，原來我對其他人的仇恨其實根本不值得。我從他人的案例了解到，只要我願意放下仇恨，我的傷痛也會隨風而逝。」另一個女子則在她的練習簿中寫道：「我想要原諒害我入獄的丈夫，雖然我現在辦不到，但回到家後我會盡自己所能去原諒他，這樣我就能不帶著仇恨養育兒子，確保他們長大後心智正常。畢竟要是我仇恨，他們也會仇恨，而我不想要他們嘗到我所受的傷害。」

柳原漢雅出神入化的黑暗小說《渺小一生》（*A Little Life*）中，其中一個場景強而有力地闡述家長無條件的愛，是如何培養出一顆寬容的心。主角裘德經歷恐怖的童年性侵，以至於無法正常生活，後來他和教授哈洛德發展出猶如親子關係的情誼，哈洛德和妻子也正式收養成年的裘德。小說中，這名長期飽受傷痛折騰的主角無法接受自己值得被愛的事實，偶爾會止不住脾氣爆發。某天晚上，裘德就像一個三歲孩子，把裝著三明治的盤子擲向牆壁，本來以為會引來一頓大罵，沒想到哈洛德只是溫柔地以雙臂環抱他。這個動作強而有力地表達，被原諒本來就是孩子享有的特權。

柳原運用漫長篇幅描述裘德態度軟化的經過：「他止不住淚水嚎啕大哭，為了他所經歷的一切，為了他原本可能變成的那個人，為了每一道舊傷疤，為了每一段往日幸福，為了總算被當作一個孩子般對待的羞愧及喜悅而哭，為了可以像一個任性妄為、沒有安全感的孩子而哭，為了做錯事卻獲得原諒的特權而哭，為了備受溫柔疼愛、有人煮飯叮嚀三餐的奢侈而哭，為了總算可以相信父母是避風港而哭，為了終於可以相信儘管他是一個會犯錯又充滿恨意的人、所以老是犯錯又充滿恨意，但對某人來說他依舊特別的事實而哭。」

做錯事卻獲得原諒的特權，就是每個孩子的第一堂寬恕課程。在作家克里斯多福．伊薛伍德（Christopher Isherwood）和藝術家唐．巴卡迪（Don Bachardy）的書信集序言中，凱薩琳．巴克內爾（Katherine Bucknell）寫道：「要原諒一個背叛自己的愛人，比原諒一個四處漂泊、最終回頭的浪子困難。無論多麼折磨人心，浪子回家的那一刻總能得到無條件式的愛和溫暖迎接。」[7]

第5章

發自內心的寬恕

「隨著年紀增長，年輕時代鑄下的錯，都變得可以原諒。」

——尼爾．威廉斯（Niall Williams），《這就是幸福》（*This is Happiness*）作者

「原諒自己」的真諦讓莉絲．卡辛（Lis Cashin）苦思多時。一九八三年某個炎熱乾燥的夏日，莉絲十三歲的那年，因為學校運動會上發生一場離奇意外，她的人生澈底改變。她拋出的標槍偏離軌道，擊中她的朋友，最後不治身亡。

我為了「仇（寬）恨（恕）兩個字」播客節目，初次和現年五十多歲的莉絲見面時，她坐在我的正對面，和我一起品嘗綠茶，懷抱著信心和謙卑與我分享個人故事。由於我已經讀過她的回憶錄，所以很清楚她這幾十年來都在消化一場讓童年提早落幕的事件，也已經知道整件事的來龍去脈。

那場災難後造成的長遠影響，以及自我原諒在她長期療癒過程中扮演的角色，倒是讓我非常感興趣，尤其這還是孩子在成人監督下不幸釀成的意外。要是綜觀事實及校方究責調查，就會知道莉絲不過是按照老師的指示做事，輕輕一個拋擲，災難就這麼降臨。

莉絲自己現身說法，描述一九八三年七月十五日發生的事件：

老師派我的朋友珊米和另外兩名友人前往場地，測量標槍拋擲距離……後來其中一個朋友去買冰淇淋，於是由珊米和另一個女生進場協助。她們站在我右側的白線旁，我則是按照指示，等待有人呼叫我的名字，然後全力衝刺，奮力擲出標槍，當時我真的很想得獎。起初標槍筆直射出，怎料標槍最後居然偏離軌道、突然右轉彎，看起來很像是被風吹到轉向，但事後我聽說當下根本沒有風，只不過真的很像那麼一回事。珊米不知何故分神……她沒有留意標槍的前進路線，我們這才驚恐地發現標槍正朝她飛去。

那天夜晚，在醫院焦心守候的莉絲母親通知她噩耗，珊米神經損傷惡化，意思是她將熬不過這場難關。莉絲說：「那個當下一切天崩地裂，那一刻就是轉捩點，之後一切都變樣了。」

在天主教環境中長大的她，讀過「毋殺人」的十誡律法，但十誡從來沒有「除非是意外」的但書，於是罪惡感成為她人生的關鍵特質，她開始封閉自我，與家人朋友保持距離。她的繼父要她今後再也別提珊米的名字，莉絲的醫師也不認為這起事件足以寫在她的醫療紀錄中。警方帶有弦外之音地責怪她，問她那天是否和珊米吵架，當下她真的以為自己會去坐牢。

也怪不得有人建議莉絲去看精神科醫師時她婉拒了，因為她怕這只會向眾人證明她「瘋了」，未來找不到工作。雖然她聽說學校所有老師都在留意關注她，卻沒人和她公開討論這件事。「我覺得我好像困在某個金魚缸，這種感覺真的很可怕，只是持續不斷放大我的罪惡感……我從未想過有天我可以甩掉自責感受，因為標槍確實是從我的手中飛出，最後也確實擊中珊米。我從沒想過有朝一日可以逆轉這種感受。」

接下來那幾年，莉絲努力讓生活過得充實，認真工作，盡情享樂。她從事過多份企業工作，表面上看起來是女強人，內在卻混沌難堪，因為她成天用藥、跑夜店徹夜狂歡，只為抹除這段記憶。但她再怎麼努力處理創傷都只是白費力氣，最後總算在二十八歲那年澈底崩潰。經過這次的潰堤，她在職場訓練課程中獲得意想不到的個人突破，總算明白她可以決定自我的意志思想。

三十二歲那年她在印度旅行，在沙灘進行靈氣療法，獲得「心靈覺醒」，這是她第一次感覺與「自己之外的事物」產生連結。後來莉絲踏上靈性道路，嘗試過各式各樣的療法，釋放長久積壓的傷痛。然而她卻是多年後讀到創傷書籍《心靈的傷，身體會記住》（*The Body Keeps the Score*），才理解創傷後壓力症候群（簡稱ＰＴＳＤ）是什麼，並且第一次發現自己已和這個疾病共存三十年。

在個人回憶錄《這就是我》（*This is Me*）中，莉絲寫道：「對於一個患有ＰＴＳＤ等焦慮症的人來說，『我究竟哪裡有病？』的羞恥想法，讓我們不斷專注思考自己『做錯什麼』，卻無法探尋創傷事件的焦慮根源。發生那場事件後的我就是這樣，反覆專注思考自己『做錯什麼』，而不是積極面對龐大到無法消化的潛藏創傷。」[1]

緊接而來的是長達數個月的惻隱之心治療。「我得重新回溯整個經驗，這個過程實在痛苦萬分，可是也成功幫助我轉變。」她解釋：「我發現內心深處的我相信自己很邪惡，應該遭受懲罰。我透過療法重新體認到，其實我當時不過是一個無辜的十三歲小孩，那天起床去上學，依照大人的指示做事，然後可怕的事件不幸發生。」

雖然多年進行的療法確實釋放了她的焦慮，但莉絲在倫敦中部寬恕計畫辦公室的安穩氛圍中，向我重述事發經過時，我還是明顯看出她又一頭栽入往事，很快就情緒潰堤。我問她是否還能繼續訪談，她表示自己辦得到，並解釋一開始公開分享自己的故事時，感覺常常像是瘡疤一再揭開，也正因為這樣她不再對外分享，唯獨展開惻隱之心療法後，她才能清理傷痛過往。自那之後，說出自己的故事已經不再讓創傷蔓延惡化，反而具有釋放傷痛的淨化作用。最重要的是，由於她開始明白自己的故事可以協助其他在人生道路傷害他人的朋友，因此訴說自己的故事就具有全新目的。

當我詢問莉絲，成年後的她是否能原諒十三歲的自己時，她鏗鏘有力地回答：

當然，我當然可以！療法結束之後，我感覺心碎全是我自找的，因為我長久以來放不下責怪與罪惡感，老是找盡方法懲罰自己、自我破壞，現在我頓時了然於心，其實那天我在學校是擁有人身安全的權利。我沒有亂來，也沒做錯事，珊米卻死了，所以那時我明白校方實際上是有責任的。一開始我以為我是原諒做錯事的自己，可是後來才發現，那時我不過是一個無意傷人的孩子，就另一個層面來說，我這時的真實感受是一種自我疼惜，因為我明白其實我根本沒什麼好原諒的。現在的我進展到可以純粹去愛和同情當年那個孩子，心知肚明那天我不過是在學校參加標槍比賽罷了。

多年來，莉絲都無法溫柔善待自己，事實上給予莉絲最多仁慈關愛的反而是珊米的父母。自從女兒過世的那一天起，他們就不打算責備，因為他們心知肚明那天下午擲出標槍的，也可能是自己的女兒。打從一開始他們就強調，這只是一場不幸意外，並竭盡所能保護莉絲，不讓媒體曝光她的名字。多年後他們甚至允許莉絲寫書談論這起事件，莉絲告訴他們，她打算把這本書獻給珊米，但珊米的母親卻溫柔地告訴她：「我覺得妳現在得開始為自己活了。」莉絲說這就是最寬大的憐憫之舉。「沒有他們的仁慈寬厚，我不知道今天我是否還活著，因為如果這些年來他們持續責怪我，情況就會完全不同。」

既然打從一開始就沒有做錯事，當然沒有什麼需要原諒的；既然沒有是非對錯，沒有怪罪責罵，那也沒有修復的必要。然而我還是忍不住好奇，莉絲選擇不組織家庭，是不是一種彌補心態。當她告訴我不生孩子是自己的選擇時，我的腦海突然冒出這個問題。「要是我有孩子，恐怕無時無刻不會替他們擔心受怕。」她說：「我很喜歡小孩，我生活周遭也有小孩，但我不認為自己有小孩是一種健康的抉擇，對孩子不好，對我自己也是。」

有意思的是受害者家屬原諒自己，居然沒有一開始就減輕莉絲的罪惡感。最近我聽見一個不慎引起索命車禍意外的年輕澳洲男子也表示相同感受。他在記者兼社會運動人士巴麗．李斯的BBC播客節目《反面》中表示，受害者親屬的寬恕並沒有讓他內心好過一點，這挑起我的興致。因為我曾帶領高安全級別的監獄獄友上課，常常聽這些前科罪犯和暴力極端分子說，獲得寬恕有修補重建的功效。

所以言下之意是，就某種程度來說原諒並無法減輕深沉悔意，因為擔起錯誤全責的人往往認為「我不值得原諒」，尤其是正處於創傷初期的人。

但這裡有一個非常重要的問題，那就是如果這些人沒有獲得原諒，他們的人生會變成什麼模樣？深陷羞愧牢籠的他們，究竟可能變得多悲慘？莉絲表示，要是沒有珊米父母長年支持和寬容，她就不會是今天的她。

馬西．諾爾博士（Masi Noor）和我攜手打造寬恕工具箱（幫助他人轉化傷害與暴力影響的工具），我們也共同執筆《寬恕的修復力量》（*Forgiveness is Really Strange*），接受《反面》播客節日的訪談時，他總結了為何原諒自己這麼難。他說：「原諒自己之所以難上加難，是因為需要我們從深層的自我意識做起，身為人類的我們……需要確定別人眼中的自己沒有道德缺失，這種心理需求非常深沉。我們往往會捍衛自己的道德節操，可是在自我寬恕的情況下，你卻幾近赤裸，無所遁形……你看得見自己做錯事的後果，就這方面來說，原諒自己的挑戰性就變得非常高。」

馬西指出一個我前所未聞的重點，那就是原諒自己之所以困難，也許是因為我們不想活在一個人們做錯事後可以輕易放自己一馬的社會。「因為這樣一來，不就百無禁忌了？」」這讓我想起我曾在倫敦北部「真人真事現身說法」（Real Stories Told Live）活動上，公開講起我個人的自我寬恕經驗。那天聽眾反應十分有趣，大多數人都能感同身受，站在我的立場思考，想像自己也做出同樣的事，可是有一個人卻在事後告訴我，無論怎麼看，我「放自己一馬」都是不正確的決定，而且我根本沒有原諒自己的權利。也許他是擔心我的原諒會造就「百無禁忌」的社會氛圍。怎麼說都好，先不論他有什麼想法，我還是放得下我對這場事件的罪惡感和自責，因為我相信這件事只是一場不幸的錯誤，況且自那之後，只要身邊有小動物，我使用家電時都會盡量小心。

事情是這樣的，有天我的孩子還在學校時，我意外把家中六個月大的小貓苔苔關進洗衣機裡，誤殺了牠。我仍記憶猶新那天上午打開停止運轉的洗衣機時，內心忍不住納悶，為何一堆白色衣物中會有女兒的黑色刷毛毯……緊接著瞬間發現我犯下致命錯誤。事發之後我情緒澈底崩潰，嚴重到我丈夫還說我為了這隻貓流的淚水，已經超過最近失去奶奶時的眼淚。

備受疼愛的家貓死去完全是我自己的錯，這個念頭讓我心情沉重好幾天。我的孩子傷心欲絕，不斷責怪我，而我也責怪我自己，把這件事當笑話看待的人更是讓我氣憤難消。最讓人難過的是啟動洗衣機的前幾分鐘，我明明還看見小貓在我腳邊走動，本來我想要查看洗衣機，可是後來電話響起，等到我回來已經忘得一乾二淨。本來大可輕而易舉避開這場意外，所以這個錯真的太愚蠢離譜，我也沒有藉口。也許當下我心神不寧，顯然是精神不集中，但是無論如何，這些都不能當作藉口。我那時不覺得自己可能放下這件事，遑論是原諒自己。

就在這場驚人意外發生後一週，有天醒來後我頓時感覺輕盈許多，深知這個不經大腦又粗心大意的舉止不會啃噬我的良知，讓我餘生背負罪惡感。我明白內心的輕鬆源於自我原諒，我可以合理解釋這只是一場意外，我並不是故意殺死我們的小貓。

苔苔過世後幾天，孩子學校裡有個小男孩在回家路上被一輛車不慎撞死，這對受害者家屬來說是慘痛無比的悲劇，小男孩的朋友和學校也深受打擊。當地民眾都悲傷沉痛的同時，也有人同情釀成事故的駕駛。我並不清楚意外的事發情況，但無論如何，汽車駕駛一輩子都磨滅不掉這道傷疤。誰曉得他又是否原諒得了自己？這也讓人不禁思索另一個問題：要是受到傷害的對象無法原諒，加害者是否有原諒自己的權利？

在《失傳的寬恕藝術》（*The Lost Art of Forgiving*）中，約翰・克里斯多夫・歐諾（Johann Christoph Arnold）講述一個讓他永生難忘的故事，也許是因為這是所有父母內心深處的夢魘，所以令人格外難忘。童年在巴拉圭時，他有一個名叫戴爾夫的老師，有天戴爾夫駕駛著裝滿木柴的卡車，在自家私人車道上倒車時，正在屋外玩耍的兩歲兒子奔上前迎接他，戴爾夫沒看見孩子，等到發現自己撞上兒子已經為時已晚，孩子斷魂輪下。

當時戴爾夫的妻子凱蒂正忙於家務，丈夫雙手抱著癱軟的小男孩走進屋內時，你可能以為戴爾夫的太太永遠都無法原諒他，可是在這本書中，對於是否原諒他，她的回應令人寬慰：「從頭到尾我都沒有原不原諒丈夫的問題，因為我知道我也同樣有錯，他從來沒有怪我，只怪自己。我們只能一起哀傷面對這場悲劇。」[2]

歐諾描述後來戴爾夫成為他的老師，卻始終難以原諒自己。「他為了那場意外自責多年。」歐諾寫道：「事發之後總是不計一切為孩子挪出時間，挪出他已經無法和誤殺兒子相處的時間。如今回想，我記得他的雙眼常常閃著淚光，不禁好奇為何他總是熱淚盈眶，難不成他在我們身上看見自己兒子的身影？或是他在想像他的兒子來不及長大、變成這年紀的小男孩？無論原因為何，戴爾夫似乎決定把愛散播給其他孩子，而這就是他不慎奪走一條小生命、害自己和家人深陷痛苦的彌補方式。我相信這個做法讓他不再憂鬱，不必繼續在內心醞釀罪惡感。他可以藉由去愛別人原諒自己，重新找回完整和平靜的感受。」

因此唯有接受自己受傷的心靈，其實不過是我們的一部分，而不是定義自我或是最難堪的個人特質，我們才可能原諒自己。當我們可以感受愛、去愛自己和他人，我們便可能原諒自己，我們也會了解，要是接受人性共有的脆弱，或許就不再永無止境地感覺自己道德失敗。

幸好大多數人沒有意外殺害自己所愛的人的創傷經驗，但無論是故意或意外，我們或多或少都可能在肢體或情感方面造成他人傷害，而且可能為此深感後悔。當這種情況發生，罪惡感就會悄然爬上心頭，隨之而來可能是悔恨的感受及想要彌補的欲望，而這也可能帶來和解與補救。事發之後我們可能會感覺羞愧，讓這種感受變得更強烈，我們也會對自我產生厭惡感。然而做錯事的回憶通常會隨著生活中的忙碌逐漸消退，偶爾才會浮上心頭，再次提醒我們過去的錯事，而這種時候自責和悔意可能又會再度浮出表面。

關於原諒自我，我們要從羞愧說起，也就是人類經驗中最基本、不可避免又紛擾的情感。就好比做錯事時產生罪惡感，我們也會因為自己的弱點感到可恥，因而會不計一切去避免、改變、遮掩這些感受。

罪惡感和羞愧最大的差異在於，罪惡感的來源是我們的行為舉止，而羞愧則是和我們看待自我的方式有關。我們常常聽人說，罪惡感是對自己的行為不安，羞愧則是對自己的人格不安。因此罪惡感是一種與悔意和後悔有關的特質，最終可能有和解的機會，但羞愧是一種擴散蔓延至心靈深處的感受，比較不容易化解。葛辛・考夫曼（Gershen Kaufman）在《羞愧：關懷的力量》（*Shame: The Power of Caring*）中寫道：「羞愧是一道從內心感受的傷口，讓我們隔離自我，也在我們及他人之間畫出一條界線。」

莉絲的故事完美詮釋自我忽視和自責是如何吞噬一個人的自我肯定，阻撓我們的野心，並且破壞人際關係。由於羞愧會啟動逃避防衛機制，而且是以隱瞞和自欺欺人的形式展現，所以善待自己就是解藥，可以幫助我們改變心境。事實上，我傾向把自我原諒當作一種對他人及自我的同理心運動，理解要是我們不好好處理自己的悔意及無法信守的承諾，這些念頭就可能吞噬自己。*所以原諒自己不只是要我們接納自己的黑暗面，也需要擁戴我們的脆弱。

回頭反省過去的行為時，侷限自我的悔意很容易不請自來。莎士比亞名作《暴風雨》的普洛斯彼羅提出類似忠告：「切莫拿早已逝去的事為回憶徒增煩惱。」他的意思是隨著年紀漸長，悔意只會成為更沉重的負擔。關於這個主題，作家兼

＊一份針對六百五十七名LGBTQ族群的人進行的研究，試圖了解該族群對於寬恕、羞愧、自我肯定的想法。研究發現內心較少羞愧感受、原諒意願較高的研究對象，顯示出較高程度的自我肯定，自我原諒更尤其是自我肯定的直接預測值。（戴瑞・格林和寶拉・布里頓，〈寬恕如何影響男女同性戀者、雙性戀者、變性者和性向不確定者的羞愧和自我肯定〉，《教育心理與輔導學系期刊》，91/2，（2013年）：195-205頁）。

前任愛丁堡主教理查・哈洛威（Richard Holloway）很有想法。現年九十多歲的哈洛威在《等待末班車：生與死的反思》（*Waiting for the Last Bus: Reflections on Life and Death*）中坦承，站在人生巔峰時反而更難看清全貌。

身為主教的他時常關照老人與臨終病人，他描寫：「我坐在這些人的病床邊，眼睜睜看著他們被悔恨吞噬，為了自己人生犯下的錯、走錯的路、尚未修補的破裂人際關係、為了個人犯錯而連帶害孩子受苦的往事，深感自責悔恨。」

對我而言，善待自己或自我接納幾乎可以和自我原諒交替使用，但是在《寬恕實踐》中，劍橋大學國王學院院長兼作家史蒂芬・切里（Stephen Cherry）卻指出其中一大差異。他聲稱自我原諒的力量來自於它屬於一種道德用詞，言下之意就是自我接納其實是培養自愛。至於自我原諒則較類似克服對於自我的厭惡，所以從這個角度來看，自我原諒攸關轉變。「自我寬恕這個名詞比自我接納好，因為『自我寬恕』這個名詞承認了某件不容忽視的事情是不正確的，需要矯正。」切里表示。[3]

關於自我寬恕，我讀過最具洞察力及先見之明的省思，來自哲學家詩人帕德雷格・歐湯姆。他在克里絲塔・蒂皮特（Krista Tippett）的播客節目《詩歌無界》（*Poetry Unbound*）中，身歷其境地解讀迪魯巴・阿莫德（Dilruba Ahmed）的詩〈第一階段〉（*Phase One*），簡明扼要地解說讓自己淪為怪罪的人會變成什麼樣。

歐湯姆說，這首詩的直覺是在告訴我們，寬恕可以解放人心，讓我們有機會擁戴共有的人性。他指出第一次閱讀這首詩時，他以為詩人是在描寫別人，也許是伴侶或某個親近好友在日常生活中的惱人舉止，但隨著他繼續讀下去，才漸漸發現，這首詩可能其實是某人的自白，畢竟說話者實在太清楚他對這人的不滿。

在歐湯姆眼中，這就是詩詞精髓的絕佳例子，詩詞可以鼓舞你勇敢面對，走進自己鑄下錯誤的片刻，這也是詩詞為寬容賦予具體文字的美麗案例，〈第一階段〉的開頭如下：

我原諒你，為了昨晚
沒關好的冰箱門。
為了你拉上白窗簾，

而不是好好過日子。

我原諒你，為了如今
在小小盆栽中枯萎的幼苗。
為了你先是抗拒，
後來又反悔答應。

詩人以同樣節奏步調，以日常生活中的悔恨和不滿填滿詩行，再予以刪除。這個人原諒自己犯下許多人都產生共鳴的大小錯誤，像是下雨天忘記關窗、愛得太多、只敢在沒人的時候高聲歌唱、鄙視本應以同理心對待的父母。到了這首詩的最後，他以讚美詩的形式結尾，一一朗誦自我原諒的相互本質，如下：

我原諒你，為了你培養出
美好的愛的能力，

可是這種濃烈的愛，唯獨只有
你的寂寞可以匹敵。也為了你
不能先原諒自己，才可以
原諒他人，最後總算可以
化身這個世界上
你最想擁有的那種愛。[4]

「原諒」這兩個字通篇重複了十三遍，「我原諒你」則是試圖製造副歌效果般的出現了六次，示意自我原諒是人們不得不反覆做的一件事，因為如果我們總是心有掛念，就很難和他人產生連結。歐湯姆說：「『我原諒你』必須成為一句精神喊話，為了不成為自己的敵人，為了能夠去愛，我們得反覆對自己說出這句話。」

有時原諒自我的聚焦恐怕帶有自私的隱憂，但是歐湯姆卻認為正好相反，因為原諒自我其實是不讓自己陷入鑽牛角尖的情境。他在播客節目上說：

我認為自我寬恕就是讓我們有所認知，要是我們對某件事久久無法釋懷，就很難活在當下，及時去愛。如果你浪費太多精力，把自己當作故事的主角，老是痛恨自己，你就很難與人相交，畢竟我們怎麼對待自己，往往就怎麼對待別人。若我們總是尖酸刻薄對待自己，那麼我們也可能尖酸刻薄對待他人，無論是在公車上萍水相逢的人，抑或伴侶、孩子，或是某個與我們共同生活或經常見面的人。所以我認為此時此刻從自己開始，就是練習自我寬恕的開端，然後試著以同樣方式對待他人……你可以開始想像對他人抱持同理心，因為在那之前，你已經先努力對自己抱持同理心。

故事將出現在第八章的白人優越主義者阿諾・麥可里斯（Arno Michaelis）告訴我，多虧自我寬恕，近來他才能成為一個熱愛和平、對社會熱血貢獻的人。他也非常明確地告訴我，自我寬恕的意思絕對不是放自己一馬：

鼓勵我選擇原諒自我的驅動力就是，如果我因為我造成的傷害而怨恨自己，那我就不能幫助其他人脫離仇恨團體，也不能幫助和我走上同樣道路的人。所以對我來說，自我寬恕就是一種策略性決定。但這意思絕對不是我覺得自己造成的傷害不痛不癢，或是我已經徹底原諒自己做的事，抑或認為這件事可以當作沒發生過。我今後仍會背負我當初造成的傷害，也應該終生如此，直到我踏進墳墓的那一天為止。但要是我讓這個傷害持續折磨我，我不認為這樣對我的受害者是一種尊重。我反而認為若真的尊重曾經傷害的人，以及那些曾經誤入歧途、被我放回街頭的白人孩子們的受害者，那我就應該導正誤入歧途的白人孩子，為他們好好上一堂課，讓他們知道眼前還有更好的人生道路。但如果我不斷責怪自己，我當然就辦不到這點。

二〇〇二年，一份有趣研究特別探討寬恕與不寬恕的犯人自述，研究員澤克梅斯特（Zechmeister）和羅梅洛（Romero）發現，相較於難以原諒自己的罪犯，原諒自我的罪犯較可能道歉或彌補受害者。另外他們還發現，比起不能原諒自己的罪犯，原諒自己的罪犯後來展現出積極正面的態度，也比較沒有罪行造就的長期負面效果。[5] 哲學家兼醫學倫理師傑佛瑞．布魯斯坦（Jeffrey Blustein）也說：「要是一個人無法做好扛下責任的心理準備，就很難原諒自己犯下的錯。」[6] 這點倒是沒錯，就我個人在監獄上課的經驗來說，肯為自己犯錯扛下責任的罪犯，即使多半覺得自己並不值得被原諒，* 他們的自我寬恕能力還是比較強。

理查．哈洛威在史上最輕薄精彩的寬恕書籍中做出以下結論：最難寬恕自我的原因就是「我們會和自己的罪惡感搏鬥……大多數人似乎很擅長原諒自己所愛的人，或是能理解他們天生的人性弱點，也擅長在朋友犯錯、面對痛苦結局時，待在他們身邊默默陪伴，但要是角色對調，我們卻做不到寬以待己」。[7]

我目睹許多人在原諒自己的過程中苦苦掙扎，因此我的結論也和哈洛威一樣，原因或許是羞愧可以毫不費功夫地在內心扎根，也因為我們內心充滿嚴苛批判的聲音。二〇〇五年，當我在美國搜集寬恕故事，飛到喬治亞州與如今已故的西莉亞．麥可威（Celia McWee）見面，抵達喬治亞州當下，我只知道西莉亞的兩個成年孩子都已經過世，雖然兩起事件毫不相關，卻同樣殘酷。

一九八〇年，她的女兒喬伊斯遭到女婿「感情犯罪」謀殺身亡，而二〇〇四年，被判死刑的兒子傑瑞伏法。我們坐下聊天時，我得知西莉亞堅決反對死刑，她同時也是大力鼓吹寬恕力量的擁護者。我好奇這場訪談的焦點會是什麼，是一名母親原諒執行兒子死刑的南卡羅萊納州？抑或一名母親原諒對女兒痛下凶手的惡女婿？西莉亞是談及這兩件事沒錯，但真正引起我注意的是她自我寬恕的故事。「雖然我看似寬宏大量，但始終無法原諒的對象卻是我自己。」她這麼告訴我。

我知道我們需要時間和隱私，於是邀請西莉亞前來我位在亞特蘭大的飯店房間單獨交談。她幾乎一進門就問我是否可以躺在床上，並不是因為她身體不適，只是長久背負失去孩子的包袱令她疲憊不堪。當我問她為何無法原諒自己，她開始解釋，傑瑞長達十七年的婚姻都幸福美滿，直到他愛上一個二十二歲的女人，

＊有些加害者堅持不原諒自我，當我詢問和前任EDL成員伊凡・漢伯結為好友的穆斯林學者曼瓦・阿里，他是否可以原諒自己在阿富汗參戰時所造成的傷害，抑或他為家人所帶來的傷害，他的回答是：「也許我並不想原諒我自己。因為如果我這麼做了，我有什麼活下去的動力？如果我的罪行全部洗刷乾淨，那麼我要怎麼繼續幫助其他想要懺悔的人？又該怎麼阻止他們不重蹈覆轍？」

最後選擇拋家棄子。他的太太心碎不已，傑瑞對家人的冷血無情讓西莉亞沮喪憤怒，最後甚至拒絕和他說話。後來傑瑞離婚又再婚，但遇到財務危機時，新太太卻跑了。孑然一身又身無分文的他搬進一間政府提供的老舊公寓，室友是一個具有犯罪和毒品前科的青少年。

後來發生的事件就是讓西莉亞陷入沉痛憂傷的主因。「有天，傑瑞特別來我工作的場所，雖然我們彼此打了招呼，但由於我還在氣頭上，所以沒有問他是否想要談談。我心想：**如果你現在吃到苦頭，很好，這全是你自找的**。直到今日我都無法原諒自己當時沒有多多關心他，也沒有主動提供援手。過了幾天傑瑞弄來一把槍，和他的新朋友踏進一間便利超商，槍殺一名無辜男子。為何他要這麼做？我永遠都不得而知，但我很確定他按下扳機的那一刻，內心是想著我的女婿。次日這兩人又去找他們的屋頂承建商老闆，傑瑞的年輕朋友殺了這個可憐男人。事後傑瑞主動自首，他後來告訴我：『我很怕會有更多人受害。』」

傑瑞遭到逮捕後，西莉亞就誓言無論如何都要陪在他身旁，整整十三年來，她每個週日都會花費三個鐘頭，從喬治亞州奧古斯塔（Augusta）開車至南卡羅萊納州的里奇維爾（Ridgeville），探望正在服刑的傑瑞。傑瑞深深後悔所作所為，也覺得自己被判死刑是罪有應得，但某天他從監獄打電話給母親通知他的服刑日期時，她仍然不可置信，全身癱軟虛脫，只慶幸丈夫已不在人世，否則他絕對承受不了這種打擊。

西莉亞接下來向我陳述的，是我幾乎從未目睹過的沉痛悲傷：

傑瑞不希望我目睹行刑過程，但我還是咬緊牙關逼自己到場陪他。我總不能讓他獨自在一個陌生人環繞的室內孤單死去。當時只有兩個人來觀看行刑過程，那就是我和屋頂承包商的親屬。傑瑞受害者的太太並未到場，她是我見過最富有同情心的人，從來沒有公開譴責我兒子的所作所為，也不曾要求法官趕快判他死刑。在毒劑注射前，傑瑞先是轉過身久久凝望著我，接著向我送出飛吻。他閉上眼皮後，我望著血色逐漸從他臉龐消逝。我不知道還有什麼比親眼看著自己兒子死去更心碎的事，一個母親不該白髮人送黑髮人，看著三十、四十、五十歲的兒子被固定在恍若十字架的輪床上死去。母親只看得見自己生下的那個孩子，一個在她眼中從未真正長大的孩子。我深深氣惱奪走人民性命的政府，畢竟它殺的可是自己的孩子。直到今日這道傷痛尚未結痂，依舊劇痛難受。可是我心中完全沒有恨，也不怪誰，不管是我女兒的丈夫或殺死我兒子的人，我全都不怪。我的憤怒完全是指向自己，我恨自己在兒子最需要我的時候轉身離去。

西莉亞深信她本來有機會避免傑瑞誤入歧途，犯下殘暴罪行，對於自己無法提供孩子無條件的母愛，令她心碎不已。我感覺到她的傷痛重量，也很希望她在「仇（寬）恨（恕）兩個字」的美國特展中分享個人經驗，向大眾宣導反對死刑的理念，同時幫助西莉亞從這個事件中找到全新意義。

多年來我聽過不少人談及他們的傷痛和悔恨，也許是自己造成的傷害，或是後悔沒有及時伸出援手，卻不記得目睹過可以匹敵西莉亞．麥可威的案例，在兒子人生出現危機的那一刻轉身離去，令她深深後悔、心碎了無痕，她則是一輩子都無法與自己和解。

我透過寬恕計畫認識的人之中，有不少人類似西莉亞，對於自己的行動深深後悔，也覺得永遠無法原諒自己，然而不原諒自己並不一定代表羞愧或悔意深深吞噬他們，這種情緒也可能演變成真摯懺悔。

就拿真亞隆（Chen Alon）為例，本來他是為了保衛以色列加入以色列國防軍（Israel Defence Force，簡稱ＩＤＦ），對抗第一及第二場巴勒斯坦暴行，也就是巴勒斯坦反抗以色列侵占約旦河西岸及加薩的起義。數度參與對抗巴勒斯坦人的暴力圍攻後，他開始後悔加入國防軍，質疑他怎能自詡是一個關愛孩子的父親，卻不把巴勒斯坦的孩子當人看待，隨時準備攻打他們。

他告訴我：「我開始理解，消除了他人的人性時，你自己也會開始失去人性。」以巴衝突長期僵持不下，亞隆最後加入違抗法規者的行列，熱血擁戴他剛投入的和平運動。我在二〇一〇年前往以色列搜集和平戰士組織（Combatants for Peace）成員的故事時，也和他在特拉維夫碰面。亞隆也是該組織成員，對於敵人輕而易舉就視對方為惡魔，他有一個相當有趣的觀察：「我決定公開違抗法規者身分時，還特地告訴我父母，因為我知道這會變成一大醜聞。」他說：「我母親的反應是：『這樣不是很危險嗎？』我覺得這說法還滿奇怪的，畢竟人在軍中的我得無時無刻不面臨攻擊，當時更是危險重重。以色列社會普遍流傳一種思維，那就是巴勒斯坦的母親根本不在乎自己的孩子，還會送自己的孩子參加自殺攻擊，然而以色列的母親也會把孩子送進軍隊，樂見他們為國捐軀，我認為這兩種思維其實沒有差異。」

當我問起亞隆自我原諒，他只說原諒自己是一大錯誤，還告訴我一個故事。「有天我在拉馬拉（Ramallah）對巴勒斯坦人訴說我的故事，觀眾席中有人直接發問：『你是指望我們原諒你嗎？』我說：『不，我都不原諒自己了，怎麼可能要求你們原諒。』對我而言，分享故事不是為了要求對方原諒，只是擔起責任，不是只有空談，也不僅是訴諸情感，而是採取實質行動。我只能透過和巴勒斯坦人締結友好原諒自己，意思是在這場對抗不公不義和壓制的非暴力抗爭中，和他們攜手結盟。」

因此擔下責任和懺悔就成了他與悔恨和解的動力。前陣子我正好收到一封信，來信的陌生女子安柏告訴我，她正走在艱辛的自我原諒路上。她在信中說：「我多年來都在尋尋覓覓療傷、成長、發展、進步，可是每每都卡關。」她解釋自她將分別四歲和六歲的兩個幼子「拒於門外」，罪惡感、羞愧，隨之而來的憂傷便吞沒了她。

那時她的人生發生一些事，無法養育這兩個孩子，而託給別人照顧似乎是對大家最好的做法。可是緊接而來那幾年，悔意卻在她心底深深扎根，彷彿毫無消除的希望。「我想像他們深受其害，沒有回頭的契機，我自己也是。」她解釋：「我覺得這將永遠都是我的錯，因為他們的過去永遠都會是現在和未來的一部分，對我也是這麼一回事。」

她繼續描述不原諒自我的感受會絆住你，讓你在一個地方裹足不前，沒有解決辦法，永遠受困於同一個定點，日復一日與自己的憂傷共處。她說，多年來她都盡可能對這段過往避而不談，自己不敢去想，也不和他人談及此事，迴避人們和他們的「正常」人生，永無止境地逃避關於孩子和養育的無害問題。

安柏之所以寫信給我是想要解釋，讓人停滯不前、永遠於個人過去行為的罪惡感中擱淺的萎靡荒蕪感受，終究是可能跳脫的。她談及自己的驚人轉變，也許悔意糾纏不休讓人精疲力竭，最後她總算允許自己深入了解自我寬恕，應該如何運用創意，將悔恨逆轉為人生的正能量。

她並沒有在這封信中解釋她是怎麼辦到的，但顯然做好心理準備，坦然接納自己的脆弱和罪責，不再替自己找藉口，同時也不再責備自己。光是這樣就足以讓她三百六十度轉念，不再停滯不前。她在這封信的結尾寫道：「感受悔意讓我們釋放自我，有天也許甚至可以原諒自己，畢竟要是我們因為無法自我肯定、自尊低、裹足不前，深信我們不值得幸福，活著也沒有價值，那我們又該如何回饋世界？」

正因如此，悔恨不再是羞愧的牢籠，反而成為一種激勵我們在世界創造價值的動力。對安柏來說，自我原諒就是一種釋放與自由，因為原諒自己並不需要先取得兒子的諒解，而是一種面對複雜多變人生的內在理解。我們知道自己會搞砸、會做出讓自己事後反悔的決定，並可能傷害自己所愛的人。而這完全闡釋了錯綜複雜的寬恕本質，認清就道德層面來說人生本來就很複雜，好人會做出壞事，壞事也可能降臨在好人身上。

就算是走不出自憐或羞愧到無地自容的人，有天也可能從緊箍咒般的束縛解放自我，而這就是原諒自己唯一的辦法。也許眾人對大屠殺倖存者伊娃·寇爾的印象停留在她對納粹罪犯的原諒，可是就我個人來說，她的故事最令人動容的是她不得不的自我寬恕。

我們初次見面是二〇〇八年，當時我人在德國南部的符茲堡（Würzburg）參加衝突解決會議，伊娃亦受邀至現場演說。我們坐在會議廳花園聊天，她握著我的手，雙眼定定凝視著我，告訴我自我原諒的能力就是她修復創傷的關鍵要素。我略微困惑地望著她，不太明白人類史上最殘酷暴行的受害者為何需要原諒自己。然而她接下來的解釋，卻完美闡述了寬恕複雜多元的面向：「我原諒納粹的那天，也在內心原諒了我的父母。因為我怨恨了他們一輩子，恨他們沒有拯救我遠離奧斯維辛。每個孩子都期望自己的父母可以保護他們，我的父母卻辦不到。接著我又原諒怨恨父母的自己。」

蓋辛．瓊斯（Gethin Jones）的案例意境和伊娃．寇爾很相似，情境卻是南轅北轍，他得先想方設法原諒其他人，才能原諒自己。蓋辛年輕時常常進進出出療養院，長期待在隔離所，後來甚至入獄服刑。他在人生谷底時往頸部注射海洛因，這時他的藥物員才開始和他提及復原的事。一直到那時，他都只以為藥物員很可惡，讓他受盡痛苦，但現在他頓時理解有些員工其實也想幫他。

再來就是他那十年不見的母親。蓋辛解釋：「一個名叫艾倫的輔導員開導我，我才漸漸突破。那時我仍對我媽充滿怨懟，而她就是我所有怨懟的源頭……艾倫有天問我：『蓋辛，你母親是什麼樣的人？』我從未想過這個問題，我知道母親曾在一九五〇和六〇年代待過育幼院，於是開始思考起這個有著學習困難、被父母遺棄的小女孩。就在我想像她肯定曾經擁有的感受時，我的怨懟慢慢瓦解，對我來說這是一種莫大解脫，因為那之後我再也不恨她了。」

對蓋辛來說，寬恕的開端是原諒組織機構，再來是母親，最後才是原諒自己。然而原諒自己卻是最困難的，因為這時他已有三個孩子，想到自己對孩子造成的傷害，他的內心就備受折磨。可是後來進行十二步驟課程時，有人告訴他，他永遠改變不了過去，唯獨改變當下的行為，才能改變未來的命運。「這句話真的太有道理。」蓋辛說：「我第一次掌握自我身分，決定從那天起，每一天都要成為最好的自己。這並不簡單，我仍然感覺憤怒，但最重要的是現在的我變了，已經不會想去傷害自己或其他人。」

布蘭達．艾德曼（Brenda Adelman）在一場冷酷無情的家庭殺戮中失去雙親。布蘭達的母親是一名獲獎藝術家及攝影師，卻在一九九五年布魯克林的家中遭到丈夫槍殺身亡，布蘭達的父親過失殺人定罪，最後獲判五年有期徒刑，服刑兩年半後出獄。這場悲劇發生後不久，急欲走出傷痛的布蘭達開始到處尋覓，想要了解寬恕的真諦。起初她並未料想自我寬恕就是她復原的關鍵。

我第一次在二〇一〇年見到布蘭達本人，她特別從洛杉磯的家來到倫敦，參演根據她人生改編的六十分鐘單人舞台劇《我的布魯克林哈姆雷特》（*My Brooklyn Hamlet*）。當舞台光線逐漸黯淡，坐在觀眾席後排的我忍不住為布蘭達緊張，卻也好奇接下來會看到什麼，然而這場赤裸坦誠、黑暗詼諧的舞台劇很快就擄獲我的心。主題刻畫的是彌補修復，佐以莎士比亞的風格，熟稔巧妙地結合她的個人敘事和經歷。

舞台劇結束後，我和布蘭達約在鄰近的咖啡廳花園見面，聊聊她是怎麼接觸到寬恕的理論與實踐。這名創意十足又思想獨特的女子馬上吸引我的注意，她運用療法和藝術穿越創傷的迷宮，甚至開設終極責任和自我寬恕的課程，教導處於危險邊緣的年輕人和女性獄友，亦利用她的三步驟寬恕法製作電子書。在宗教團體間帶領研討會，以及設計線上寬恕課程。

我們開始交談沒多久，她就從夾克口袋掏出一張黑白小照片。照片中，年僅十歲的布蘭達佇立在父母中間，緊緊牽著他們的手，開懷地望向相機，父母看起來十分相愛。她告訴我現在她很少談及自己的母親，因為即使失去母親的痛苦依舊濃烈，卻沒有談論的必要，她們的親子關係充滿愛，她仍能在人生中的每一天感受到母親的存在，並為此寬慰。

五年後我又和布蘭達相見，這次約在我妹婿位於聖莫尼卡的公寓，持續這場關於寬恕的對話。她告訴我，雖然母親過世當下她就原諒父親，可是她現在知道那全是因為她不願接受現實，無法忍受同一晚失去母親，也失去父親。

「我以為我得原諒，以為這才是正確選擇，但我根本不了解為何要原諒。太早就原諒他只是否認了我個人的真相。真相是我需要時間沉澱，並以健康的方式去恨他，消化自己的憤怒。媽媽死後，我感到一股深沉的羞愧絕望，覺得自己就像是受損品，要是我父母發生這種事，那我又算得上是什麼？唯一幫助我轉換這種負面情緒的方法，就是寫下自己的故事。當時我正在洛杉磯上演員課程，於是寫下故事，並且演出十五分鐘的個人作品，表演結束時我發現有人在哭，看到這畫面時我很震驚，因為我非但沒有因為披露自己的過往而遭受批評論斷，反而獲得滿堂彩，引起觀眾的同理心與惻隱之心。」

牢牢握著家庭傷痛不放手，個人存在也跟著崩塌，後來她才總算發現，若她想要復原，就不只得憐憫父親，也要對自己發揮同情心。

「一直以來我都不知道該如何原諒，我以為原諒是一種和解，而我不想要毫無悔意的父親回到我的生命裡。然而在這過程當中，我卻發現原諒的意思也代表解決內心紛爭、清掃我充滿恨意的心，也就是說即使想到父親，我的生活也不會全毀。」

「我需要用健康的心態接納我的憤怒，偏偏我仍然感覺到深深的憤恨，我氣自己沒有拯救母親，也恨自己信任父親，而我利用暴飲暴食發洩這股憤怒，常常苛責自己，但是除非原諒自己，否則你原諒不了其他人。自我寬恕成為我的一大難題，因為每次明明覺得已經原諒父親，憤怒情緒卻會突然引燃觸發。多年來我竭盡所能去原諒他，即使他和我母親的妹妹同居結婚，我也要求自己原諒。後來我取得靈性心理學的碩士學位，發現正是我對父親抱持的負面思想，讓我受到二次創傷。我積極參加憤怒研習營、找心理治療師、參加各式各樣的研討會、寫日記、創作、刻意去原諒自我批判，並踏上洛杉磯山頂，在那裡舉行一場解放儀式，朝山腰拋出父親的帽子，而這個簡單的動作釋放了我內心某個部分，那一刻我總算卸下重擔了。」

即便父親已經心臟病發作死去，布蘭達卻知道她早已原諒他，因為她每次想到他時都心如止水，父女之間曾經有過的美好時光仍讓她感覺到愛。

布蘭達也不禁好奇，為何自我寬恕比原諒其他人困難？後來她懂了，這是因為原諒自己需要我們直視內心的羞愧，並且與它和解。「因為人生總會發生形形色色的事，自我憎惡又多半在內心默默上演，人們不會輕易顯露釋放，不像我們會對所愛的人、老闆、伴侶、父母、孩子那樣發洩出來，只有一個聲音在內心反覆發問：『為何我不能在這種情況下為自己挺身而出？』、『我為什麼要吃那個？』、『我為何不去健身房？』、『我為何減不了肥？』、『我為何要投資那個項目？』、『我為何僱聘那傢伙？』、『我為什麼不僱聘那個人？』『我為何都好不了？』、『他為什麼不像我那樣愛他？』、『她為何要占我便宜？』我們每天內心都冒出諸如此類的聲音，可是我們往往不會說出口，也不會與人分享，於是這樣的念頭變得愈來愈強烈。而這些念頭引起的羞愧或罪惡感，就會變成真實感十足的故事，所以表達內在聲音、讓內心批判見光死……就是療癒的開始，而你也總算可以原諒自己。」

作者兼心理健康運動人士瑞秋．凱莉（Rachel Kelly）相信，許多有焦慮症和憂鬱症的人都有自我苛責的內在聲音，而自我寬恕也許就是化解這種聲音的關鍵。

身為一個飽受嚴重憂鬱症纏身的人，與其強化個人價值和堅強，她漸漸理解培養內在的寬恕聲音才是一種溫柔修復自我的方法。和凱莉往來電子郵件時，我問她惻隱之心與自我批評對於心理健康的關聯為何時，她回答：「多年來正向心理學和勵志學都被視為心理健康的終極目標，能夠幫助人們發掘自我肯定，可是這種自我肯定的典範卻有一大缺陷：雖然激勵自我價值本身不是壞事，卻往往建立在高人一等或是個人優越感上，然而這種瀕臨自戀與競爭的心態，卻可能反而讓人缺乏信心。相反地，近期一份研究顯示，培養自我憐憫能大幅減緩焦慮及憂鬱情緒。」

為這本書討論這個觀點後的兩個鐘頭，我瀏覽我的推特更新貼文時，碰巧看到某人張貼的一句話，振振有詞又恰到好處呼應凱莉的說法。該貼文寫道：「我的夢想是有天不再聽見別人說我很堅強，因為堅強讓我覺得好累。我真正想要的是支持，我想要的是柔軟，我想要放鬆，我想要有人照顧我，而不是勇敢面對某個挫折或身經百戰後，有人拍拍我的背說：幹得好。」

看來形容一個人克服困境的籠統用詞「堅強」近來飽受反對。在澳洲時事節目《問與答》（*Q&A*）中，原住民歌手兼作曲人米奇．坦博（Mitch Tambo）呼籲人們發揮同理心，並且希望大家聽見原住民的故事。「我想大聲疾呼，請各位療癒我族人的傷痛，因為我們實在太常聽見別人說『你們好堅強，你們真的太堅強了』。可是這不代表我們想要堅強，我們真正想要的是自由，不要再有創傷。」[8]

二十七歲的作家碧．沙頓（Bea Setton）近期來信與我分享一個與自我寬恕貼近的主題：自愛。她的意思是，若要獲得自我批判和進步的能力，你就得先學會自愛。她注意到她這一代的人都不擅長自我寬恕，因為他們不懂得自我反思，也無法克服自我或個人行為的批評聲音。

她寫道：「我認為這一輩的人太沉溺放縱自我。我不想表現得像是反對進步的評論家，畢竟我本身很喜歡這個世代，問題是這一代真的承受不了批評，我們只想要別人的憐憫和原諒，不斷逃避批評聲音或至關重要的自我分析。我總覺得自我厭惡只是一種保護機制，保護自己不受到他人的怒氣波及，就好像在說：我已經夠討厭自己，無法再接受或認同其他人的批評。」

這種大膽廣泛的推斷挑起我的興趣，因為只考慮自己似乎確實是當代人活生生的寫照。我們無法處理消化異己的焦慮，社群媒體的推文在在反映出我們打造的同溫層，我們關在屬於自己的小小世界，愈來愈無法對與自己不同的人產生同理心，意思是只要有人提出相反論調，就可能撩撥一波隱憂。

若想要寬恕自我，我們就得坦然接受自己的錯誤與失敗，並且做好探尋自我內心的準備，在破裂紛雜的內心世界找到自我憐憫的空間。所以我並不訝異錯綜複雜的壓力和普遍期待值是如何引發焦慮，令年輕世代癱瘓、深受其害，通常也讓他們難以挖掘自我寬恕、找到自愛的力量。

安．拉莫特（Anne Lamott）在她強而有力、充滿救贖冥思的《哈利路亞：重新發掘寬容》（*Hallelujah Anyway: Rediscovering Mercy*）中，描寫人們無止境的心胸狹窄、埋怨記恨傾向讓自己不斷失望。她指出我們應該先面對「最不堪的自我」，探索該從何處尋找人生意義，答案就是拋下批評聲音，赦除不可赦免的罪狀，然後自問：「為何我今天唯一能原諒的對象只有像隻漁貓啃咬煩人親戚腳跟的自己？因為我根本不用去原諒那個騷擾我和我兒子的親戚，畢竟她壓根不知道自己需要我的饒恕啊。她還以為自己很厲害，言談之間滿滿優越感，雖然我都差點以為她恐怕連自己的大兒子都吞下肚了。不可思議的是她好得不得了，我才是那個需要寬容的人：我才需要原諒自己，原諒我害自己畢生煩惱不斷、無法好好活在當下。」她說，我們都一樣不完美，頓悟這一點後她學會了憐憫，而這就是自我寬恕的一小步。

自我寬恕通常需要我們展現改變的決心，也需要我們改變個人未來的行為。

你可能會為自己設定條件，例如「除非我真的改變自我或修補情況，否則我不能輕易原諒自己」或是「除非我所傷害的對象原諒我，否則我不可以原諒自己」。不幸害死家貓之後，我努力做出的改變就是只要家中有寵物，我必定每次會在啟動前認真檢查洗衣機，補償方式則是再養一隻小貓，讓這隻貓生更多小貓：「一命償一命」，這是我孩子的堅持，也是他們原諒我的先決條件。

除了彌補他人，與自我和解也是原諒自己的必備條件。我們太多時候會傷害自我，因而害自己失望，例如不夠認真讀書而考壞、控制欲太強而嚇跑約會對象、嚴重上癮而戒不了菸酒。我們或許會因為無法終止自我毀滅的行為，內心充滿罪惡感，並且感到無地自容。若是想要原諒自己，我們就得接受人人都會犯錯的事實，並用更寬闊的視角看待自己犯下的錯誤，無論是對自己或對別人犯錯都算數。簡言之，自我寬恕的意思就是理解你我皆是凡人。

第6章

國家的集體寬恕

「面對不可逆轉的歷史，寬恕就是唯一解藥。」

——漢娜．鄂蘭

史黛西．貝納曼（Stacy Bannerman）以畢生投入和平運動的堅定意念訴說她的故事。「現今多數美國人都深信伊拉克戰爭是一場錯誤，而這場錯誤摧毀了我所愛的一切。」她鏗鏘有力、緩慢清晰地吐出每一個字，表達她的重點。這名住在維吉尼亞州新河谷（New River Valley）的五十六歲女子正是《九一一家園防線：退役軍人家庭走過的戰爭創傷》（*Homefront 911: How Families of Veterans Are Wounded by Our Wars*）的作者，過去二十年來，她大力呼籲美國同胞打破沉默，公開談論退役軍人家暴的嚴重性和頻率。

我一直對史黛西的故事很有興趣，因為這不僅是一個涉及私領域的寬恕個案

（以她的情況來說，就是憐憫具有暴力虐待傾向的丈夫），史黛西的個人經歷甚至延伸至公眾領域，帶領她探索集體寬恕，尤其是原諒她所憎恨、鼓吹阿富汗和伊拉克戰爭的社會，也因此她開始將寬恕視為全國療癒的關鍵道路。

二〇一〇年，史黛西丈夫在軍隊服役二十七年後退伍，回到奧勒岡州的家與她共同生活。「可是戰爭仍陰魂不散地糾纏著他。」她解釋丈夫沒多久就診斷出戰後創傷症候群，開始注射安非他命，並且對她暴力相向。後來症狀惡化到她成為他的個人看護，而她也開始支持退役軍人及他們的家人。

起初她會替丈夫的暴力行徑找藉口，即使他掐得她不省人事，她仍試著用愛的力量讓他恢復健康。為了深入理解丈夫的病情，史黛西開始閱讀有關戰爭退役軍人的創傷後壓力症候群研究，最後得出的結論是，戰爭不只讓許多退役軍人心理紊亂，除了飽受壓力所苦的士兵一輩子可能擺脫不了嚴重的心理創傷，證據亦顯示他們留在老家的家人也是，很多親屬承擔的心理傷害其實並不亞於返鄉士兵。

「由於後來情況變得太危險，於是我提出離婚。」她說：「我拍賣我們共同居住的房屋，二〇一五年七月我逃離唯一擁有過的家，把我的馬和兩隻山羊寄養在動物保護中心，然後搬進行動家園的旅行拖車，早上要用盡全力才爬得出被窩。除了我的身分，我什麼都不剩，卻萬萬沒想到接下來我成了身分盜竊的受害者，而盜用我身分的人，正是我離家後丈夫邀請入住家中的女毒蟲。九十天不到，我不僅失去家園、婚姻、寵物、健康保險、社會和經濟地位，就連我的身分也沒了。」最後，史黛西總算可以授權出售兩人生活的房屋時，她丈夫持著M4半自動霰彈槍威脅她，並試圖逼員警朝他開槍，想藉此自殺。

這時史黛西進行的戰爭創傷研究全指向一個事實，那就是具有暴力虐待傾向的退役軍人多半是受害者，而不是加害者。「就在我痛心不已，試著釐清狀況時，我想到盜用我身分的人，不禁思考著她的人生是經歷了什麼難關，才會想要假冒我。於是我總算漸漸理解，如果你覺得自己在世上孤單無依，為了忘卻傷痛，不假思索地注射安非他命的機率就很高。正因為我能理解，我原諒了盜用我身分的人，也原諒了前夫，不論他究竟是無法抑或不願面對戰後創傷的心魔，開始注射毒品都不重要。我也明白所有發生在我們身上的事，都事出有因，那就是伊拉克戰爭。」

從迫害絕境中獲得的力量讓史黛西振奮不已，她開始套用道德憤慨的語言。

照理說，小布希總統和他的顧問是應該為災難性的伊拉克戰爭擔負全責，不過她也怪罪七十六%主張宣戰的美國人，以及九十九%白白犧牲自己生命的人，不由得認為這麼多伊拉克戰爭退役士兵的伴侶遭受凌虐致死，[1] 全是他們的錯。這時，她極力宣廣的究責行動逐漸發展成她認為令人憂心的報復行動（「我發現我想要所有支持伊拉克戰爭的人受苦」），於是她放慢腳步，再度陷入深思。

後來史黛西開始理解，最艱鉅的寬恕任務尚未完成：那就是格局更寬廣的寬恕，原諒她所生活的社會以及她的美國同胞。

「失去一切後，我必須原諒這一切，否則餘生都會被憤怒和復仇欲望掌控。」她解釋：「我得下定決心，與其義正詞嚴怒罵，生氣整起戰爭不該發生，和已經發生的往事和解才是最重要的事。這時，寬容開始滲透填滿我內心所有縫隙，而我的動力也出現轉變，我現在想做的是減少世人的痛苦。」

她也開始理解當初美國人揚言開戰的心理，亦即九一一恐怖攻擊後，眾多美國人的沉重悲痛火上加油，讓怒火延燒、報復欲望擴大。於是她自問，她自己難道不也犯下同樣錯誤，臣服於人類攻擊和反擊的無盡循環？

二〇一六年一場在奧勒岡州愛旭蘭（Ashland）治療中心衝擊人心的相遇，就是改變史黛西世界觀的關鍵。她首次在互助團體與一群陌生人分享個人故事，描述自己的憤怒和失望時，其他女性雖然略顯坐立不安，卻凝神細聽。聽完她的故事後，每個人輪流以惻隱之心和理解回應。「她們告訴我，她們發現自己只是袖手旁觀，也沒有阻止戰爭，為此深感慚愧。也深知她們沒能以身作則，因而無地自容。她們向我道歉，為我所失去的一切感到深深愧疚。我看見她們背負的重量，於是我告訴她們，我也很遺憾她們失去了這麼多。她們看見我隱隱作痛的人性，而我也看見她們的。我知道情況大可對調，我變成她們，她們則可能變成我，理解這一點之後，已經沒什麼好原諒的。」

史黛西與愛旭蘭的女人分享故事，在在闡釋個人故事是如何轉變為集體故事，要是我們的視野開闊，就能改寫個人經驗。現在史黛西的聚焦改變，開始為了打造美國「更進步自我」的公眾平台發聲，並為了伊拉克戰爭歷史，宣傳美國版的真相與和解委員會，邀請作證的人包括當時聲援戰爭的政治家和權威人物、平民百姓、精神領袖，以及受到傷害及飽受影響的社群。所有人齊聚一堂，努力打造解決方案，推廣和解及修復關係，就像南非的真相與和解委員會訴說受害者及加害者的故事，在種族隔離制度的暴行下，發展共同的國家人權論述。

或許聽來難以置信，但是其實美國力挺組織真相與和解委員會的呼聲極高，想要共同解決種族不公、大屠殺、奴隸等歷史紛爭，甚至是近來川普支持者在二〇二一年一月六日攻陷國會大廈的事件，並從中找到療癒方法。然而目前大家始終無法達成共識，因此尚無進展。

對史黛西而言，隨著一年年過去，建造一個資源豐富、目擊戰爭創傷及傷害的載體，似乎成為愈來愈遙不可及的目標。建立真相與和解過程仍是她的人生志業，因為她相信這就是唯一「實踐寬恕、進而贖罪」的方法，這樣一來，美國本身及伊拉克戰爭退役軍人，還有他們世世代代的家人，就不用繼續在人生路上背負傷痛和悲憤，也避免戰爭創傷的遺毒繼續殘害未來世代。

過去這幾年，關於補償、道歉、衝突研究的國際法律和理論，開始將重點放在寬恕，以及息息相關的憐憫、寬容、和解概念上，將此視作一種解決過往錯誤的方法。然而在當代的血腥舞台上，種族對立、恐怖攻擊、對地球不負責任的毀滅行徑層出不窮，寬恕與和解往往變成一種天真妄想，既不合適也不可取。至於社會或政治界的寬恕，難處之一就在於有的人已經過世，或是無法親自出面承擔責任，於是得由其他人擔任代罪羔羊的角色，進行這場道德補償的交易，所以寬恕較接近象徵意義，而不是具有真實對象。

要是犯錯的人近在眼前，寬恕當然比較容易。舉個例子，如果你覺得毒癮算得上一種疾病，就可能原諒得了一個闖空門的海洛因毒蟲。再不然就是原諒奪走已逝母親家中貴重物品的哥哥，因為他和母親的關係確實比較親密，而你可以理解。抑或你可能原諒得了一個對你說謊的死黨，只因為你很清楚她可能只是羞愧到無法對你說出實話。

艾克哈特．托勒（Eckhart Tolle）在《當下的力量》（*The Power of Now*）中說過這麼一句話：「若真要改變一段關係，不要去批判或改變他們，完全接納伴侶樣貌反而是最強大的催化劑。」[2] 最後甚至可能原諒你最親愛的人，讓所有不愉快一筆勾消。只要能夠調整個人觀點、同情傷痕累累的人，你就能在人生某個時刻體會到寬恕的滋味。

個人與集體寬恕的相似之處有時少得可憐，如果你把鄰居為花園柵欄位置的小事爭執，和鄰國為了邊界爭議起衝突的情況相比，以人力損失來看，這兩種情況自然是無法相比。然而要是你注意到一開始引發雙方敵意的因素，就可能發現驚人的相似之處：誤解、積怨、祕密擴張領土、放棄對話，再加上國與國之間自古沿襲的部落仇恨經年累月滲透，而長期對立及家族嫌隙就是最真實寫照。不久之前，自一九七九年就住在倫敦西北部一帶的年邁愛爾蘭鄰居告訴我，他已經幾十年沒和愛爾蘭的家人說話，原因是：「他們仍然帶著深仇大恨的目光看待在英格蘭生活的我們，對他們來說，我們就是選擇站在另一陣營的『英格蘭敗類』。」

將我鄰居的家庭困境與糾纏不休的以巴紛爭相比似乎不太恰當，然而想到這種兩極化案例，我就忍不住想起米爾頓（John Milton）在史詩《失樂園》（*Paradise Lost*）的沉重聲明。在這首十七世紀末出版的史詩中，公民與宗教自由的倡導者兼詩人米爾頓寫道：「不共戴天之仇造成的傷口若是深刻入骨，真正的和解就猶如天方夜譚。」也許他是希望我們檢視內心，確保我們的「不共戴天之仇」不至於深刻入骨，嚴重到無法修復的程度。

政治寬恕的用意是轉型正義，導正歷史錯誤抑或平撫受傷族群的傷痛記憶，甚至讓他們遺忘傷痛。通常是一個團體或一名受害團體代表出面，為了踏上實際的和平道路，選擇集體原諒，好比二〇二〇年愛爾蘭總統希金斯（Michael Daniel Higgins）在巴爾布里根攻陷事件（Sack of Balbriggan）百年紀念活動上說的：「若是不寬恕、不遺忘，我們就會永遠囚禁在過往牢籠中。往昔事件無可逆轉，而我們只能任由過去的事件和記憶宰割，繼續背負沉重負擔。」

然而我卻不由得常常質疑，寬恕是否真的可能套用在大規模的集體傷害，甚至具有效力？畢竟集體衝突留下的遺毒可能會在社群團體和世世代代滋長蔓延，而且代代相傳，這也正是漢娜．鄂蘭指的「不可原諒性」，意思是這些喪盡天良的罪惡既不可饒恕，也無法嚴懲。我認為寬恕基本上是一個抽象過程，不適合用來修補集體傷害，然而我們卻能夠研究和測量道歉、承認、修補、和解等行為，因為我們可以從公眾對於這些行為的反應，得知它們是否具有效力。

艾琳．鮑里斯博士（Eileen Borris）進行政治寬恕的大規模研究，而她也抱持相同論調。「我常常以政治層面探討寬恕，我敢說人們聽見這兩個字時，都下意識以為寬恕的意思就是放人一馬，包括我們的政治領袖。可是政治寬恕其實不是那麼一回事，正好相反，政治寬恕的過程是先道出真相，然後扛起責任，這就是最關鍵第一步，否則癒合就不可能。」[3]

若說到原諒大規模的殘酷事件、肆意冷落或官方無能的情況，不公不義往往就是癥結點。要是正義未獲得伸張、真相始終不見天日，又怎麼可能做到政治寬恕？前任工黨內閣大臣克萊兒．肖特在二〇一一年第二屆寬恕計畫年度講座上，如此問道：「在沒有討論或解決不公不義的情況下要求受害者原諒，難道真的無可非議？對於不公不義、不平等、貪腐的憤怒，是否可能就是驅動歷史改變、促進社會改革的動力之一？」

作家兼神學家史蒂芬．切里在《心痛療癒：寬恕的重新想像》（*Healing Agony: Re-Imagining Forgiveness*）中道出他的「良性埋怨」理論，他指出「要是受到欺壓的情況沒有間斷，那麼埋怨不失是件好事」。這麼一來，要求公平及不放下悲憤就成了一種為人性發聲的行動，然而卻需要運用明辨是非的技巧探索，免得掉入正義的圈套。因為喬．貝里也說了，當你將個人權利置於他人之上，正義就可能變成一條成魔之路，人也容易變得鐵石心腸。

確實如此，史黛西．貝納曼也承認她在率領社會運動的初期，曾經試著埋藏自己的悲傷沉痛，與此同時卻漸漸展現出壓迫他人的症狀，可說是自相矛盾，畢竟她組織反抗運動的初衷就是反對壓迫。她說：「很多社會運動人士都曾經出現這種症狀，因為傷痛是我們組織的起點，義憤則是一種合理又強大的驅動力，可是當道德權利轉變成道德優越，就很容易變成妖魔化及攻擊他人的武器。」

二〇二二年初，烏克蘭戰爭進入第十天，正好碰到基督東正教徒慶祝寬恕主日（Forgiveness Sunday）。這天，烏克蘭總統澤倫斯基的公開宣言是：「今天是寬恕主日，偏偏我們無法代替上百名受害者原諒，也無法代替上千名受苦受難的人寬恕……上帝不會原諒，今天不會，明天不會，永遠不會，與其寬恕，審判日即將到來。」這段話讓全世界都想點頭贊同。

有時我很想放棄寬恕這個主題，尤其是政治框架下的寬恕，我們的組織甚至考慮更名，把寬恕二字換成同理心或憐憫。我記得剛展開寬恕計畫沒多久，我受邀參加格洛斯特郡寬恕節的專家小組演講。在講台上，我身邊坐著兩位嘉賓，她們是剛果內戰中慘遭凌虐和強暴的女性，可是她們遭遇的不公卻沒有獲得正義與修復，甚至連官方承認都沒有。那天，她們是率先演說的專家小組講者，故事令人沉痛動容，充滿淚水，悲憤夾雜，她們亦呼籲觀眾和廣大世界「聆聽我們的故事」。我原本準備分享幾個集體寬恕實踐的想法，但那一刻，我低頭盯著筆記，然後直接撕毀講稿，擔任寬恕發言人的身分瞬間讓我渾身不自在，坐立不安。

結果我完全改變了個人演講的簡短內容和說話語調，發自內心講起在國家贊助的暴力下，受害者絕對有憤怒的權利；也表示我不認為衝突過程中寬恕有任何幫助，因為就算情況樂觀，這時講寬恕還是太早；要是情況不樂觀，甚至可能造成自我毀滅。[4] 我建議唯獨在戰爭分歧結束後，懲罰性正義已經消磨殆盡或顯示不切實際，才在復原的山腳下考慮運用寬恕，彌補破裂關係、建立和平團體。但我也強調了，要在這種情境下寬恕也很罕見，必須是出自個人選擇或集體意願。而這也適時地提點我，寬恕是一個非常敏感的話題，硬說寬恕是療癒的必備手法，只是一種不經大腦又毫無幫助的行為。

這件事又讓我想到，要是不公不義的情況尚未獲得承認就要求寬恕，就可能招致問題；矯正更是一種妄想，最接近寬恕的做法，也許是以修復的立場思考寬恕。瓜地馬拉女性主義人權聯合組織「改變行動者」（Actoras de Cambio）的一位匿名成員，就絕口不提寬恕二字，反而是重新定義正義。正義不再是放入懲罰機制的框架，而是一種透過承認與行動達到療癒效果。她說：「對我而言，正義就是某個願意聽我說話的對象，正義就是某個幫助我療傷的人，也是某個建立環境條件、不讓傷害重蹈覆轍的人。」

報復性正義通常不脫施以嚴懲的權利（也許是牢獄，甚至死刑），這種正義有時確實是可以幫助受害者前進，但也可能發展成不盡如人意的修復過程。主要是因為刑事司法制度或許低效耗時又開銷龐大，往往只是在受害者和倖存者的傷口上撒鹽。修復的要素包括承認和擔下責任，重點是治療傷痛，而不是引起愧疚，聆聽人們痛苦的聲音，而不是聽加害人辯解或檢察官宣讀罪名。

在紀錄劇情片《穿越對與錯：正義和寬恕的故事》（*Beyond Right and Wrong: Stories of Justice and Forgiveness*）中，北愛爾蘭政治家奧爾德代斯男爵（Lord Alderdice）思忖人權虐待的歷史事件時，為正義的立場下了結語。他說：

「如果你不顧一切硬要討回公道，就可能難以前進。但如果你試著向前跨出一步，卻不去照料不公不義造成的疼痛傷害及往日創傷，那麼你的前進可能只是一種假象，而且未來也會持續背負著傷痛，帶進自己或團體的人際關係。」

我很喜歡拉米．艾爾哈南關於正義的看法。這名父母之家組織成員、在自殺炸彈攻擊中痛失女兒的以色列父親表示：「正義的地位確實是很崇高，非常重要。沒有正義你就活不下去，然而正義也並非唯一重要的價值。思考一下，假設綠燈代表你有跨越斑馬線的權利，不過卡車仍可能朝你俯衝而來。當然跨越馬路是你的權利，但是你得以敏銳合理的思維去思考正義，並且理解真正的現實面。你得以謙遜的心態考量自己跨越馬路的能力，畢竟馬路另一端的正義也許跟你的正義不同。就我看來，最基本的就是尊重，最重要的就是尊重對方。若你能以你希望別人對待自己的方式去對待他人，你就打開了探討正義的大門。正義確實很重要，但尊重更重要。」

阿爾斯特大學（Ulster University）政治學教授當肯．莫羅過去三十年致力推廣北愛爾蘭和解行動。他形容派系衝突的本質棘手，會以某種形式代代相傳數十載。當派系衝突歹戲拖棚，長期流傳，罪責就困難重重，因為這種情況下難以解碼究竟誰說的故事才是真實版本，誰的故事才是對的故事，又是誰率先展開衝突抗爭。他也警告在道德與派系暴力的框架下，正義的能力十分有限：「正義需要一個權威的存在，而且必須是公正的化身，一旦欠缺這個角色，或是對立雙方無法達成共識，不能決定誰是受害者，誰是加害者，請問又該如何伸張正義？」

說到運用個人寬恕將集體論述推上新方向，裘德．懷特（Jude Whyte）就是一個好例子。裘德站在受害者這邊，本身也是貝爾法斯特的天主教徒。他的母親佩姬．懷特（Peggy Whyte）在一九八四年北愛爾蘭嚴峻的派系鬥爭中，在自家門外遭到新教準軍事組織成員殺害身亡。如今裘德仍住在貝爾法斯特，他的孩子皆已長大成人，搬到英格蘭、蘇格蘭和其他北愛爾蘭地區，他則是喜歡運用閒暇時刻，帶領觀光客在自己老家進行城市巡禮，參觀和平牆與政治壁畫，進入民族派和聯合派的貝爾法斯特地區。

他說他是寥寥幾個獲准這麼做的人之一，因為「在他們眼中，我不過是一個不切實際、老是把寬恕掛嘴邊的人」。但是裘德絕非不切實際的人，他比誰都堅定捍衛受害者權益，長期不公正令他忿忿不平，卻從來不強迫任何人原諒。但是對他而言寬恕就是救命稻草，在北愛爾蘭尚無獲得解決的龐大政治局勢中，他相信寬恕亦是救命稻草。

他小時候和父母及七名手足在工人階級中長大，主要生活地區是貝爾法斯特南部。他記得童年幸福快樂，直到聯合派的鄰居反覆表示，他的父母將成為派系暴力下手的目標，而這全是因為他們的名字是天主教名。

居住於大學街一三九號的懷特一家，很快就成為仇恨歧視的受害者。他們的住家遭到突襲，在職場上遇到歧視情況，甚至在街頭遭人騷擾和羞辱，更別說本應保護他們的官員也時常對他們口出惡言，辱罵他們的派系。但裘德的母親始終想不透，為何原本親切友善的鄰里街區會變得如此失常，並鼓勵自己的孩子不要仇恨。裘德回憶當初：

一九八三年，我們家第一次遭遇炸彈攻擊，主使者是一名住在我們家一．六公里外、隸屬UVF的年輕男子。他在攻擊我們時不慎炸傷自己，我母親連忙上前安撫他，還要我去屋裡拿枕頭墊在他的頭下方。要是我這輩子曾經親眼目睹受害者，這個受害者就是他。當時他是單獨行動，只有我母親協助他。由於我們救了這男人一命，我內心一部分還以為UVF不會再回來，殊不知他們居然還是回來了，這次甚至確保下手快狠準，不再出亂子。我母親瞥見客廳窗戶的橫檔上置放了一顆炸彈，於是立刻報警，可是就在她開門的那一瞬間，炸彈不幸引爆，當場殺死她和前來調查的年輕警官麥克．道森（Michael Dawson）。警察基本上是我們的敵人，但我母親曾經教我要主動協助需要幫助的人，於是我做的第一件事，就是前往這名年輕警官的家中悼念。這就是我踏上這段旅途的開端。

當時尚無心理諮商，也沒人給予他有關創傷的忠告，最初他只能任由延燒不盡的恨意吞噬。他承認那些年來他是一個很差勁的父親、差勁的丈夫、差勁的講師，因為他的腦中只有報復二字。他可以感覺到憎恨埋怨的心理漸漸吞噬他，直到最後精神崩潰。這時他總算了解，如果他想要拯救家人、工作、自己的理智，就得從內到外澈底改變自我。於是他痛定思痛，下定決心將自己的傷痛記憶編織成全新的寬恕敘述。

他說：「對我來說，寬恕完全無關乎宗教信仰，而是一種務實的決策，也有助於我的感受，讓我活得比較輕鬆，晚上睡得更好。你甚至可以說寬恕就是我對於母親命案的報復，因為寬恕賜予我力量。我不會代替我母親原諒，只能原諒他們殺死我母親後讓我備受折磨的傷痛。我的母親可能不會允許我原諒，但她確實曾經要我幫那名試圖炸毀我們家的UVF凶手拿枕頭。」

可是裘德已經不再寄望和解與和平降臨北愛爾蘭，他說在這個毒害深重、分化隔離的社會，不同身分背景的人被分為不同陣營，而這種情況下，寬恕就成了珍貴稀奇的寶物。裘德一部分把錯怪在跟他一樣的人身上：也就是從來就不是愛爾蘭共和軍的人，從來不行使暴力，卻在新教徒遭到謀殺時袖手旁觀，保持緘默。「因為我只有在自己社群遭到傷害時才起身抗議，所以其實我和犯下暴力罪行的人一樣有罪。」他說。

爆發北愛爾蘭問題後，共有超過三千五百人死去，四萬七千多人受傷，預估三分之一的北愛爾蘭人直接或間接受到這場暴力事件影響。在英國、愛爾蘭共和國、歐洲各地，還有更多人受苦。近代政治史及英國脫歐後續引發的貿易邊境爭議，諸如此類的政治鬥爭皆在顯示，這場苦澀難纏的內戰遺毒尚在，並且相當活躍。

儘管非政府組織、律師、社群領袖使出渾身解數，錯綜複雜的正義議題依舊無解，而大家也漸漸明白，刑事司法制度不會也無法提供解決。粗估有一千七百件尚未解決的謀殺案及幾萬件極端暴力事件，天主教和新教徒受到嚴重傷害，遺毒持續殘害他們一輩子，卻幾乎毫無補償矯正的希望。基於各種問題及預算削減，這類事件的專門歷史調查組（Historical Enquiries Team）於二〇一四年宣布解散，意思是現在幾乎沒人相信警方偵辦調查和審判能為人民伸張正義。

多年來，裘德一直都是發布真相程序（Truth Recovery Process）的社會運動成員，該組織規畫一個為前鬥爭人士設置的條件式赦免制度，鼓勵他們主動站出來，並同意開啟具有意義的受害者與倖存者交流。裘德相信這樣一來就能聚焦在受害人身上，而該制度提供的資訊也可望超越法院開庭審理，要是幸運的話，或許可以找到贖罪補償的方法，甚至達成雙方和解。

他一直以來深信這類制度可以創造良好的環境條件，讓人負起責任，覺得可以暢所欲言，可是後來他卻愈來愈悲觀消極，退出服務八年的受害者與倖存者論壇（Victims and Survivors Forum）。其中一個原因是他認為已無計可施，另一個原因則是局勢仍然飽受政治操控袞德表示：「我知道很多人在生活各層面依舊深受幾十年前發生的事件影響，現在是前進的時候了，也應該原諒了吧。如果死者現在可以對我們說一句話，我相信他們會說『原諒吧』。可是大多數人根本不想原諒，因為他們認為原諒只會讓他們對摯愛的記憶煙消雲散。」[5]

要是發生龐大疏忽的國家級醜聞，卻無人究責，又會是什麼情況？如果政治家一而再再而三規避責任呢？正義之戰會打得火熱高調，而這時要是有人開始提出寬恕的可能，就會轉為閉門低調模式，避開雷達，藏在擔負責任的檯面下運作。

二〇一七年六月，倫敦格蘭菲塔大樓（Grenfell Tower）發生的火災共奪走七十二條人命，疏失和系統故障讓一條條人命殞落。這場意外當然尚未伸張正義，既然如此，寬恕又怎麼可能在這種情況下進場？確實，我唯一聽說的寬恕只來自尋求原諒的人，可是（截至目前）我們卻尚未聽見負責人出面說明火災事件的起因。例如當時某些負責的消防員在格蘭菲塔大樓的門階上留下情緒性訊息，乞求他們救不了的人原諒，除此之外，格蘭菲塔大樓火災事件就像是數不清的疏忽、腐敗、種族歧視釀成的悲劇，任何關於寬恕的探討都流於空洞表面，甚至侮辱人。再說要是出面扛責的人愈是故意拖延，受害人就愈難討回公道，從寬恕走向療傷的可能性也自然愈來愈小。

在格蘭菲塔大火令人鼻酸的四週年採訪中，我聽見一名女性生還者在電視新聞報導中描述，完全沒有任何人或機構出面承擔責任。某些程度來說，這對他們的傷害甚至比大火意外本身還深。這個控訴很嚴重，讓我想起某位丈夫遭到謀殺的女人曾經對我說的話。她說英格蘭刑事司法制度拖延耽誤，百般阻撓、在法庭上輕描淡寫她的傷痛，以上種種傷害甚至比罪行本身殘忍。

人為災難的負責人不願出面承認自己的疏失，往往選擇遮掩事實，並將問題怪在別人頭上，諸如此類的舉動在在彰顯出人性的醜陋面，也說明了儘管許多事件公開偵察，卻始終揭露不了真相，因此無法伸張正義的狀況。

當受害者原諒傷害自己的人，自然有助於舊敵日後相安無事、和平共處，然而寬恕卻無法立法。二〇〇三年，我和南非真相與和解委員會的一位創辦人見面，他告訴我：「我們一度考慮將寬恕擬為公聽會的一個步驟，幸好後來覺醒了。」*盧安達賈卡卡法庭屬於參與性司法制度，傳統用意是尋求法律決議，解決當地社群的紛爭，而大屠殺事件後，賈卡卡法庭對人們敞開懺悔、寬恕和自由的大門，邀請人們參與集體審判程序，公開認罪，並且請求自己傷害的人或其家人饒恕。這類公開原諒宣言的真實性備受質疑，但是不管怎麼說，仍有不少人相信賈卡卡法庭是預防報復性攻擊發生、協助人們再次和平共處的關鍵。

進行寬恕計畫活動時，我認為檢視寬恕的可能性和限制很重要。在正義缺席的情況下，依麗娜·柯拉索夫斯卡亞（Irina Krasovskaya）根本沒有寬恕的美國時間。她的丈夫是批評、反對政府的商人亞納托里·柯拉索夫斯卡亞，而他在

*吉蓮·斯洛沃（Gillian Slovo）在某篇開放民主網（Open Democracy）的文章中描述：「就我看來，公聽會最令人詬病的特色之一，就是要求受害者原諒深深傷害自己的人。我覺得強迫受害者擁抱舊敵的舉動只是一種升級版的政治妥協，哪一次不是要求放棄法律補償權利的受害者，進一步做出最大的犧牲讓步。」

一九九九年於白俄羅斯遭到綁架謀殺。至今柯拉索夫斯卡亞的遺體仍尚未尋獲，儘管處處留下政府參與的痕跡，卻無人為這起命案擔起責任。依麗娜告訴我，她不怪罪扣下扳機的劊子手，因為他們也不過只是依照政府官員的指令做事。她說：

要是不知道傷害自己的人是誰，原諒就容易多了，因為這人始終維持著不具面目的抽象形象。但如果你知道是誰幹的好事，卻始終無人出面說明、扛下責任，那麼寬恕就不可能發生。寬恕的先決條件是正義，我需要看見加害人受到懲罰、監禁、公開定罪，除非正義獲得伸張，否則我不可能原諒，僅有如此我才能夠將加害人拋諸腦後。至於我未來是否原諒，也要看政府是否有誠意道歉懺悔，並且承認他們參與這場犯罪，另外他們也得打造出環境條件，承諾未來不再發生這樣的罪行。

這讓我想起算是原諒加害人的大屠殺生還者伊娃・寇爾。看見痛心疾首的德國補償國家歷史，讓全世界公開檢視（儘管是起初消滅納粹化失敗後的多年），伊娃總算能夠原諒。可是人們口中「歐洲最後一個獨裁統治體系」的白俄羅斯，至今仍是極權統治國家，並有著惡名昭彰的人權紀錄。

唯獨承認、誠心道歉、修復彌補才可望為鐵腕壓迫政權帶來轉型正義。正義則能夠療癒人心，讓人心靈達到平靜。唯有這種時候，寬恕才可能在一個走過戰爭衝突、在康復路上苦苦掙扎的社會發揮效用。集體憐憫就是一種實際的方法，讓人們放下長久以來的舊恨，實現更寬廣的群體療癒。

西非國家獅子山就是其中一個例子。獅子山內戰歹戲拖棚，手段極端殘暴，泯滅人權的行徑處處可見。事後，慈善團體「家庭之聲聲」（Fambul Tok）成立，目的就是帶領分裂的社群重新獲得和諧，並且復興該國認罪、寬恕、修復式正義的集體傳統。因為人民對獅子山的真相與和解委員會失望透頂，於是成立該慈善團體。真相與和解委員會不僅開銷龐大，也難以達成實質的社群和解，於是家庭之聲的使命就是發展出一套寬恕儀式制度，協助獅子山人民重建和平。

寬恕儀式通常是在夜晚村莊的篝火邊舉行，好幾次都成功讓前反叛軍重回原始村莊懷抱。許多反叛軍犯下令人深惡痛絕的罪行後，現在又得搬回他們慘痛傷害的受害者家屬隔壁，因此公民和解成為避免嗜血行徑一再上演的關鍵要素，惻隱之心與和解則是一種撫慰舊傷、培育全新未來的最有效方法。內戰在獅子山國內如火如荼開打時，戰爭及分化就是該國的政治動力，而現在他們鼓勵原諒，因為想要生存，村莊之間就勢必要攜手合作。

布里馬．科克（Brima Koker）是革命聯盟陣線（Revolutionary United Front Army）的成員，並且舉起武器對抗獅子山的政府軍隊。布里馬畢生都住在獅子山東部省分的尼仰德亨區（Nyandehun），卻和許多加入反叛軍的人一樣，變得完全不相信自己的鄰居，甚至毫不遲疑地放火將自己的村莊燒成一片焦土。即使當下他心知肚明此舉會燒毀親哥哥瓦菲自豪的兩棟混凝土房屋，並且失去一切，仍然痛下毒手。戰爭進入尾聲之際，已有五萬名平民百姓遭到屠殺，布里馬則是逃至賴比瑞亞，後來由救助兒童會（Save the Children）遣送回村莊。可想而知瓦菲的憤恨積怨有多深厚，再也不想和這個他痛恨的弟弟有任何瓜葛。[6]

布里馬解釋後續發展：

家庭之聲來調查我們部落的紛爭衝突，推廣寬恕和解，所以我們都前去市集廣場，看看是否能達成和解。我站的地方跟瓦菲有一小段距離，他甚至不肯正眼看我一眼。我偶爾會偷瞄他，看看跟我類似背景的人認罪時他有什麼反應。最後我決定直接走上前請求他原諒。我告訴他所有事件發生的源頭都是戰爭，祈禱他可以打從內心原諒我。還說了我們在戰爭期間做的事情很可惡，而我們不管怎麼說都不該下手，但那都是特殊情境，我們無法掌控自己的行動，也不能控制接下來發生的事情。

或許是寬恕儀式的力量產生作用，抑或布里馬當下當真展現出真誠悔意，瓦菲並沒有說明，但他很明顯地深受這場儀式感動，於是在全體居民面前轉身面對弟弟，馬上保證現在就原諒他。他也知道這一場個人寬恕的小小犧牲，可以帶領整體社群走向療癒，而這就是村落長老最渴盼樂見的發展。長老不認為寬恕如同某些人所說，只是一種威逼脅迫的手段，反而是血腥內戰結束後讓人繼續前進的必要之舉。經過這場誠摯和解後，這對兄弟很快又重建親密的兄弟情，兩人合力為個人經濟和村莊經濟努力貢獻。

布里馬的故事就是一個很好的例子，說明了寬恕是怎麼改變戰後社會的權力平衡。原諒一道傷口常常被視為虛弱表現，但原諒也可能是一種力量，因為寬恕正是加害者重新融入人類社群的關鍵。當然先決條件是遵循維護道德路線，否則寬恕就會再次失去效力。

南非史德蘭波希大學（Stellenbosch University）藝術和社會學院教授普姆拉·戈博多—馬迪基澤拉形容，哥哥瓦菲原諒布里馬的決定其實就是「一種報復，手法高深莫測的報復之舉」。[7]這句話摘自《那晚有人死去》（*A Human Being Died That Night*），而這部石破天驚的著作探究衝突和大規模暴行框架下的寬恕。

在種族隔離制度結束後的十年間，戈博多—馬迪基澤拉講述道德的傑出著作問世，內容主要是一名作家和臭名昭著的尤金·德科克（Eugene de Kock）的對話。德科克擔任國家處決隊指揮官職務，也是種族隔離制度期間人們恨之入骨、聞風喪膽的男人。這本書的副標題是「寬恕故事」，書中提出悔恨的價值和赦罪的限制等問題。在如此極端的情境下是否可能原諒，絕對不是一道簡單的是非題，我們只「知道過去曾發生一場惡夢，而人們未來可能重新找回憐憫的直覺」。

或許種族隔離時期已經恍如隔世，印製成一本本歷史書，但是我從南非搜集到的諸多故事仍顯示還有許多需要原諒的事。仍有不少人與人之間的寬恕故事，許多個人故事講的是修復式正義及受害人與加害人之間的溝通，而這些都是種族隔離制度畫下句點後，人們為了維持長久和平致力推廣的活動。可是我在二〇一四年的會議上，卻聽見戈博多—馬迪基澤拉指出，種族隔離時期雖然已成往事，南非和解還缺少一塊完全揮別種族隔離歷史的重點拼圖，她說這塊拼圖「就是否認過去暴行、不願擔起責任的白人（在此先不談特例）出面承認。

另一個問題則是加害者的階級，部分南非白人會將自己和其他國家的加害者相比，堅稱：『我們沒有他們那麼糟。』或許吧，但這樣一比較下來，他們就更不情願擔起全責，也無法敞開心扉，承認迫害者承受的傷害與沉痛。」

幾年後，我聽見南非補償基金會（Restitution Foundation）的迪恩·史尼曼（Deon Snyman）說了一句意境十分相似的話。他說真相與和解委員會的缺點之一，就是他們只願意著手處理極端暴行事件，譬如尤金·德科克等重點人物的血腥暴力行為，刻意不正面討論人民在種族隔離制度下日復一日蒙受的恥辱，或是更稀鬆常見的暴力行為，這意思是始終無人說出白人旁觀者因為膚色、享盡種族隔離制度特權的故事。他的結論是：「正因如此，南非白人從來不覺得自己是共謀」。

克馬爾．帕瓦尼克（Kemal Pervanić）是聲名狼藉的奧馬爾斯卡（Omarska）集中營倖存者。波士尼亞戰爭初期，波士尼亞的塞爾維亞軍隊以「調查中心」的名義建造該集中營，然而真相卻在一九九二年遭到英國記者活生生揭穿，並且在世界各地引起憤慨及撻伐。克馬爾和一千兩百五十名生還者輾轉送至紅十字會國際委員會的難民營，最後抵達英格蘭，可是即使身處嶄新家園，這段往事卻始終沒放過他。在最陰鬱黑暗的時刻，克馬爾仍會在腦中想像殺害當初折磨自己的人。

二〇〇五年，我第一次和克馬爾在福克斯通（Folkestone）見面，當時他還住在那裡，剛出版著作《殺戮歲月：我走過的波士尼亞戰爭》（*The Killing Days: My Journey Through the Bosnian War*）。克馬爾原本是一名穆斯林，現在卻選擇非宗教的世俗故事框架，刻意與制度性宗教保持距離。

後來他搬到波蘭，和他的伴侶及兒子同住。這段期間我們多次見面，克馬爾常常參加寬恕計畫的演講，尤其是學校的大屠殺紀念日活動。跟不少我多年來合作及觀察過的故事分享人一樣，即使釀成傷痛的事件可能已經改變或稀釋淡化，但是造成這些事件的條件卻不見得已經消失。跟其他人一樣，這種狀況常常讓克馬爾二度受傷，深陷泥沼。我想他應該是為了不被過往的劇烈傷痛拖垮才選擇寬恕，試圖與恐怖的戰爭回憶和解。

二〇〇二年，戰後的那十年間，克馬爾先是回到自己的村莊，試圖稍微了解當時他的老鄰居為何參加種族大清洗行動，甚至順利見到兩名以前的老師。兩名老師當時都在奧馬爾斯卡集中營擔任警衛，負責集中和毆打囚犯，有時甚至為以前的學生執行死刑。

其中一名老師內心似乎悔恨不已，向克馬爾再三保證他根本不想參與塞爾維亞國家任務（Serb National Project），但另一名在集中營擔任審訊官的老師，顯然很喜歡這份工作。即使克馬爾真心想要原諒，那個當下卻無心原諒，因為之前逮捕他的人似乎不能理解個人行動的嚴重性，也不肯展現一絲一毫悔意。

回到英格蘭後，克馬爾的內心不斷天人交戰，努力釐清發生的事情，最終情緒崩潰。回到村莊的經歷非常折磨人，他的老家全毀，村莊僅剩下一片斷垣殘壁、野草漫生，他還正面對質昔日仇敵。但是同時他也開始理解，隨著他總算與過往創傷面對面，他某個心靈角落也跟著轉變，不再背負滿滿仇恨。「我決定不再去恨，可是這並不代表我是好人。」他告訴我：「我之所以決定不要再恨，是因為仇恨他們只代表他們的行動澈底成功，而這只會荼毒蹂躪我的心靈。」

然後某件不可思議的事發生了。某個冷冽的一月早晨，正在沖澡的克馬爾腦中一片空白，莫名發現自己輕輕說出：「我原諒你們。」多年來他肩負著受害人的沉重記憶，於是這一刻的降臨令他如釋重負。「原諒絕對不是我有意識的決定，而是我內心某個部分出現轉變。」他解釋：「也許是因為不久前我父親過世，鼓勵我展開個人的人生修復工作。也有可能是因為我明白死亡任何時候都可能降臨，奪走和解的機會，所以我可以放下並原諒。」

就在種族暴力事件撕裂祖國的近三十載後，克馬爾現在持續往返波士尼亞，押上和解的賭注。他成立英國與波士尼亞慈善機構和平橋梁（Most Mira），現在他個人唯一的使命就是鼓勵不同種族背景的年輕人相互諒解與包容，只是有時這份工作壓垮他的心靈。比起為該和平基金會打造寬恕文化地基，個人的寬恕還是簡單許多。

也是因為如此，克馬爾漸漸理解寬恕並不需要條件，不用他人道歉，也不用他人懺悔，只需要深刻理解暴力事件的根源，以及澈底接納人性的脆弱及不牢靠。他強烈相信，若他繼續坐等波士尼亞暴行的主謀和凶手出面道歉，就只能深陷受害者思維，久久跳脫不出來。他拒絕去除加害者的人性，也相信這麼做非常危險，因為這暗示著唯獨禽獸和惡魔才可能做出這種暴行。他說：「大家形容這些人是禽獸，出現非人的基因突變，但是我不信這套說詞，我相信人類本來就存在殺人的本能。」

鼓勵人們和解讓他身心疲憊。對前南斯拉夫來說，和平單純代表零暴力，舊仇卻仍在地表下醞釀，克馬爾唯一能做的就是接受目前的發展已經比過去進步。他也知道唯獨持續對話，才可能維持和平關係，當雙方都認知彼此共有的傷痛，療癒便會降臨，但要是他們否認或刻意混淆彼此共有的痛苦折磨呢？

大多數身在波士尼亞或離開波士尼亞的人都不喜歡講到和解。我常碰見不願探討這件事的倖存者，也已經司空見慣，但真正讓我錯愕的是滿腔憤怒的外人，猶如一頭瘋狂衝撞的暴怒公牛，振振有詞、不經大腦地貿然討論和解，沿途刺傷每個人。在波士尼亞語中，和解的字面意思可以直譯成「言歸於好」，有的倖存者說他們沒有和別人吵架，因此沒有與人言歸於好的必要。和解是一種釋放痛苦的方式，最初也許令人不適，只不過是在原有的傷口上撒鹽，然而這卻遠比持續否認好太多，因為否認其實就等於站在自認道德高尚的流沙之中。

和解可以很私人，也可能攸關整體社會，或是兩者皆然。我方才描述的這些人顯然還不懂，其實他們個人需要跟往日傷痛和解，因為到了這個過程最後，你就能慢慢接納過去發生的事。和解是一種自我療癒，和解能讓我們成為積極參與的國民，也能為過去經歷的難關賦予意義。

正視寬恕與正義的意思是，你不僅能達成私領域的原諒，也能在公領域爭取正義。奈威・羅倫斯（Neville Lawrence）談及兒子史提芬・勞倫斯（Stephen

Lawrence）的凶殺案時坦承，儘管他的心願是將殺害兒子的凶手全部繩之以法，但為了釋放自己，不再當一個「仇恨重擔」的囚犯，他已經選擇原諒他們。

在美國，在凶殺案中痛失親屬的人可能誓死捍衛死刑，深深相信加害者應該為個人罪行付出代價，一命償一命，卻同時原諒得了對方。不過要是許多人慘遭同一名加害人毒手，或是不完美的正義甚至缺席，選擇為了自身利益而原諒罪人，其他倖存者或痛失親人的人可能會因此感到忿忿不平。伊娃．寇爾就是一個血淋淋的例子，她在公開原諒納粹加害人後，飽受猶太團體的痛斥批評。

我也許贊成查爾斯．格里斯沃爾德教授的說法，那就是真正的寬恕只可能發生在兩個人之間，政治層級的寬恕並不是恰當的修復手段。然而要是稍微模糊界線，我們就會發現另一種看待寬恕的方式，我認為這種觀點也頗具說服力。心理治療師、作家及黎巴嫩的寬恕花園（Garden of Forgiveness）創辦人亞歷珊卓拉．亞瑟利（Alexandra Asseily）運用大篇幅描寫，要是我們不放下往昔怨懟，過去就會不斷侵擾我們。

她談及衝突重蹈覆轍的本質，無論是有無意識，傷痛都會透過她所謂的「祖傳羈絆」代代相傳，由老師傳遞給學生、父母傳承給孩子，並且透過媒體或政治家散播。她相信**唯有**諒解、惻隱之心和寬恕，才可能跨越諸如此類的歷史傷痛故事。史黛西·貝納曼談到這件事時表示，我們要製造機會，為受傷的人「降低未來幾十年在人生路上背負傷痛和悲憤的可能，也避免暴力創傷的遺毒繼續殘害未來世代」。

唯獨寬恕具有改變敘述的能力，讓故事持續發展，翻開嶄新的一頁。當原加害者離世，或是令人心滿意足的正義不再可行，原諒、憐憫、包容或許就是我們唯一可以運用的策略，幫助我們與過去的傷痛和解，避免舊傷和歷史怨恨侵蝕未來世代。

第7章

難以啟齒的愧疚之情

「真正達成和解的唯一方法，就是坦誠接受我們共有的沉痛過往。」

——伊莉莎白・艾克福德（Elizabeth Eckford），小岩城事件的參與人士

一九九三年，琳蒂・弗瑞（Lyndi Fourie）在開普敦的海德堡餐廳嗜血命案中身亡，得年二十三歲。九年後，她的母親琴恩・弗瑞碰巧聽見一場廣播訪談，接受採訪的男子正是當時攻擊命令的主謀，急欲獲得答案的她便前去見他。種族隔離時期，萊特拉帕・姆法勒勒擔任阿扎尼亞人民解放軍軍事作業指揮官，為阿扎尼亞泛非主義者大會（Pan Africanist Congress）的聯隊，當時他正好在開普敦為個人自傳《國土之子》（*Child of This Soil*）宣傳，於是琴恩和萊特拉帕就此開啟

一段長達多年的關係，兩人共同前往世界各個角落，訴說他們的寬恕故事，證明在社會政治框架中，人與人之間的和解是可能的。

雖然琴恩是出於個人的基督教信仰原諒萊特拉帕，但她還是要為修復彼此的人性付出代價。經過多年放逐後，萊特拉帕邀請琴恩前往他於色勒坦（Seleteng）村莊舉行的返鄉典禮。她描述完整過程：「他邀請我到場演說，而我正好利用這個機會向他的族人道歉，為了我的祖先以奴役、殖民、種族隔離等形式，羞辱他們的往事道歉。」語畢，座無虛席的大廳觀眾席間爆出如雷掌聲。典禮結束後一名年輕黑人主動上前搭話，要求與琴恩合照。他說：「我得拍下這張照片，帶回去我親人生活的村落，讓他們看看真的有白人明白我們的痛。」

萊特拉帕倒是相反。面對寬恕，他的姿態向來閃躲，也不願道歉，但這並不代表他不為個人行為造成的後果沉痛悔恨，只因為他相信種族隔離的抗爭是一種正義的手段，因此道歉只會淪為虛軟空洞的舉動。對他來說，更具有意義的做法是透過修復式行動彌補過錯。

他承認琴恩的寬恕完全「修復我的人性」，但也不得不承認接受他人的原諒其實不容易。他解釋原因，獲得原諒後並不是什麼都不必做，該還的債還是等著他還。「我寧可琴恩不原諒我，因為一旦她原諒我，責任的重擔就落在我肩頭。不被原諒倒是輕鬆愜意，因為你什麼都不必證明。可是要是你被原諒了，就得積極修補自己的人性，同時還得回報對方，證明你值得寬恕。」

為了歷史罪過和傷痛指派代表人物道歉時，光是說出懺悔的話恐怕還是不夠，道歉若要有其效力，就得投入心力。受害者在接受道歉時，必須感受得到對方真誠的憂傷或悔意，並承諾罪行不再發生，要是可能的話，彌補必須包括承諾修復式行動和實際賠償。

眾人認為大衛．卡麥隆（David Cameron）在二〇一〇年代替國家為了血腥星期日事件（Bloody Sunday）正式道歉，已經是誠意十足，畢竟他非但沒有閃爍其詞，還讓人感覺這一句「對不起」發自內心。他承認一九七二年一月三十日，英國陸軍嚴重的不公義行動，導致十三名無辜人民死亡，完全沒有藉口。但是這句道歉姍姍來遲，國人非但足足等了三十八年，最後還是派一名屠殺事件發生時年僅五歲的英國首相出面道歉，英國陸軍軍團和指揮官等帶有直接責任的人，則是從來不曾道歉。

這發展或許並不令人訝異。也許就像東尼・布萊爾（Tony Blair）永遠無法為了侵略伊拉克一事道歉，要某人肩擔深具毀滅性的天大錯誤，也是幾乎不可能的事，了解自己奪走這麼多條人命的重量足以壓垮一個人的心理。

我在第2章提到雷・密尼康牧師的故事，他成年後就不斷推廣揭發事實真相，呼籲澳洲當局為了成千上萬名「失竊的一代」原住民和托列斯海峽島民生還者，擔起歷史事件的責任。雷畢生孜孜不倦，不斷要求改朝換代的政府關注當初遷移政策帶給倖存者的遺毒。

為了替族人爭取支持和彌補方式，雷開始向澳洲政府進行遊說。不用多久他就意識到，跟許多試圖支持失竊一代的機構一樣，政治家不知道該從何協助原住民，修復如此慘痛的創傷。他說：「這件事的規模實在太龐大。」

我和族人交談時，都看得出他們待在迫遷機構後留下的創傷經驗。最主要的問題是他們踏出寄養家庭後，無法釐清自己的出生背景與自我身分的聯繫。許多人走上錯路，最後吃了幾年牢飯，幾乎沒人和他們談論這些年承受的折磨。他們仍深深相信政府需要提出適當賠償，以減輕他們的痛苦創傷，但他們最需要的是希望。

我告訴他們，他們是無法掌控自己的過往，可是我要他們現在開始掌控自己的未來。若我可以給予他們一個小小建議、一個充滿希望的願景，他們往往會恍然大悟：「對，我可以做到。我可以掌控，因為現在沒人阻止得了我！」他們也會運用個人創意挺過困境，許多人成為傑出藝術家，有位我初期在新南威爾斯共事的男性甚至寫下個人故事，創作成一本書，而這就是他奪回敘事權的方法。

至少澳洲現在每逢五月二十六日就會舉行國家道歉日（National Sorry Day），藉此提升國人意識、紀念及承認原住民和托雷斯海峽島民的受虐過往。除此之外，二〇〇八年，總理陸克文（Kevin Rudd）代表澳洲國會，向失竊的一代等澳洲原住民同胞正式道歉，而這個道歉也至關重要。國會破天荒地承認數代澳洲原住民飽受國家虐待的事實，而這也是澳洲官方首次向非原住民國人揭露國家的黑暗歷史。

這場道歉即是一大分水嶺，因為自那一刻起，失竊一代所承受的虐待暴行不再只是爭議，而是既定事實，代表原住民遭遇的不公不義不再只是原住民的問題，而是全澳洲人民都得肩負的國家重擔。

只要謹慎檢視個人、公司企業、行政單位的公開道歉，我們便能揭穿虛假的一面，許多假情假意的道歉純粹是潰敗時的策略性自衛，隱約帶著「別再來惹我」的弦外之音，所以我們又該怎麼知道道歉真摯，抑或是一種權力操縱？也許唯獨看見對方採取實際行動，改善道歉對象的人生才算數吧！意思是必須扛下罵名的人要負起責任，問題是雖然對於未來的允諾出發良善，卻因為政府不斷改朝換代，或是接手繁文縟節的僵化程序，無法澈底落實。

在澳洲，陸克文的公開道歉也許是政府充滿希望的大動作，只可惜如今仍看不見當初承諾的療癒和實質賠償，僅流於象徵意義。國家賠償機制多半已經廢除，原住民團體怨聲載道，無法獲得任何輔導。

儘管如此，這件事仍然持續提醒澳洲國人這個國家歷史汙點，如同雷告訴我的，承認二〇〇八年二月十三日國會正式向全國人民提出的官方道歉，能帶給澳洲原住民安慰、希望和尊嚴是一件很重要的事。在看過陸克文於坎培拉國會大廈錄製的道歉影片後，我不得不說的確令人激動萬分。澳洲總理在擁擠的觀眾面前，以及電視台現場直播的巨大螢幕下大批群眾面前，毫無退縮與保留。

影片中，我看見原住民男女肩並肩坐在大會堂，室外草地路邊也有群眾，眾人皆屏氣凝神聆聽總理為了前幾任國會和政府的法律和施政致歉。我看見長老彼此緊握著手，許多人更是激動落淚，彼此擁抱，空氣中飄散著一股難以置信、如釋重負的氣氛。長達二十分鐘的致歉進入尾聲，每個人都自發性地起立鼓掌：不是為了陸克文的精彩演說，而是為了承受國家暴政的原住民同胞鼓掌致意。

演說結束後，眾人紛紛離開大會堂，這時我注意到幾個身穿黑色T恤的原住民女性，衣服上的斗大白色字體印著「謝謝」；各式各樣的原住民旗幟在國會大廈外的天空飄揚，渲染成一片彩色旗海。一名多年來投身和解運動的白人女性形容她的親身經驗，她鏗鏘有力、情緒豐沛地描述當天情況：「演說過程中，空氣安靜到你可以聽見一根針落地的聲響。接著當然大家都紛紛落淚，數不清的人潸然淚下，止不住痛哭，這感覺就好像如釋重負，總算可以喘一大口氣。」

即使陸克文演說中的承諾從未真正實現，他的正式道歉仍是一個和解的經典歷史片刻，強而有力地傳達出重複的力量，經由不斷重複的字句，充分表達想法。陸克文不止說了一次對不起，而是好幾次，儘管結果不符合眾人期許，他的誠心道歉仍值得許多當代領袖借鏡學習。以下摘錄其中一小節：

對於失竊的一代，我想對你們說：在此我要以澳洲總理的身分，向你們說聲對不起。

我謹代表澳洲政府向您們說聲對不起。

我謹代表澳洲國會向您們說聲對不起。

我毫無條件地在此向您們致歉。

身為國會的我們，要在此為了前任國會落實的法律對您們造成的傷害、痛苦、折磨道歉。

我們要為了這些法律造成的輕蔑、侮辱、屈辱道歉。

我們要為了前幾任政府和國會的決策行動，導致人生支離破碎的諸位父親、母親、兄弟姊妹、家庭社群道歉。

二〇一三年，我在北美待了五週，首站就是比鄰美加邊境的溫尼伯，而我也是頭一遭聽說加拿大寄宿學校的黑暗歷史。兩年後的二〇一五年，某國家委員會甚至譴責這段歷史是一場「文化大屠殺」。

加拿大的寄宿學校多半是為天主教會的基督徒分派代表加拿大政府創辦的機構，運作超過一百六十年，最後一間寄宿學校於一九九六年關閉。與澳洲的情況相似，大膽妄為的聯邦政府強迫再教育和轉化原住民青年，融入加拿大社會，並規定原住民不得舉行宗教儀式，灌輸原住民他們的傳統習俗是魔鬼膜拜的思想。許多孩子被迫轉信基督教，禁止使用母語，甚至遭到性侵和身心迫害。和澳洲一樣，加拿大寄宿學校破壞了原住民的生活和社群，亦在不同層面為該族群引發長期性的全面問題，影響滲透世世代代直至今日。

我在加拿大時參觀了曼尼托巴省最大規模的青年寄宿矯正中心，位置就在溫尼伯近郊。我聽說加拿大監獄存在許多臭名昭著的政策遺產，那就是「消滅孩子內在的印第安人」，所以得知曼尼托巴青年中心（Manitoba Youth Centre，簡稱MYC）的原住民比例過高時，我並不驚訝。也因為這一點，我很期待和傳統長老和MYC原住民宗教照護（Aboriginal Spiritual Care）的協調人史坦・拉比耶（Stan LaPierre）交談。身經百戰的他致力協助療癒年輕人，帶領他們與過去和解。他的使命是傳授療癒方法，幫助年輕人打造身分認同的故事，並且透過煙燻淨化（焚燒聖草）的儀式，行使神聖的原住民傳統。

我們坐在擁擠狹窄的辦公室後方交談時，我注意到四面環繞著原住民文化的書籍和傳統製品。拉比耶很明顯是一個非常重要的父親角色或Mishomis（祖父），也是一個精神導師和指導。他指了指我坐著的椅子，說：「幾百名遭到扣押監禁的原住民青年曾經坐在這張椅子上，向我傾吐他們的祕密。我聽過成千上萬個關於性侵的祕密，也在這些年輕人身上目睹太多傷痛，他們坐在那裡展開療傷，因為他們已經準備好告訴我自己的故事。如果他們還希望有力氣面對未來，就需要釋放自己的過往。」

接著拉比耶開始娓娓道來自己的故事。他的父親在他還小時便拋家棄子，因此他是由不懂得養育孩子的母親拉拔長大。他形容自己的母親是羅馬天主教徒，從小就相信一個不屬於自己的信仰。後來拉比耶因為酒後駕車坐牢，出獄後的三十年來滴酒不沾。一九八一年，他乍然聽見內心傳來一陣鼓聲，感覺到靈魂的震顫。他說：「我發現我的內心空虛不已，想要回歸自己的文化。」自那之後，他的人生目標就是協助年輕人，幫他們找到自己的心靈和文化根源。

我參觀MYC的那天遇到一名原住民外展服務人員，他的服務機構專門支援社群中的原住民青年。正如雷．密尼康對我說的：「我漸漸明白，對原住民來說療傷是毫無意義的兩個字，因為我們的傷痛根本不可能癒合。」復原之路遙遙無期，對此這名原住民男子也深信不疑：「憤怒一直沒有消退，就像是無法撲滅的野火。」他告訴我：「因此對原住民來說，最好的做法就是接納，而不是修補，畢竟從來不存在的東西，終究是無法歸還的。我唯一學到的就是承認發生在自己身上的事，並且學以致用。」

二〇二一年，世界各地的媒體熱烈報導加拿大的文化大屠殺，輪到加拿大遭遇全新一波清算。同年六月，薩斯克徹溫草原三省（Prairie Province of

Saskatchewan）的一間墓園挖出七百五十一座無名氏墳墓，而在這之前的幾週，卑詩省（British Columbia）的前寄宿學校才剛發現一座亂葬崗，總共挖出兩百一十五名孩童遺骸。

我聽著加拿大CBC新聞報導這兩件駭人聽聞的發現，薩斯克徹溫瑪麗瓦爾印第安寄宿學校的八十歲倖存者弗蘿倫斯．斯帕維爾（Florence Sparvier）在訪談過程中侃侃而談，她令人心碎的字字句句反映出許多人的共同經歷：「當時要是父母不想讓孩子去寄宿學校，其中一人就得入監服刑。」她說：「所以為了全家人待在一起，我們也去了寄宿學校……他們行使暴力時完全不手下留情……而且我所謂的暴力是貨真價實的暴力，那些修女對我們非常惡劣……不但說我們是異教徒，狠狠譴責我們，還說我們的族人、父母、祖父母沒有宗教靈性……於是我們漸漸學會厭惡自己的背景。」[1]

後來漸漸有類似弗蘿倫斯．斯帕維爾的倖存者站出來，「對不起」這三個字則在加拿大引起激烈反應。新教教會發出國家層級的誠摯道歉，天主教會卻始終悶不吭聲。這件事之所以重要，是因為二〇〇八至二〇一五年間，接受加拿大真相與和解委員會訪問的眾多原住民表示，他們需要先聽見方濟各的一句道歉，才可能踏上艱辛的療癒之路。真相與和解委員會成立就是為了揭露這段歷史，以及長達一個多世紀的強迫性寄宿學校對原住民孩童造成的影響。不幸的是，該委員會為了國家療癒所提出的建議至今依舊沒有實踐。

兩個寄宿學校舊址挖出眾多人骨遺骸的驚悚發現，重新揭開了尚未完全痊癒的國家傷口，許多和平與和解運動人士因而再次大聲疾呼，要非原住民身分的加拿大人正視這段歷史，切勿把整起事件降級為小規模的原住民事件。社會運動人士也呼籲加拿大人千萬別變成後人眼中沒有及時站出來矯正錯誤、最後走不出慚愧情緒的祖先。事實上，加拿大總理杜魯道（Justin Trudeau）也表示，他相信加拿大人應該背負起責任，同時懇請方濟各出面處理歷史虐待及罪行。「我和教宗方濟各正面談過話，向他強調這件事的重要性。他不但需要道歉，還需要站在加拿大國土向加拿大原住民致歉。」

二〇〇八年，加拿大政府至少曾試圖補償寄宿學校的倖存者，當著原住民代表的面提出道歉宣言。演講到一半，加拿大總理史蒂芬・哈伯（Stephen Harper）

以截然不同的角度切入，確實央請原住民同胞的原諒：「加拿大政府在此誠心致歉，請求全國原住民同胞原諒我們過去的嚴重虧待。」

雖然有些人把哈伯的道歉解讀成一種模糊焦點的炒作手法，讓人看不清長期以來的社經不公局勢，但是原住民領袖當下的反應多屬正面，也視哈伯要求原諒的舉動為釋出善意。然而加拿大因紐特團結組織（Inuit Tapiriit Kanatami）主席瑪麗·西門（Mary Simon）卻在哈伯公開道歉的翌日告知參議會：「每個人會依照自己的想法決定是否原諒。身為代表加拿大因紐特族群組織的領袖，我相信力求真實長遠的寬恕才是最重要的。唯獨政府真心誠意採取行動，這一天才可能降臨。」[2] 其他人則指出儘管政府有此意圖，目前尚未啟動為住宿學校倖存者量身定製的寬恕機制，而這不禁讓人思考一個問題：政府向倖存者索討寬恕，是否只是造成他們另一種負擔？抑或由於他們能夠採取保留觀望姿態，所以這個要求實際上是為原住民賦權？[3]

如今有不少原住民提出意見，表示儘管國家道歉的新聞報導高調，多半非原住民身分的加拿大人和澳洲人依舊懵懵懂懂，不太清楚白人殖民和白人後代對原住民造成的傷害有多深遠。即使有誠意，經年累月下來也會變成一種無效之舉，不足以讓他們接受這句道歉，而規格龐大的寬恕目標亦降級為不起眼的小注腳。

雷．密尼康形容「無法癒合的傷口」，以及溫尼伯外展服務青年工作者所說「從來不存在的東西，終究是無法歸還」，指的就是這種狀況。現在情況已經愈來愈清楚，對於飽受重挫、無依無靠的社群而言，療癒成了一種錯綜複雜的概念。要是療癒的概念如此複雜，寬恕又該在什麼時候登場？我認為在這種情況下，唯一有用的寬恕框架就是再次套用德希達的思想，也就是當什麼都無法修補，缺乏和解意願，再怎麼道歉都不夠的時候，寬恕或許就是僅存的長久修復之道。

確實有各式各樣的寬恕活動在加拿大的角落低調進行，史蒂芬．哈伯總理發布道歉宣言後兩年，原住民和非原住民在內的近四千國人群聚於渥太華市政中心，參加國家寬恕高峰會（National Forgiven Summit），第一民族、*梅蒂人（Métis）和因紐特人親臨現場，回應兩年前總理的道歉。

對於某些出席活動的人來說，這場高峰會就是他們五個月來在加拿大境內進行的心靈與實質「自由之旅」高潮，用意是讓加拿大的原住民同胞做好心理準備，以寬恕回應哈伯的致歉。這是一場以信仰為主軸的活動，由基督福音派社群帶頭，領導人則是寄宿學校倖存者坎尼·布萊克史密斯（Kenny Blacksmith）酋長。他在新聞稿中聲明：「（不肯）寬恕與怨念讓我們身陷牢籠，長久以來扣押族人生活與希望的願景。是時候了，讓我們鬆手忘卻這一段悲傷過往吧。」

布萊克史密斯酋長在渥太華高峰會上強調，他們的寬恕不是經濟或政治操作，而是發自心靈深處，每個人皆可自行選擇是否原諒。他大聲朗讀冗長的「寬恕與自由憲章」，宣布原諒加拿大過去的各項罪行。接著二十四名經歷住宿學校時代的長老簽署憲章，然後將憲章交給原住民族關係與北方事務部（Indian and Northern Affairs）部長，哈伯則是以現場連線的方式出席。然後布萊克史密斯酋長做出以下大膽宣言：「加拿大是一個已經痊癒的國家，正因為我們今早簽署的

* 又稱第一國族（First Nations），是加拿大境內民族的通稱，意義上等同於印第安人，也就是現今加拿大的北美洲原住民。

憲章，今日的我們比昨日更好，總理先生，我們原諒你！」4

這份基層百姓提出的計畫並非完全沒引起絲毫批評聲浪，每當寬恕跨入政治領域，這個狀況難免發生。有人說這場高峰會並不具任何政治意義，因為後來並無實質和解。也有不少人表示，主動提供饒恕只是平白放過教會和政府一馬。不可避免的是，有的人仍然從寬恕之舉中受益，並且找到痊癒療傷的方法。對這些人而言，寬恕就是一種救贖，也是他們終於可以中斷傷痛循環、以可能性擁抱未來的唯一方法。譬如二〇一〇年三月開始從薩斯喀徹溫北部的派恩豪斯湖（Pinehouse Lake）出發，踏上寬恕之旅的戴爾・史密斯（Dale Smith），最後也是以這場高峰會畫下句點，而這趟旅行的總行走距離將近三千公里。

童年時期，史密斯的父親酗酒，無法和孩子培養出親密關係，全因為父親自小在寄宿學校遭受性侵和暴力虐待。史密斯的故事說明了個人經驗其實與政治息息相關，所以他踏上「自由之旅」的用意不只是原諒父親，同時也原諒造成世代傷害的政府及所有教會人士。

加拿大和澳洲原住民之中，確實有人為了逆轉個人傷痛，選擇原諒政府和宗教機構大規模的不公與殘忍，可是以整體族群來說，目前尚無空間可以進行寬恕的國家對話，畢竟許多方面至今尚無改革與解決。非裔美國人的情況也很類似，目前也仍然不見種族奴役的轉型正義，更別說是矯正其他種族歧視的不公不義。

在奧克拉荷馬州土爾沙（Tulsa），一九二一年，某個活躍的黑人社區慘遭滅絕，三百名黑人遭到憤怒的白人惡徒殺害身亡，他們足足等了一百年才等到土爾沙市長的道歉。二〇二一年五月三十一日，拜諾姆市長（G. T. Bynum）在臉書貼文中紀念這段屆滿一百週年的歷史事件：「由於一九二一年的土爾沙民選市政官員現在已經不在人世，於是謹由我們代表土爾沙政府，為了當年犯下的錯誤致上最高歉意。我身為土爾沙市長，必須在此為一九二一年疏於保護人民、事後無法彌補種族大屠殺受害者的失職市政府道歉。不管男女老少，所有受害者都值得土爾沙更好的待遇和補償，我很抱歉沒有給予他們應有的對待。」

為了在川普時代結束後重建種族和諧，喬．拜登（Joe Biden）成為第一個參觀該大屠殺遺址的現任美國總統，並且承認國家災難終究需要國家回應。然而批評家卻注意到拜登刻意閃躲，不願正面回應總統是否將提出正式道歉宣言，並指出此舉是要避免受害者家屬跳出來索取補償。儘管如此，對許多人來說拜登的發言仍然具有療傷作用。他說：「發生在這裡的歷史遭到噤聲太久，長期蒙在黑暗鼓裡。各位美國同胞，這不是暴亂，而是一場大屠殺，而且是美國史上最慘痛的屠殺。」他也是第一個承認這是種族屠殺的美國總統。

土爾沙大屠殺事件結束後那幾年，許多官方紀錄不幸遺失摧毀，而這段歷史也沒有編列在學校課程綱要。三名大屠殺倖存者（目前已是百歲人瑞）和屠殺受害者的後代都聽見了拜登的發言。規模有如土爾沙大屠殺的事件從歷史上銷聲匿跡近百年，雖然總統和市長的宣言也許不足以讓人心滿意足，正義亦始終沒有獲得伸張，但至少他們總算承認自己的失職或者道歉，而這就是艾琳．鮑里斯博士所謂療傷的第一步。然而要是不清楚說明是否會給予倖存者補償，那他們仍然沒有跳脫失職的框框，畢竟和解依舊是一場遙不可及的夢，寬恕當然也不可能。

最具影響力的加拿大原住民法學家薇爾．拿破里昂（Val Napoleon）也提到補償最需要的，就是扎實確切的行動。她表示：「如果我們希望加拿大的原住民和解不只是紙上談兵，關於和解的討論就必須包含實質的社會及結構改革，改變權力失衡、土地、資源分配等現況。」邁可・拉普斯利神父常常說，他抵達南非的那天起就不再是「人」，而是變成一個「白人」。對於這場名為種族隔離的人性惡夢而言，他不禁深思寬恕的意義為何。他問：「在南非這種人權飽受迫害的環境下，當白人對黑人說：『請原諒我們對你們幹的壞事，也請原諒我們持續保留你們的財富、土地、權力。』請問這究竟是什麼意思？」

二〇一四年，我有幸聽見普姆拉・戈博多—馬迪基澤拉在自由州大學（Orange Free State University）會議上，向多半為年輕南非黑人的聽眾演講。她告訴我們，多年來在慘無人道的人權侵犯框架下研究寬恕，尤其是納粹罪犯。她詫異發現大多數人都把重點放在寬恕的結果，幾乎無人探究道歉和承認的重要性。

她表示，也許這是因為納粹罪犯多半毫無悔意，有些人走上斷頭台時仍向希特勒行納粹禮。正是因為這一點，目前她的研究焦點不再放在寬恕的力量，反而更著重道歉的力量，她說這是「因為道歉並不需要受害者停止憎惡，所以道德門檻比較低」。

戈博多—馬迪基澤拉堅稱，受害者遭遇罪惡滔天的人權侵犯後，道歉和認錯就是療傷關鍵。她表示這是因為人們受傷後會覺得人性遭到剝奪，這時加害者要是認錯和道歉，就等於認同受害者也是人，因此重新賦予他們人性。她亦強調加害者認知個人罪過和羞愧的重要性，同時感嘆許多被傳喚前往南非真相與和解委員會的人只不過是重述事實，實際上並未承認自己的罪過。

「我認為面對自己的羞恥心時，人往往感覺不舒坦，所以會害怕承認自己的所作所為。」她繼續道：「於是最後選擇逃避，但是除非面對自己的羞恥心，好好道歉，否則你感覺不到、也無法傳達深刻的悔意。認錯之所以關鍵，是因為展現出悔恨、認同你傷害對象所承受的痛苦，就能喚醒同理心。」她以一句強而有力的話下結論：「悔恨有一個矛盾，那就是它能為受害者開啟寬恕的大門。」

聽見她這麼說，我立刻想起獅子山的篝火儀式，當罪犯接受公眾譴責的惡名，勇敢站出來道歉，人們便能夠原諒他們。他們不是在法官或評審團的脅迫下這麼做，而是自願在同儕和受害者面前負責，勇敢面對自己的羞恥心，而受害者出席也不是為了懲罰他們，只是想要療傷。*

為了某件事道歉，意思是尊重受到傷害的人，因此彼此的關係可以重設，回到初始狀態。相反地，目擊某人為了自己的行為感到羞恥或羞愧，就可能釋放受傷感受或重建破碎的信任感。《跳脫復仇心理》（*Beyond Revenge*）作者麥克·麥可洛（Michael McCullough）說：「道歉真的很重要。因為當我為自己做錯的事向你道歉，你會看見我坐立不安、渾身不自在，也會看見我努力向你擔保，今後再也不會以同樣方式傷害你。你會發現我尊重你是一個有感受的人，剎那間滑動開關全開，而你就能在腦海中原諒我。」[5]

---

*在安吉拉·芬德利（Angela Findlay）傑出的著作《祖父的陰影》（*In My Grandfather's Shadow*）中，她指出幾個關於羞恥心的有趣分析。「蘇珊·奈門（Susan Neiman）在《父輩的罪惡》（*Learning from the Germans*）中，特別描述非裔美國律師兼平等正義計畫（Equal Justice Initiative）創辦人布萊恩·史蒂文森（Bryan Stevenson）的行動，是如何拯救幾百名死刑囚犯。他認為美國最欠缺的就是羞恥心，雖然部分奴隸主人的後裔表達後悔或悔意，可是國家整體卻從來不覺得這件事有多不光彩。『沒了羞恥心，你就無法真正矯正錯誤，行事作風不會改變，也無法承擔任何責任。』」

敘事研究和事業協會（Association of Narrative Research and Practice，前身為敘事研究中心）的副會長茉莉．安德魯斯（Molly Andrews）教授，耗時數十載時間，研究道歉和寬恕對於強硬派前東德共產主義國家反對者的影響力。共有四十名曾經參與東德反國家地下活動的男女、一九八九年和平革命的重要人物參加這項縱向研究，以及兩名惡名昭彰的東德祕密警察「史塔西」（Stasi）職員。大多數受訪者多年來都在監視下度日，甚至是史塔西的監視。安德魯斯博士在一九九二年開始這項研究時，適逢史塔西釋出機密檔案以示誠意，作為受害者與加害者的和解象徵。人民則發現誰曾經監視自己、誰又是國家腐敗和暴力的幕後主使者。

東德安全體系的本質相當私密，意思是許多人首次發現自己的朋友、鄰居，甚至親人其實都在暗中通報他們。幾乎所有安德魯斯的受訪者都表示，希望史塔西為他們的行為擔起責任。大多數人都認為，要是無人願意扛下責任，他們就不可能原諒。

安德魯斯博士進行的寬恕研究範圍廣泛，而且非常有意思。最讓我感興趣的就是她雖然從未檢視寬恕，可是打從一開始，有關寬恕的問題就滲透許多場對話，尤其時機點正好巧撞史塔西檔案揭密，而接受一九九一年初期訪談的受訪者反應令她非常驚訝。

當時她和曾經參與女性和平運動（Women for Peace）的政治運動人士凱雅・哈費曼（Katja Havemann）交談，而凱雅也是東德反抗運動中人人皆知的勞勃・哈費曼（Robert Havemann）妻子。安德魯斯博士解釋：「在勞勃・哈費曼人生的最後兩年，他們在柏林外遭到軟禁，於是我問她（如今回想，這問題實在太天真），妳是否願意原諒史塔西的所作所為？她回答我不是這樣，事實上情況並非我們所想的那樣。『應該是說，他們無法為他們曾經對我們做的壞事原諒我們……因為我們活脫脫就是讓他們深感罪惡的行走良知。畢竟我們經歷這一切，至今還活著，也依舊是目擊證人……是我們天真，太快就原諒他們。我們本來還期望他們能馬上脫口而出：這件事完全是我們的錯。』我大感意外，吃驚到說不出話。這真的是人生難得的一刻，也就是你聽見的是與個人預期完全相反的話，於是我接下來幾年都在思考和研究這個問題。」[6]

安德魯斯博士發現，受害者往往急著原諒，問題是十個站出來的史塔西之中，就有九個不肯道歉，反為自己參與史塔西找了各種藉口，合理化自己的行為，最後不過是在受害者的傷口上撒鹽。畢竟之前反對政府的人都認為，認錯和道歉就是他們原諒的前提。

安德魯斯博士利用唐納德．史瑞佛（Donald Shriver）在《敵對的道德：政治中的寬恕》（*An Ethic For Enemies: Forgiveness in Politics*）提出的寬恕程序模型，著手進行研究。史瑞佛提出四項達成寬恕協議的必備條件，分別是：雙方必須同意有人犯錯、寬恕時必須克制自己的報復欲望、必須對敵對一方的人性展現同理心（不是同情心）、寬恕的目標應該是更新人與人之間的關係（更新指的是融合記憶，而不是單純遺忘）。

這個模型讓我們看得一清二楚，可以明白為何東德的前反政府人士不可能饒恕。雖然前任史塔西探員確實認罪，卻毫無悔意，許多受害人無法接受正義無法伸張的情勢，最後得出的結論是，加害人只是想要換取赦罪才坦承罪行。

若想在戰爭落幕後的政治局勢中與自己造成的傷害和解，悔意和認罪多半可說是至關重要的要素，卻不是絕對必要。安德魯斯博士為了個人研究進行好幾場精彩訪談，飽受東德不公對待的露絲・密瑟維茲（Ruth Misselwitz）牧師的故事就是其中一例。密瑟維茲在看過她個人的史塔西檔案後，決定邀請「負責」她的史塔西探員來家中作客。跟許多之前參與史上最專制成功的祕密監視服務探員一樣，這名探員也承認他的所作所為，卻始終不肯道歉。面對一個公然毫無悔意的人，密瑟維茲和安德魯斯博士分享她個人的回應：「對我來說，這個經驗已經解放了我，因為我總算看到一張面孔。我不需要他的道歉，光是他來我家裡就已經夠了，對他來說這已是非常艱難的一步。」

她得知這名前任探員晚景淒涼，身邊沒有親朋好友，她的人生相較之下則是多姿多采，意義非凡。顯然露絲・密瑟維茲不需要之前折磨她的人說對不起，仍舊可以繼續過自己的人生。可是安德魯斯博士鍥而不捨地問她，她是否已經原諒這段過往、達成和解？這名牧師卻避而不答，只是隨口打發，說這幾個字實在「太沉重」，但同時又馬上堅持表示，她絕對沒有任何報復的念頭。

我們應該明白並不是所有道歉都需要言語，這一點很重要。一九七〇年，西德總理勃蘭特（Willy Brandt）透過某趟國家參訪來到華沙，參加一九四三年華沙起義的猶太受害者紀念活動。當天勃蘭特情緒激動不已，甚至在紀念碑前雙膝跪地，而他無言的道歉被視為深深懺悔的舉動。事後勃蘭特解釋：「我只是做了言語無法表達時人們都會做的事。」

要求受害人在對方不懺悔、不願扛下責任的情況下寬恕，再不然就是逼他們接受意興闌珊、抑或以自身利益為出發的道歉，恐怕只會持續鼓勵不公不義的情況重演。也許公開道歉的難處就在於「公開」兩個字，然而說出對不起和「真正表達」對不起，又是兩碼子事。許多公開道歉只是為了避免名譽掃地、閃避內疚心理、賭上可能獲得赦罪的可能性，而這種道歉就是責難文化的一部分，讓人很難真心坦承自己犯錯，最後不過是鼓勵貪腐和粉飾太平。

誠摯的公開道歉屈指可數，必須融合責任、敏感、無私、自覺，事後的修復更要有實際作為。私下道歉也一樣。有位朋友最近和我分享一件她無法原諒的事時，說：「我要的是擔起責任，不是道歉。我這輩子已聽過太多次『對不起』，除非是被逼到無地自容才道歉，否則這三個字實在太空洞，我真正想要看見的是實際行動。」

由於道歉常常代表認罪或承認制度腐敗，也怪不得政府及大型機構領袖鮮少採用這種可能引起公眾羞辱、之後還需要採取修復式行動的道歉。有的人會問，道歉是否常常用錯地方，譬如波里斯・強森（Boris Johnson）帶領的英國政府因為新冠病毒危機處理不當，而慘遭嚴厲批評。與此同時，英格蘭足球員在二〇二〇年歐洲國家盃錯失點球後沒多久，《衛報》專欄作家馬麗娜・海德（Marina Hyde）寫道：「現代政治文化存在一種對立兩極的情況。普遍社會大眾認為，尚未成年的足球員有必要為了錯失一顆點球，向全國寫一封道歉信。可是當政府不肯承認大規模的致命疏失，遑論是道歉，社會大眾卻不覺得政府有什麼不對，以某層面來說這難道不荒謬嗎？」[7]

你只需要看看英國的國民保健署[8]（NHS）或其他國家的健保制度，就不難看出有多少醫療人員不肯為自己的失誤道歉。法律團隊建議他們不為醫療疏失扛下責任（因為害怕得吐出龐大的賠償金），而這就是一個制度體系無法展現悔意的案例。要是不道歉，就幾乎沒有寬恕的機會，要求對方原諒則恐怕造成更多傷害，再說醫療人員也得先接受自己有責任，才可能原諒自己。

在英國，就算病患獲得不良的醫療照護，或是遇到醫療程序傷害，儘管是醫療疏失的狀況，也很少有人採取法律途徑。但仍然有人會這麼做，畢竟這是唯一讓事件正式落幕的方法。

認罪當然有其風險，擔責之路往往歹戲拖棚，參與其中的所有人傷痕累累、精疲力竭，也難怪許多受到傷害的人在事件結束多年後仍是講到就有氣。因為醫療疏忽而失去孩子的母親喬安・休斯（Joanne Hughes）說：「這種情況其實是對事不對人，如果醫療人員肯說聲對不起，告訴我他們已經從中學到教訓，我們就能慢慢療傷。」我敢拍胸脯說，只要醫療人員願意討論醫療傷害，全民使用的健康保險制度就會安全許多。在責難文化中，不檢舉控訴地單純說出真相，就是終極的一大步。[9]

真心誠意的一句「對不起」具有強大威力，因為某個受到傷害的人可能就能放下創傷，一筆勾消。安迪・史密斯（Andy Smith）和他的弟弟麥特（Matt Smith）在一九九〇至一九九八年期間在照護單位飽受虐待，多年來試圖要求政府機關擔責，但政府卻對兩兄弟的要求充耳不聞。直到二〇二一年十月，安迪在個人推特帳號上貼文宣布：「這個週末，當初將我們送去凌虐照護者那邊的社工人員，主動聯繫我們並表達歉意，還告訴我們這個決定讓她『寢食難安』。這個大姐是唯一向我們道歉的人，我們之後會和她見面，到時要給她一個大大的擁抱。寬恕就是關鍵。」在這個案例中，光是一個人代替當地機關單位道歉，就能啟動兩名受害人的療癒過程。這絕對不是讓政府機關卸責的藉口，卻足以顯示道歉的本質其實非常私密。

我們常聽說無法伸張正義的災難受害者會蒙受痛苦，史提夫・麥昆於二〇二一年製作的紀錄片《起義》就是探討種族歧視造成無法伸張正義的情況。故事焦點是一九八一年十三名於新十字大樓火災喪生的年輕黑人，年輕丈夫死於惡火的珊卓・魯道克（Sandra Ruddock）目前已是中年婦女，她在這部紀錄片中堅稱：「我從頭到尾想要的只是了解大火起因、事發過程、肇事者是誰，以及某人勇敢站出來，對我們說一句對不起。」

也許道歉和原諒的請求是否成功，端視遭到拒絕的可能性而定。二〇二一年九月，某位護理員在曼徹斯特體育場爆炸案之後身亡，可是事件發生當晚負責本案的資深救護技術員出面道歉時，受害者家屬卻拒絕接受對方道歉。他們把錯怪在救護車浪費寶貴時間，沒有及時將二十八歲的約翰．亞特金森（John Atkinson）送往醫院救他一命。他們表示：「我們無法接受他們的道歉。事實勝於雄辯，我們等著看他們要採取什麼樣的行動，以確保類似情況不再發生。」

大多數人在某個人生時間階段都曾獲得他人的致歉，表面輕微擦傷或較深傷口的不適也因此減緩。無論是否要求原諒，得到誠摯道歉的人往往都能原諒。然而接受道歉也可能是有條件的，對方可能會說：「好，我接受，但你必須改變。」改變必須從內而外，因為如果只是不斷道歉，卻什麼都不改變（有點類似你持續原諒，情況卻毫無改變），那麼原諒可能沒有作用，最後只會構成更大傷害。有些人無論如何就是無法接受道歉，而這種情況下你唯一能做的，就是承認一段關係已經無法修復，然後繼續過日子。

當我十六歲的女兒想要更深入了解她的猶太背景，我才首次了解猶太節慶贖罪日（Yom Kippur）強調的寬恕意義。無論你是對某人身體、財務、情感或社會層面造成傷害，猶太教都會要求你懺悔，請你曾經傷害的對象原諒自己。另外猶太律法也明確說明，我們必須先真摯彌補修復，對方才能真正原諒，而同意原諒的那方態度也應該落落大方。

猶太律法指出，你提出的道歉最多不應該超過三次。要是過了三次，對方仍然不肯原諒，除了某些特例，否則你已經盡力。這讓人鬆了一口氣，因為要是事情最終無法解決，部分責任也會落在拒絕接受道歉的人肩頭。我之所以喜歡這種方法，是因為這顯現寬恕的互動能量，寬恕可以減緩加害者的羞愧心態，讓故事繼續發展下去。

要是因為找不到自己傷害的人，或是對方已經不在人世，而不可能向對方要求寬恕，那麼加害者就會持續背負悔恨的重擔。喬納森．威騰柏格拉比（Jonathan Wittenberg）相信，希伯來語的「mechilah」和猶太教的寬恕概念同樣重要。「mechilah」這個字的意思是「放下」。威騰柏格堅定地表示：「換句話說，這意思是你不會忘記。傷痛還在，但你不會再對傷害自己的人懷恨在心，而是試著讓兩人都好好過日子。」

我和一個鄰居關係要好，可是他的行為舉止有時卻讓我摸不著頭腦。後來我察覺這位性格纖細敏感、關懷熱心的四十五歲先生其實不擅長道歉。也因此某次他妹妹告訴我，他自幼就從來不為自己做錯的事道歉，而且大家都知道他的個性就是這樣時，我一點也不詫異。我不禁納悶，他是否無法面對自己在傷害他人或做錯事後，內心浮現的赤裸尷尬感受。接著我又回想他的行為，發現即使他從不說對不起，但他其實早就已經這麼做了，都是透過各種小小的善意舉動、慷慨大方的好意展現出歉意。

這和北愛的民主統一黨（Democratic Unionist Party，簡稱ＤＵＰ）創辦人、現今已歿的伊恩．佩斯里（Ian Paisley）牧師，幾年前接受ＢＢＣ第四廣播電台訪談時說的話如出一轍。有人問佩斯里是否願意在北愛爾蘭議會上坐在他這輩子的死對頭身旁，也就是從來不曾為了ＩＲＡ的恐怖暴行展現悔意的ＩＲＡ前任領袖馬丁．麥吉尼斯（Martin McGuinness）。對此佩斯里的回答既簡單又堅定。他告訴ＢＢＣ記者：「你現在的人生才應該是你悔改與否的度量衡。」

憑空想像的道歉有時也能逆轉故事，嶄新開始，找到結局。就算罪魁禍首不願、不能或無法彌補，痛苦的人也能從中獲得解決之道。《道歉》（*The Apology*）是現名V的伊芙．恩斯勒（Eve Ensler）創作作品，*這部美麗勇敢的故事亦是想像加害者俯首認罪的案例。V沒有寬恕的時間，她認為寬恕是一種規避責任的行為，但是她的作品卻是一首歌頌道歉力量鬆綁痛苦的讚美詩。

她以第三人稱完成這部敏銳犀利的散文，字字控訴父親多年來對她施行肢體及情感的驚悚暴行，包括在她五歲那年強暴她的往事。父親已經離世三十一年，但V發現自己一輩子都是他的受害者，於是規畫出一張道歉的藍圖，試圖跳脫這個敘事框架。

在這本書的開頭，她以父親之聲對女兒下了一個重大承諾：「我會盡自己所能，不去合理化自己的行為，也不找藉口，而是盡可能為自己的行為和意圖負起責任。我之所以侃侃而談，不是為了希望他人理解或原諒，而是發自內心地坦

* 伊芙．恩斯勒在完成《道歉》後改名為V，彷彿總算解放最後一點深受父親影響的自我。

承……這一刻，我不會自圓其說，也會毫無保留地清算往事。我自問道歉的真諦是什麼，道歉令人謙卑，道歉就是承認自己的過錯，道歉就是揮舞白旗投降，道歉是一種親密與連結的行動，需要先有完整的自知之明及個人觀點。」

《道歉》帶領讀者進入V的內心深處，並為她畢生最痛恨的父親賦予生命，既是一種心靈洗滌，也是一種驅魔儀式。她形容這個想像出來的認罪是「來自另一個世界的書信」，意在「賦予父親意志和語言，跨過陰陽邊界道歉，好讓我總算可以自由」。某刻，的父親脫口而出：「伊芙，謝謝妳召喚我，給我清算這些可怕惡行的機會。」

有意思的是《道歉》並不是V的故事，而是她父親的故事。然而透過V的筆觸並以道歉形式寫下他的故事，不僅平撫了她的傷痛，也確保他的故事成為她康復過程的一部分。沉默牢籠一旦破裂，可怕過往也跟著傾巢而出，認罪和真相一層層剝開。這過程讓人想起吉蓮·斯洛沃對於真相與和解委員的說法，也就是受害者將事件公諸於世的重要性。

斯洛沃鏗鏘有力、大肆批評真相與和解委員會，儘管如此，她仍不得不承認要是有機會在大庭廣眾揭露個人經歷，有些參加真相與和解委員會的受害者確實能藉此了結傷痛。她寫道：「受害者公聽會上，這些人娓娓道出事件的來龍去脈，過程中迴盪著各種疼痛和傷害的悲嘆。他們參加公聽會不是為了動員，而是希望眾人聽見自己的聲音，將個人故事公諸於世。」[10]

因此V進入偵探靈媒的角色，把道歉當作失憶的解藥。她研究調查父親的人生故事時，發現雖然他小時候被父母寵壞，卻沒有享受到父愛與母愛的溫情，意思是他沒有宣洩脆弱情感的出口。在調查過程中，她漸漸挖掘出對於父親的理解和同情，而這是她前所未有的感受。

二〇一九年，單人脫口秀演員馬克．馬隆（Marc Maron）在每週更新的播客節目《WTF》[11]中專訪V，V在節目中則解釋，她明白了為何父親會對她做出如此惡毒的事，這其實與父親面對她降臨世界的反應有關。「我出生前父親已經扼殺自己的心靈，卻在我出生時重新找回自己的心。他對我感覺到一股濃烈父愛，卻不知應該如何面對這種情感，於是最後扭曲變成性侵行為，因為他必須占有、擁有、奪取、得到這種愛。他承受不了自己的父愛。」

這本書就是一個讓性暴力罪犯嚇得瑟瑟發抖的清算典範。V將父親置放在顯微鏡下，讓我們看清令人難以直視的事實，那就是犯罪的人幾乎不會為自己一手造成的傷害道歉。她在節目上堅稱：「如果男人不為自己的行為負責任，女人就不會痊癒，所以他們勢必要道歉。」*

反思自己的作者角色時，她描述當初是如何策畫父親的道歉。「我需要知道道歉的架構是什麼模樣，於是思考設計出一個框架：**我需要哪些要素才會覺得自由？然後我心想，我需要父親表現出脆弱、謙遜，我需要他與我平起平坐，不高高凌駕在我之上……**透過道歉，你就不得不重新回憶、重新連結、重新與你過去的作為扯上關係。道歉攸關責任，由於你（我的父親）能感覺到你對我做出那些事時我的種種感受，於是你可以敞開心房，讓同理心和憐憫進駐，最後也能感受到我的傷痛。」

在故事尾聲，V表達出如釋重負的感受，這個受害者再也不把父親當作禽獸，終於獲得自由。由於她能夠改變個人感受，父親再也無法阻擋她的去路。

* V的這段話讓我想起傑克·凱魯亞克（Jack Kerouac）小說《在路上》（*On the Road*）發人深省的一句話：
「我的阿姨曾說，除非男人跪在女人腳邊乞求她們原諒，否則和平就不會降臨這個世界。」

第8章——

擊潰仇恨

「我只擔心我們創造出一個對『慈悲』和『贖罪』等老派用詞不感興趣的世界。」[1]

——戴維・巴蒂爾（David Baddiel），喜劇演員、劇作家

「我的工作內容絕大多數就是讓人至少願意嘗試聆聽彼此……讓兩個站在天秤兩端的人找到心平氣和的中間點。」比約恩・伊勒（Bjørn Ihler）說出這句話時，我們正坐在倫敦某家知名咖啡連鎖店喝咖啡。這時，我不禁心想：寬恕會不會太早進場？畢竟距離差點奪走比約恩性命的挪威烏托亞島（Utøya）恐怖攻擊事件，也才剛結束一年。

比約恩是一名恐攻倖存者、社會運動人士，也是對抗及預防人們遭到洗腦、變成暴力極端主義者的知名專家。他也比多數人都清楚強硬右派思想有多危險，

可能激化演變成恐怖事件。

二〇一一年七月二十二日，年僅二十歲的比約恩在烏托亞島與安德斯・貝林・布雷維克（Anders Behring Breivik）正面對質，當時布雷維克亮出他的半自動步槍，瞄准比約恩開火，怎料不慎錯過目標，正好給比約恩逃生的機會。那天，挪威史上最可怕的大規模槍擊殺人凶手，射殺小島上六十九人身亡、一百一十人受傷。大半死者和比約恩一樣只是學生，當天在小島參加挪威執政黨工黨的青年分部青年團（AUF）夏令營。那天稍早，布雷維克才剛在奧斯陸的政府大樓進行炸彈攻擊，導致八人身亡、二百〇九人受傷。布雷維克害怕歐洲很快就會被標上多元文化主義和女性主義標籤，而這種偏執妄想為他的殺機和社會運動鬥士的幻想火上加油，他覺得自己道德正確，最終進行大屠殺。

比約恩一五一十地描述那天小島上的恐怖細節時，我才發現恐怖攻擊剛滿一週年。現在比約恩已經回到利物浦藝術表演學院（Liverpool Institute for Performing Arts），繼續他的戲劇研究學程，至於布雷維克則在長達兩個月的法庭訴訟結束後，獲判挪威最高刑期的二十一年有期徒刑。

在我們長達三個鐘頭的交談中，我一再向比約恩轉述另一位寬恕計畫故事分享人卡雷・亞貝里（Khaled al-Berry）的話。我和卡雷二〇〇五年初相識時，他是BBC世界服務（BBC World Service）記者，可是在那之前，他卻曾是埃及激進伊斯蘭組織（Al-Gama'a al-Islamiyya）運動的成員。卡雷回憶當初夢想有天可以為組織殉難犧牲的意識形態時告訴我，他還在伊斯蘭組織的時候相信，想要得知真相，方法只有一種，那就是透過神，而這就是最萬無一失的方法。

但現在他卻明白這種思維的危險，漸漸相信「人生中最危險的就是引導他人相信，真相只有一種面向」。*對我而言這句話非常強而有力，不僅可以套用在極端主義運動上，甚至能運用在今昔任何推廣宣傳個人做法是最好或唯一的團體或宗教組織。正如羅賓・薛荷所說，堅持自己是正確的那一方，就等於把他人自動歸類為錯誤的一方。

對比約恩而言，卡雷這番話的邏輯足以說明，為何他覺得有必要對抗全球激進運動，並且和年輕人合作，支持他們挑戰當地社群的暴力極端主義。早在烏托瓦島發生大屠殺前，他就曾和高中生聯手說故事，因此深知分享故事就是一種強大手段，可以在不同社群和意識形態之間建立橋梁。他也知道訴說故事是一種個人需求，可以克服他曾經親眼目睹的創傷。因為這個原因，他洋洋灑灑寫下個人經歷，每一段回憶都清清楚楚躍上紙張。

公開分享自己的故事就是比約恩療癒歷程的一大重點。「這起恐怖攻擊事件發生後一週，我便接受了第一場訪談。」他表示：「以不同層面來說，盡可能對外分享就是一種分散重擔的方法，變成不只是我一人背負。聽起來可能很自私，但這也是分擔責任的方法，因為身為歐洲白人男性的布雷維克是我們共同社會的一分子，而他的意識形態就是建立在現代西方社會盛行的價值觀。」

自二〇一二年起，我和比約恩前後合作過幾次，每次他都傳授我不同觀念。二〇一九年夏天，我們談到近期紐西蘭基督城發生的屠殺案，一名槍手衝進兩間

*之前是極端聖戰士的曼瓦．阿里也在埃克塞特（Exeter）舉行的 TEDx 演說上，說出一句撼動人心的說法：「我不斷要求大家接受真相，卻忘了給予懷疑一個正當空間。」

清真寺，當場射殺五十一人死亡，最後在前往第三間清真寺的路上遭到逮捕。他還現場直播殺戮畫面，在線上公開個人宣言，而他心目中的英雄就包括安德斯·布雷維克。

基督城血洗屠殺案是一樁恐怖主義事件，後續也意想不到地牽扯出與我關係密切的憂心轉折。聽聞這場攻擊事件後沒多久，我的堂親傳來一張槍手使用的軍火圖片，上面潦草寫著多名曾經對抗奧圖曼帝國的歐洲歷史領導人，還有布雷維克等其他鼓舞殺機的人名。

只見軍火上大剌剌寫著「瑟班·坎塔庫茲諾」（Şerban Cantacuzino）。瑟班·坎塔庫茲諾是十七世紀的瓦拉幾亞公國（Wallachia）王子，也正好是我的祖先，他曾經策畫前進君士坦丁堡（Constantinople），將奧圖曼人逐出歐洲，除此之外，這也是我前一年剛過世的父親名字。

現在一回想，當初我的反應實在有點神經質，因為我本來預期會在社群媒體上遭到無情的仇恨攻擊，尤其是我還是名為寬恕計畫的慈善機構創辦人。但事實上卻什麼事都沒發生，彷彿根本沒人察覺這個極端分子指涉的歷史象徵和影響力，或許是因為大家都很清楚暴力極端分子常常為了符合自我敘述，加油添醋、扭曲歷史人物。

但是正因為發生這件事，我和比約恩聊起在媒體上對恐怖分子指名道姓的道德。我告訴他，之前我在臉書張貼過一篇有關基督城大屠殺的文章，結果慘遭批評，有網友指出我不該在文中提及極右翼攻擊者的姓名，甚至指控我給予恐怖主義者呼吸的氧氣，公開滿足他們的心願。所以我想知道比約恩是否贊同這個觀點。

「成名不見得是恐怖分子最想追求的東西。」他說：「當然名氣也是一部分，不過他們最終還是想要盡可能散播意識形態，所以我覺得探討他們的身分背景才是重點。他們的社群背景和我很接近，因此我認為若真要誠實面對事實，我們反而應該公開說出他們的姓名。」

為了證實這個觀點，比約恩特別引述J．K．羅琳（J. K. Rowling）的《哈利波特》當作範例，他解釋：

雖然是南轅北轍的神話故事，可是哈利．波特是唯一敢大聲說出佛地魔名字的人。我倒是覺得學著大聲說出來還滿重要的。由於大家都害怕正面對上貨真價實的邪惡，沒人敢說出佛地魔的名字，只有哈利勇敢說出口，所以佛地魔對哈利的掌控力道相對削弱。

這一招在我的人生路上也派上用場，因為我要在法庭中面對布雷維克，並且正面與他對話。我覺得我得連名帶姓稱呼他，否則就會開始賦予他神話一般的存在……要是從來不指名道姓，他就變成一個禽獸，而不再是一個人，因此人們可以合理忽視他……於是挪威人試圖去除布雷維克的人性，審判之前甚至出現輿論壓力，大家都只將他歸類為瘋子，認為烏托亞島事件只是一個瘋子犯下的案子，這起事件幾乎變成一場自然天災。我發現人們想方設法去除他的人性，其實是一件很可怕的事，因為這代表我們正中下懷。

二〇〇六年一篇張貼在《南非時報雜誌》[2]（*South African Times*）的文章中，記者卡羅琳．孟洛（Caroline Munro）專訪作家兼心理學家普姆拉．戈博多—馬迪基澤拉，並聊到她和尤金．德科克的重要訪談。德科克是種族隔離時期人人喊打的男人，甚至獲得「大惡人」的綽號。孟洛問她是怎麼把德科克當作普通人、平等對待，她是否認為「大惡人」和「禽獸」等字眼不過是人們恐懼的產物。戈博多—馬迪基澤拉回答，無庸置疑「他們確實剝除他的人性，藉由將他視為禽獸，合理化他們對他的仇恨。畢竟要是他還算得上是人類，那他的罪行就多少反過來指向自己。所以奪去他的人性，我們就能心安理得將他踢出社會」。

因此我自然想知道比約恩是怎麼看待原諒安德斯・布雷維克這件事。布雷維克在恐怖攻擊時毫不手軟，事後也沒有一絲一毫悔意。比約恩承認，對他來說寬恕是一種極其複雜的概念，接著又解釋：

我主要選擇把寬恕放在和解的框架，清算過往事件，然後釐清下一步應該怎麼走。後來這就成了我踏上的道路。這起驚心動魄的事件確實發生，而且也確實將改變我的一生，可是它現在是我人生的一部分，我必須學習接納，意思是我不會讓悲劇帶我走上毀滅之路。

在挪威，寬恕的概念與和解環環相扣，可是人們往往會說「我接受你的所作所為，我原諒你」，然後把這當作寬恕。我的寬恕並不是接受布雷維克的所作所為，比較像是我與這整起事件，以及我個人參與的歷程和解。所以對我而言，寬恕就是選擇不讓這件事成為毀滅自己的動力。我拒絕繼續背負那天親眼目睹的仇恨和暴力活下去。

我們生活在一個危險世代。去人性化政策和藐視基本民主規範，就是世界許多政府和反對黨的核心思想。當領導人以恐懼憤怒的敘事分化人心，世界各地的種族歧視者、伊斯蘭恐懼症者、排猶主義者都覺得自己的正義受到證實，並且摩拳擦掌準備出動。基於這個理由，改變當代盛行的仇恨敘述，換成寬容接納的敘述，恐怕就是必要適當的做法。

二〇二〇年美國大選前，BBC記者詹姆斯・諾提（James Naughtie）指出，美國現任總統川普濫用個人職權，四處散播分歧的種子，彷彿他「喜歡把分化當作一種政治引擎」。而打造出「我們抗衡他們」的分化氛圍，讓今日政治蒙上危險陰影。不幸的是，不斷激增的對立分化和仇外聲音，似乎向來比散播同理心與包容的聲音大膽喧譁。也許這是因為相較於細膩婉轉、本來偏向溫柔的修復式論述，煽動義憤的論述語言偏向非黑即白，聽起來也更顯振振有詞。

文字語言本身深具力量，貶低謾罵某個團體向來是領導人和軍隊善用的去人性化戰略，目的就是讓對方棄械投降。然而公眾人物輕而易舉開口飆罵，輕蔑藐視歸類為「他者」或「外國人」的外來人士，現在就和出言侮辱坐在你對面的公車乘客一樣司空見慣，而諸如此類的言論當然也在社群媒體上猶如疾病一般瘋狂散播。

二〇二〇年五月，在新冠肺炎流行疾病肆虐，許多國家仍然處於封鎖階段的背景下，聯合國祕書長安東尼歐・古特瑞斯（António Guterres）做出一個重要的公開宣言。他宣稱「流行疾病持續掀起仇恨和排外情緒、危言聳聽、尋找代罪羔羊的海嘯」，他懇請各國政府迅速採取行動，「強化人類社會抵禦仇恨病毒的免疫系統」，字字句句都是黑暗時期中的高聲疾呼。

不到一年，世界各地已經傳出仇恨犯罪率節節攀升的消息，恣意對中國人和東南亞人發洩流行疾病的仇恨，而與此相關的種族歧視案例數字更是達到新高。由於川普總統發出煽動性言論，貶抑新冠肺炎為「中國病毒」，所以很多人相信，真要怪就應該怪他。根據英國警方資料顯示，中國人、東亞人、東南亞人遭遇的仇恨犯罪激增三〇〇%。[3]

場景切換至紐西蘭，紐西蘭人權委員會（New Zealand Human Rights Commission）的調查發現，自從流行疾病開始，五十四%的中國受訪者表示自己曾經遭到歧視。[4] 澳洲的情況也大同小異，亞澳聯盟（Asian Australian Alliance）在短短三個月內，接獲三百七十七件新冠肺炎引發的種族歧視案例。[5]

在封城的情況下，許多國家的境內暴力也跟著激增。英國慈善機構「避難所」（Refuge）的國家熱線撥打率上揚六十一%。[6] 與此同時，美國聯邦調查局亦通報，少數種族族群和社會邊緣化團體遭遇的仇恨犯罪創下十二年來新高，顯示六十二%的受害者因為自己的民族、種族背景或祖先身分，不幸淪為攻擊目標，而且絕大多數都是黑人和亞裔美國人。[7]

除此之外，二〇二一年紐約警察局的一份驚人報告顯示，過去一年，來美國人口最稠密城市的仇恨犯罪率飆升一百三十九%，其中以亞裔美國人和太平洋島國社群首當其衝，犯罪率甚至飆漲至令人跌破眼鏡的四百%。[8]

滿滿仇恨的語言就是恐懼和偏執的工具。凡是曾經使用過網路的人必定都知道，社群網站能夠輕易散播仇恨言論，使用者也可以口無遮攔、肆無忌憚。幾乎無法無天的網路，讓使用者享受匿名的自由，不論說什麼都無須背負責任。儘管因為法規不夠完善而飽受批評，社群媒體網站依舊持續高唱個人言論自由權，而不是想方設法避免言論可能造成的傷害。

J．K．羅琳的推特文是最為人所知的例子之一。你可以看出她的觀眾壁壘分明，分成兩大陣營，其一將這位國際知名作家視為女性主義的強大代言人，另一個陣營則是把她當作反對跨性別激進主義的關鍵人物，認為她宣揚散播危險的跨性別恐懼症言論，恐貶抑 LGBTQ 族群及他們的權益。在這樣的時空背景下，二〇一九至二〇二〇年英格蘭和威爾斯的仇恨犯罪數據透露，針對 LGBTQ 族群的犯罪事件數字劇烈攀升，涉及性取向的仇恨犯罪率增加十九%，整體升高至一萬五千八百三十五件案例；跨性別仇恨犯罪則是提升十六%，共有兩千五百四十件。[9] 此話不假，因為二〇二一年某位以跨性別身分出櫃的警官也表示，包括極右派和新納粹留言板的留言在內，他收到大約「兩百萬則仇恨評語」。[10]

身障人士也面對愈來愈多不當對待，網路身障仇恨犯罪率飆漲七十一％。仇恨亦在校園蔓延擴張，二〇一九年倫敦廣播電台LBC的調查發現，這三年間校園和大學的仇恨犯罪雙倍成長，近四分之三與仇恨相關的事件都可歸類為種族歧視。[11]此外隨著中東衝突再度升溫，二〇二一年英國的排猶主義達到紀錄新高。專門觀測排猶主義的慈善機構社區安全信託（Community Security Trust，簡稱CST），記錄英國在二〇二一年總共發生兩千兩百五十五起反猶太仇恨事件，包括駕車經過時對猶太路人辱罵的案例。

在這波勢力逐漸增長的反猶太浪潮中，喬瑟夫・柯韓（Joseph Cohen）就是其中一名受害者，他在倫敦中區遭到無端攻擊，飽受推擠毆打，對方還連珠砲似朝他丟出排擠猶太人的激烈辱罵。事後接受BBC訪問時，他用詞謹慎小心地承認「我認識的猶太人多半覺得，這個生活一輩子的國家無法給他們安全感」。[12]

仇恨鑲嵌在「害蟲」或「人渣」等人身攻擊當中，大眾經常對他們不歡迎的族群丟出這種語言，而他們視為反對疫苗運動叛徒的醫療和NHS員工也難逃一劫。川普被逐出推特前，也是在眾人眼前赤裸公然提出仇恨言論。這名美國總統喋喋不休，繼續為他不贊同的人和機構貼上「邪惡」和「敵人」等標籤。

貶低和羞辱是用來恥笑削弱對手的戰略，如果你不喜歡某個問題，其中一種策略就是羞辱質問的人，讓他們乖乖噤聲。而這恰恰就是二〇二〇年六月國會議員做的事。封城政策鬆綁後，幾名工黨和民族主義的國會議員以屏蔽或安全為由，沒有回到英國下議院，與其了解他們可能是年事已高或有健康考量，保守黨國會議員亨利·史密斯（Henry Smith）反而惡意指控對手陣營「怠惰」和「懶散」。

過去二十年來研究勇氣、脆弱和同理心的布芮尼·布朗相信，人被逼到狗急跳牆時才會使用羞辱和汙辱語言，但她也說了：「羞辱敵人就像在水源裡投毒，荼毒對手的同時，自己也免不了喝下同樣的水。」就好比我們稱警察是「豬」或政客是「神經病」，再不然就是使用「#川普去死」等標籤，犀利中肯的布朗博士表示，與其以仇恨回應仇恨，倒不如把精神力氣用在要求對方擔起責任上。

有時人們只是因為自己的階級甚至說話方式遭到攻擊。二〇二一年夏季補辦二〇二〇年東京奧運的期間，英國播音員兼政治家迪格比·瓊斯爵士（Lord Digby Jones）張貼了一篇毫無氣度的推特文：「夠了！我再也受不了！艾莉絲·

史葛（Alex Scott）連尾音都唸不好，澈底毀了ＢＢＣ奧運團隊的優良主持棒。艾莉絲，奧運選手參加的項目不是擊欠、拳奇、皮庭、舉綜、游用好嗎!?」

二〇一九年也發生過類似的階級攻擊，戰場同樣是推特，《每日電訊報》（*Daily Telegraph*）專欄作家艾莉森．皮爾森（Allison Pearson）痛批當時的影子教育大臣安吉拉．雷納（Angela Rayner），直指她的中等教育普通證書（ＧＣＳＥ）結果「嚇人」，字裡行間暗示著在校考試成績不優秀的她，擔任教育大臣毫無公信力或權威。

可是這兩起事件都展現人性的美好，仇恨之中會生出愛，也會激起更多恨意，因為沒多久局勢就出現大逆轉。迪格比．瓊斯的評語引來大量批評聲浪，不過矛頭是指向他。艾莉森．皮爾森的惡意評論則是踢到鐵板，很多人反倒指出一個事實，也許正是安吉拉．雷納這樣的人，才更清楚教育制度有哪些需要改進的地方。

川普拒絕接受二〇二〇年大選結果的效力時，湯姆．克拉特恩馬克（Tom Krattenmaker）於《今日美國》（*USA Today*）中呼籲美國人民拒絕仇恨，不要忘記「與我們在政治場域上競爭角逐的對手，也是具有人性的普通人」，[13] 並鼓勵讀者多與持相反意見的人交談互動，讓對方知道我們並不視他們為糞土。克拉特恩馬克接著引述拜登的就職演說內容，當時全新當選的總統告訴美國人民：「（我們需要）再一次凝視彼此、再一次聆聽彼此。」

另一個可以破除滲透美國多時的仇恨語言、至關重要的解藥，就是拜登在許多場合上分享的母親教誨：**我不比任何人優秀，也不比任何人差**。這是如履薄冰的希望時刻，不過大多數人警告，這些話語無法軟化美國根深蒂固的分化，後來的確也證實這個警告一點也沒錯。

二〇二一年七月十二日，英格蘭帶著宿醉頭痛和沉重心情醒來。前一晚共有三千一百萬人徹夜守在電視機前，觀看二〇二〇年歐洲國家盃決賽，最後眼睜睜望著英格蘭隊錯失點球輸給義大利。然而翌日的新聞頭條故事，卻不是英格蘭國家隊輸掉這場眾所期盼的比賽，而是三名球員馬庫斯・拉什福德（Marcus Rashford）、傑頓・桑喬（Jadon Sancho）、布卡約・薩卡（Bukayo Saka）蒙受可惡的種族歧視待遇。很多人早就料到這個局面，這三名黑人球員罰球失誤的那一刻起，想都不用想也知道，他們會遭遇種族歧視的謾罵聲浪。

那天稍晚，充滿同理心的英格蘭國家隊教練・索斯蓋特（Gareth Southgate）

出面說明，這幾名球員受到的侮辱「不可饒恕」。索斯蓋特除了要為這場慘敗比賽善後，還得正面對決種族歧視的群起圍剿，我相信對於心力交瘁的他來說，「不可饒恕」四個字就是在警告這些人已經越線的代碼。

在這種格外難熬的時刻說出「不可饒恕」是完全合理的答覆，雖然種族歧視的語言攻擊是針對個人，意義卻超越這幾名球員本身，並經過餵養種族歧視的潛伏性根本架構，四處散播滋長。部分原因是一開始指向名人的種族歧視，日後會擴散殃及普通人，進而助長惡化種族歧視的謾罵，最後甚至演變成一件稀鬆平常的事。

除了網路謾罵，英格蘭隊甫輸掉冠軍之後的幾個鐘頭，曼聯球員也是當地人心目中的英雄馬庫斯．拉什福德壁畫遭到塗鴉破壞。所幸壁畫遭到蓄意破壞不全然是壞事，因為那之後他收到滿滿關懷，世界各地的人起身反擊種族歧視仇恨，正面話語如雪片般送來。成千上萬份擺放在壁畫旁的禮物和社群媒體上的溫暖真摯訊息，如今已收在曼徹斯特藝廊，當作反種族歧視教育的宣傳教材。

謝天謝地，這等規模的支持並非罕見，只要稍微注意，就不難發現世界各地都有支援仇恨犯罪受害者的人。舉個例子，新冠肺炎橫掃英國時，一群男子言語辱罵、人身攻擊正在戶外慢跑的中國籍大學講師汪鵬（Peng Wang，音譯）。[14] 他的故事很快就在社群媒體引起正面迴響，全英國上下甚至因此踏上街頭，舉行示威遊行。

馬庫斯．拉什福德遭受種族歧視的仇恨攻擊時引發民眾的正面迴響，而另一名遭到種族歧視對待的英格蘭球員，亦即當年年僅十九歲的布卡約．薩卡，回到兵工廠足球俱樂部（Arsenal）時，也獲得上百條熱情球迷的支持訊息。網路上瘋傳一張照片，照片中，這名年輕球員站在滿滿是信件和塗鴉的牆壁前，臉上寫著滿滿的感動，據說他當下只說：「我感動到說不出話來了。」

索斯蓋特「不可寬恕」的說法完美示範在問題剛爆發的熱頭上，任何有關寬恕的想法都不得體，甚至傷人，尤其是令人震驚的種族歧視情境。但在這種情況下，是否真有寬恕的可能？

要是其中一個吐出種族歧視話語的酸民必須卸下匿名的包裝，認清個人行為是不對的，並且公開對足球員誠摯道歉呢？事實上，在一個存在意義並非鼓吹懺悔或道歉的平台上，為錯誤賦予私人意義或人性化，是一件非常困難的事，更別說是寬恕。15

不過，在社群網路上至少曾經出現和解的案例。英國歷史學者瑪莉．畢爾德（Mary Beard）收過不少網路攻擊，也經常碰到沙文主義、性侵威脅、移花接木的情色改圖。其實她究竟有什麼罪過我們也不知道，畢竟她代表的向來是格外理性的聲音。也許**只是因為**她年事已高又敢於發言，所以有罪吧？她形容攻擊她的推特風暴就像是「反覆遭到毆打、鞭笞、痛扁，有時你還挺得住，拿一句可愛的俏皮話搪塞，堵住對方嘴巴，有時卻覺得自己遭到無情炮轟⋯⋯令人虛弱癱軟，無力還擊」。

儘管遭受無情的私人炮轟，瑪莉．畢爾德還是不排除寬恕的可能。二〇一八年接受《廣播時報》雜誌採訪時，記者麥可．霍茲（Michael Hodges）提到畢爾德曾經提及她在義大利求學階段遭到性侵的往事，並詢問她現在是否對男人感到絕望，她的回應相當具有啟發性。畢爾德坦承要是男人可以停止做壞事，她就願意原諒他們的種種罪行。畢爾德說：「如果赦罪就是終止男性繼續幹壞事的代價，那我願意原諒他們，我只要揮一揮手中的魔杖，就可以饒恕他們。」

然而對於一般人認為不可寬恕的罪行，她太過自由、漫無邊際的寬恕論調也讓她頻頻吃癟。面對性侵選手的前任美國體操代表隊隊醫賴瑞·納薩爾（Larry Nassar）獲判一百二十五年有期徒刑，她提出質疑，認為這麼做恐怕扼殺「贖罪、寬恕、彌補」的可能，而這個說法點燃不少人的怒火。

在《廣播時報》的文章中，畢爾德深入探究這場推特風暴，表示：「（爭論過程中）大家都有自己認為值得救贖而力挺到底的族群，我發現他們畫出的界線很有意思。有的人說虐待孩童的人不值得救贖，有的人則說恐怖分子不值得救贖。我的理性立場是人人都值得救贖，理論上是如此沒錯。光是嘴上說人人都值得救贖當然很容易，所以這時你需要思考的是：『我要怎麼明辨是非？』」[16]

雖然網路禮節建議我們對酸民視而不見，因為擅自加入戰局只會放大他們的觀點，給予他們地位，但是瑪莉·畢爾德並不是每次碰到威脅和侮辱都視而不見。你會發現她偏好把話講開，用意不單是讓對方理解這種行為不好，也能趁機進行一場禮貌性辯論，拓寬思維廣度，深入了解一個人的道德憤怒。酸民可以為了無足輕重的小事撕毀他人，可是畢爾德面對酸民仇恨時的處理方式卻讓我非常欣賞。

她通常會在回應對方時套用個人基本信念，那就是要求別人聽自己說話前，先聆聽對方說話。正因如此，某次一名二十歲的大學生說她是「骯髒的老蕩婦」並嘲笑「我猜妳的陰道肯定很噁心」時，畢爾德刻意在推特上轉發他的發言，讓她的所有追蹤者都能看見。接下來發生的事，我不得不說非常罕見。就在她向眾人展示這句驚世駭俗的公開侮辱後，這名學生聯繫畢爾德並且主動致歉。

後來這場對話延續至網路世界外，這兩人相約吃午餐，畢爾德做出寬大的原諒之舉，擔任他工作面試的推薦人，因為她也不希望兩人在網路上的互動破壞他的職涯機會。另外也有其他酸民向瑪莉．畢爾德道歉，其中一人後來只要看見社群媒體上有人攻擊畢爾德，就會出聲力挺她。

我們生活在一個矛盾衝突的時代，部落主義在文化戰爭下誕生，立場僵化成誇大的意識形態，讓零包容猶如一匹脫韁野馬，也不可能為道歉和贖罪預留空間。對某些人來說，取消文化（「抵制文化」或「嗆聲文化」或許更適切）是一種令人振奮不已的新形態大眾民主，只要行為不檢點就會馬上遭到算帳，並剝奪相關人士的地位以示懲罰。對其他人而言，取消文化拒絕了他們認為觀點危險或反感的平台。

可是就言論自由來說，這種文化卻是一大威脅，反而對我們的民主結構造成危害。有些辯論變得有毒，為了不被人取笑或攻擊，現在幾乎沒人敢大聲說出內心的真實想法。在這個怒火延燒、充斥假主題標籤、有毒真相漫天飛舞的世界，渴望跳脫非黑即白、取得平衡的人愈來愈難找到中間地帶。

文化作家兼小說家凱特・羅森菲爾德（Kat Rosenfield）在戴維・巴蒂爾主持的BBC紀錄片中臆測，取消文化恐怕也取消了對話，讓我們「隨心所欲地去蹂躪踐踏他人，卻吝嗇給予一丁點寬恕的可能，由於不涉及風險，所以大家都不覺得這樣有什麼大不了，頂多當作一種觀賞性運動」。[17]

寬恕計畫的創始階段，時常有人向我提及美國夫妻檔琳達和彼得・比爾（Peter Biehl）的經歷。美國和南非大肆報導他們的故事，不只因為他們的女兒艾咪在一九九三年於開普敦附近的黑人城鎮慘遭四名年輕人謀害的恐怖事件，更因為這對父母最終選擇原諒。不只如此，真相與和解委員會介入之後的那幾年，他們甚至邀請兩名殺害女兒的凶手加入他們以女兒名義創辦的艾咪・比爾基金信託（Amy Biehl Foundation Trust）工作。

諷刺的是艾咪本來是傅爾布萊特計畫（Fulbright）的學者，當初是為了協助南非的民主轉型才來到開普敦，卻在種族隔離制度正式解體的兩年後，於古古勒圖鎮（Gugulethu）周遭遇害。一九九八年，四名遭到謀殺定罪的年輕男子只服刑五年就獲得赦免，艾咪的父母也大力支持這項決策。

我第一次聽到琳達的故事是在二〇〇三年，當時我人在開普敦為「仇（寬）恨（恕）兩個字」特展網羅寬恕故事。那年正好是艾咪遭到謀殺的第十週年，該基金會為了紀念她，特別規畫了一系列提高意識的活動。琳達分外悲傷，因為她之所以來這裡，是為了紀念女兒過世十週年，另外更是因為前一年彼得因結腸癌過世，享年五十九，所以她是獨自前來參加活動。

我計劃和琳達見面訪談，事後和在該基金信託工作的伊基．諾非米拉（Easy Nofemela）和恩托貝可．佩尼（Ntobeko Peni）單獨交談。不過在活動場合上，恩托貝可卻不想和我交談，原因是前一晚南非最炙手可熱的電視頻道播映艾咪故事的紀錄片，再次用「凶手」二字指稱這兩名男子。他們仍舊難以接受自己的所作所為，也很努力撕掉這個標籤，因為這個標籤已經無法代表他們的為人，也不能說明他們的人生動力，現在他們大多時刻都在帶領鎮上年輕人上暴力防治課程。恩托貝可匆匆忙忙地離開現場，之後只回來拍了一張照片就趕緊開溜。我勉強說服伊基和我到街上不遠的咖啡廳喝一杯冷飲，後來也是才聊了十分鐘，他就匆匆忙忙地離去。

伊基和恩托貝可出獄後一年向彼得和琳達釋出訊息，主動提出和他們見面的意願。他們當時在距離凶殺案地點不遠的古古勒圖經營一家青年俱樂部，想讓艾咪的父母看見他們的努力。「這真的是一項莫大挑戰，我從小到大學到的是永遠不能相信白人，所以那時我真的不曉得該如何看待他們。」伊基坦承：「我過去是阿扎尼亞泛非主義者大會軍隊APLA的成員，那時解放軍的口號是『抓一個殖民者，送一顆子彈』。所以我第一次在電視上看見琳達和彼得時，真的非常痛恨他們。我以為這一切都是白人的陰謀，他們來南非是為了讓我們獲判死刑。他們似乎理解因為自由解放的戰爭，城鎮的年輕人都背負著這個危機。直到我遇見琳達和彼得，我才明瞭其實白人也是人。」

伊基娓娓道來真相與和解委員會介入及赦免過程時，才總算稍微放鬆。「起先我並不想去真相與和解委員會作證。」他繼續說：「我以為他們會出賣我。但後來我讀到媒體報導，琳達和彼得說需要原諒的人不是他們，而是南非人，我們必須學習原諒彼此。於是我決定親自去一趟，說出我們的故事、展現悔意。可是我的動機並不是赦罪，而是獲得原諒。我想要見琳達和彼得，並當著他們的面，說：『對不起，你們可不可以原諒我？』我想要身心自由解脫，因為我不是一個凶手，我從來不認為自己是凶手，也永遠不會再加入任何政治組織，因為這種組織會宰制支配你的思想和行動。現在我滿腔熱血地相信，唯獨透過對話，才可能推動改變。」

伊基描述的故事又是一個好例子，清楚說明寬恕可以帶來意想不到的結果，也可能矯正問題。如果受害人原諒罪犯，受害人不僅釋放積壓多時的情緒，也能夠調整罪犯的心靈與品行，並且對其他人造成影響。

二〇二一年七月，某位安大略皇后大學研究恐怖主義、激進、離散政治教授在推特上張貼一篇貼文串，回應極右派極端主義者馬修・海姆巴赫（Matthew Heimbach）曇花一現「棄絕」白人民族主義的新聞。海姆巴赫近來不畏敵意威脅，重新啟動他先前的仇恨團體，[18] 讓許多人震驚不已。原因是其實海姆巴赫早在兩年前自清改頭換面，並與專為前極端主義者所創、旨在打造「零仇恨空間」平台的「光之光」（Light upon Light）網站聯手合作。

然而現在情況再明顯不過，海姆巴赫的懺悔只是一場騙局，這讓許多對抗暴力極端主義的人抱頭哀號，深信海姆巴赫的假意轉性會為他們招惹麻煩。亞馬納斯・阿瑪拉辛根（Amarnath Amarasingam）教授在推特上警告，「很多人會拿海姆巴赫為例，轉發貼文嘲諷羞辱前任極端主義分子，並合理化這些人都是騙子、不值得採信的說法。」不過這名教授也給所有人一個猶如及時雨的忠告，表示：「他們需要的是支持與關懷，再來是寬恕和接納。無論海姆巴赫之輩的動機為何，都可能危害社會看待前任極端主義分子的觀點，讓人更難前進。如果我們的目標是『真正地』去除激進化和重建，那麼就勢必將寬恕收為工具箱中的法寶，否則你就走錯路了。」

前身是白人優越主義者的阿諾・麥可里斯常常到會議、非營利組織、學校演說，他的故事也已分享無數次。他是一個高大魁梧、長期信仰佛教的戰士，二十五歲那年卸下白人權勢的怒氣，改為世界和平發聲。阿諾的前臂上刺有紋身，低沉嗓音在在散發出權威。我第一次和阿諾相見是二〇一一年，當時谷歌智庫（Google Ideas）正在進行對抗暴力極權主義網絡（Against Violent Extremism Network），於是邀請我們前往都柏林參加會議。

這場會議的舉辦場地是都柏林近郊一間時髦飯店，凝聚世界各地的前極端主義者及倖存者，從密爾瓦基市的新納粹憤青，乃至倫敦哈姆雷特塔（Tower Hamlets）的穆斯林都來到現場，探討有關宣傳和防治的議題，並提出重大問題，例如：我們該如何改變只因膚色或信仰不同、而蓄意傷害他者的人？

幾年後我再度和阿諾見面，這次地點是倫敦，他受邀參加哈姆雷特塔東倫敦清真寺舉行的國家伊斯蘭恐懼症意識之月（Islamophobia Awareness Month），演講內容是關於他曾經參與的白人優越主義團體。在場人士最好奇的是，他是怎麼退出該團體、現在從事什麼工作，而他又是怎麼深化人與人之間的理解與和平。

我已經知道阿諾之前是世界最大型種族歧視光頭黨「北方硬皮」（Northern Hammerskins）的創始會員，也是向世界各地的種族歧視者和新納粹主義者銷售出兩萬張專輯的種族金屬樂團百夫長（Centurion）主唱，可是在東倫敦的清真寺中，我卻更深入認識他的背景故事。

阿諾在威斯康辛州密爾瓦基長大，在這個酒精中毒的家庭，情感暴力是家常便飯。他原本只是校車上的惡霸，中學時期卻進化成嚴重的公物破壞慣犯。青少年時期，龐克搖滾樂很快就成為他侵略性挑釁的終極出口，認識種族歧視的光頭黨運動後，他覺得自己總算找到使命，也就是拯救白人滅絕的命運。

「於是我支持擁戴這個『偉大』任務，真心相信鬼鬼祟祟的猶太陰謀威脅白人種族滅絕。」他對著滿是穆斯林教徒和教育家的會議廳解釋，可是聽眾卻似乎不驚訝或錯愕。「當時我覺得這種想法完全合理，也許是因為在我的世界裡根本沒有合理兩個字，而我也深深認同唯獨我的膚色才是最重要的。」他提到還是青少年時某次在感恩節晚餐上，他趁著醉意口無遮攔說出個人觀點，結果遭到母親打斷。她告訴阿諾：「是這樣嗎？納粹先生。你知不知道你有十六分之一的印第安血統？」這番話讓阿諾馬上閉嘴，可是那晚稍後他回到自己家裡，就著玻璃瓶口繼續灌啤酒，最後打破其中一只玻璃瓶割腕。他說：「我當時就是那麼確定，深信我的種族身分就是我的全部。」

阿諾繼續解釋暴力是怎麼變成一種很快就自我驗證的預言。「我在暴力之中遊走，對我來說暴力就是一種自我毀滅和尋求刺激的手段。我把白人優異的意識形態當成正當理由，以大量酒精灌醉自己，麻痺自我心靈。我持續使用暴力，直到暴力變成一種下意識動作，侵略攻擊信手拈來。只因為對方的膚色或性向，或單純因為腎上腺素激增，我就有理由赤手空拳毆打他人，打到他們住院。我渾身上下散發著濃烈敵意，尤其要是對方的膚色比我深。我的右手中指上也刺有納粹符號『卍』。」

二十四歲那年成為單親爸爸就是阿諾的轉捩點。他親眼見證朋友一一死去或入獄，害怕街頭暴力鬥毆可能讓他和寶貝女兒分隔兩地，於是開始與極端主義運動保持距離。一旦開始這麼做，極端主義運動對他的影響力也逐漸減弱。結果他體驗到藝術的解放，拒絕白人權勢運動認可的文化象徵，想聽什麼音樂就聽什麼，想看什麼電視節目就看什麼。

很快地，他就沉浸在銳舞派對文化，*雖然這時還會做出「不負責行為」，他卻發現銳舞派對文化社群中有不少寬恕案例。「許多我之前會不分青紅皂白攻擊的對象，對我都是百般支持和包容，令我非常震撼。但我還是花了不少時間，釐清自己對之前傷害的人產生的罪惡感和悔恨。要不是有那些勇敢向我展現善意的人，有些人甚至當場原諒我，我今天就不會站在這裡。諸如此類的善舉和寬恕能夠改變像我這樣的人，這就是為何我相信寬恕是至高無上的人性典範，一有機會就想一探究竟，正因為那些我曾經自稱仇恨的人無條件地原諒我，我才能變成今天的我。」

接著阿諾又講到，當他正站在人生的十字路口搖擺不定，開始質疑自己種族歧視的人生意義和設想時，他在密爾瓦基市麥當勞發生了一件事。當時許多事讓他開竅，改變他的心意，而這就是其中之一。「有次我去麥當勞買漢堡，收銀台

*銳舞派對（rave）是一種從迷幻浩室運動發展出的派對現象及次文化，往往牽涉迷幻藥物的使用，宣揚主張的是愛、和平、團結、尊重，類似嬉皮精神的理想，旨在追尋充滿友愛、不存在歧視鬥爭的世界。

的黑人大姐對我露出暖陽般的溫柔微笑，以無條件的親切向我打招呼。她注意到我手指上刺有納粹符號時，眼神定定望著我，說：『你是一個好人，那個符號不值得你浪費時間。我知道你不是那種人。』」她的惻隱之心令他無力招架，阿諾無顏面對她的堅定微笑和真誠善意，後來也沒再回去那間麥當勞。

形容這場在清真寺舉辦的活動大受好評一點也不誇張。在場人士似乎都等著聽類似阿諾的故事，因為這種故事能為他們帶來希望，示意伊斯蘭恐懼症終將可能稀釋淡化，出現轉機。

那天稍晚大家都散場回家後，我們和清真寺負責人到附近一間咖哩餐廳吃飯。阿諾在餐廳和大家分享他的洞悉見解，帶領我們深入種族歧視者的內心世界。他描述極端主義者的思維其實搖搖欲墜，還說他曾經以為自己的觀點堅不可摧，後來才發現原來他的想法「和紙牌屋一樣不堪一擊」，所以需要舉起堅強盾牌，保護脆弱搖擺的思想。他說：「可想而知，我時時刻刻都得舉著這個盾牌，直到我發現自己再也不需要它為止。這個發現很不得了，因為我走到一個和其他人建立連結的全新階段，剎那間，卸下防備的我總算能看見他人的『脆弱』。」拋下他的種族歧視身分，不只意味拋棄他對某個團體的歸屬感，同時也等於放棄所有國家與文化正義。阿諾說：「我澈底學會與恐懼、不確定性、失敗共存。」

兩年後，二〇一七年五月，寬恕計畫和密爾瓦基的法蘭克捷德勒瓦中心（Frank Zeidler Center）共同舉行「憐憫環圈：寬恕力量」對談。我從紐約飛去密爾瓦基，擔任這場寬恕公開討論的引言人，不過當晚的主要焦點還是兩位受邀參與的故事分享人與大家分享的見證。參加活動的人之後則加入小型聆聽團體，由捷德勒瓦中心的輔導員帶領對話。阿諾從密爾瓦基北部近郊的自家前來，在這場活動中演講，還順便帶上他的死黨兼好伙伴帕迪普．凱雷卡（Pardeep Kaleka）。帕迪普在這座城市赫赫有名，許多人特別來聽他暢談父親遭受種族歧視謀殺後的社群療癒。

二〇一二年，新納粹主義擁護者韋德．麥可．佩吉（Wade Michael Page）衝進橡樹溪市（Oak Creek）郊區的錫克教派寺廟瘋狂掃射，最後造成六人死亡，四人受傷，然後舉槍自盡。儘管密爾瓦基是全美種族分裂最嚴重的地區之一，錫克教和非錫克教族群仍展現出團結一致的強烈決心，這起事件變成一種集體傷痛，最後在義憤和希望之間取得巧妙平衡。

這是我第一次與帕迪普相遇，也是頭一遭聆聽這兩人攜手演講。跟大多參加該場會議的人一樣，他們聯手展現的道德勇氣也讓我深深震懾，而兩個背景迥異又對立相反的男人培養的友誼令人感到無比暖心。帕迪普以沉著堅定的語氣解釋，這場大屠殺之後（他那天正好因為女兒上午拖延時間，趕不上才避開災難）他馬上陷入長期哀悼和深思反省，不禁納悶這場悲劇怎會發生在敬愛的父親身上，怎麼可能發生在熱愛和平、幾乎不曾招惹麻煩的錫克教社群。他也講到這件事引起他發自內心的震怒。

某次獨處時，帕迪普深入向我講起自己的故事，解釋一開始他不只是對槍手生氣，也很氣反應慢半拍的緊急救援服務。他說：「我感到憤怒、沮喪、氣惱，不禁心想是不是錫克教的人命不值得他們優先處理？我思考著為何警方慢悠悠抵達寺廟，內心忍不住要是今天換成其他族群，他們的應對態度是否有所不同？是否會加快速度？人命關天，這些人正在流血死去啊！」

我本來以為是阿諾主動聯繫帕迪普，也許是因為韋德．麥可．佩吉隸屬北方硬皮黨，亦即阿諾共同創辦的白人優越主義團體。事實上卻是帕迪普主動聯絡阿諾。因為凶手奪走父親的性命，而帕迪普有很多他想知道答案的問題。他曾經讀到阿諾享譽國際的名聲，以及他對抗暴力極端主義的貢獻，於是寫了一封電子郵件給他，要求和他見面。「我內心最迫切知道的是：槍手為何要奪取無辜性命？他為何鎖定我們？或許還有一個當時沒那麼糾結的問題：我們該怎麼做，才能繼續過回正常生活？」

於是距離大屠殺結束僅僅三個月，帕迪普和阿諾就約在密爾瓦基東邊的泰式餐廳見面，暢談將近五個鐘頭。很顯然餐廳員工明白這場會面的重要性，於是當晚特別營業到深夜。起先，帕迪普抱持懷疑態度，也不太相信恐怖主義者可能改變，但他們的對話很快就讓他改觀。他解釋：「妳知道最令人安心的是什麼嗎？我眼皮割傷，眼睛上有一道小傷口，無法眨眼，結果阿諾居然主動問起我傷口的事，這件事讓我有些意外，因為我本來是要向這個人索取答案，可是他竟然先以真誠的關懷為我開題。」

在兩人第一場會面中，阿諾仔細向帕迪普講解仇恨的自我毀滅本質，以及他採信白人優越主義意識形態的沉痛後果。「我們的友誼就是這麼開始的。」帕迪普回想當初：「情誼建立在這種程度的關心、惻隱之心和理解上，甚至是彼此都具備的笨拙特質。一開始我們天南地北地亂聊，就是沒有提這件事，但最後還是避不掉。其中最讓我寬慰的是阿諾告訴我『受傷的人會選擇傷人』。我一直沒忘記這句話，讓我們也可以牢記在心，繼續向前走。」

二〇一二年那個夏日發生在威斯康辛州的恐怖事件，為全美國上下的錫克教徒帶來影響。這是美國最早幾場針對宗教立場的恐怖攻擊，許多橡樹溪的錫克教徒想當然都憂心自身安全，開始變得封閉內向。可是帕迪普決定採取相反做法，刻意選擇拋下憤怒，試著敞開心胸。「我決定以惻隱之心看待這場悲劇。」他解釋錫克教教義中有一句話是「Charhdi Kala」，意思是「以不容動搖的樂觀前進」，而這句話則成為引導他前進的口號。「我相信二〇一二年八月五日那天發生的事是有用意的。」他說：「有人衝進我們的寺廟試圖分化我們，告訴我們不屬於這裡，這個國家不想要我們。但要是抱持 Charhdi Kala 的心態，我們就應該主動跨出這一步，認識街坊鄰居，大聲宣告這種事不會再發生。」

中間這幾年，橡樹溪的錫克教社群確實齊心協力，與鄰居打造和平。帕迪普和阿諾共同創辦名為Serve2Unite的機構，鼓勵不同種族背景的孩子一同學習尊重彼此，珍惜大家共有的人性本質，並且成為和平使者。帕迪普和阿諾也共同執筆一本回憶錄《傷痛的禮物》（*The Gift of Our Wounds*），副標題是「一位錫克教徒和一位前白人至上主義者在仇恨之後找到寬恕」（*A Sikh and a Former White Supremacist Find Forgiveness After Hate*）。帕迪普坦承：「我們的感情變得和兄弟一樣親近，兩人攜手宣傳和平，而這就是向我父親及所有在暴力中逝去的生命致敬。」

帕迪普和阿諾一樣，都深信不疑寬恕的力量。「我認為寬恕是一件自然而然發生的事，不原諒就不自然了。對我而言，寬恕就是一種自由解放，有時自我寬恕也算數，可以釋放你的心靈。集體寬恕是一種自由，制度寬恕是一種自由，但要是思考現今的美國……我不知道有誰敢說他們是真正自由、隨心所欲地生活。種族歧視也害我們變得不自由，憤慨、沮喪、狂怒、仇恨讓人深陷狹隘思想，活在創傷中，這樣就不是真正的自由。要是我們不自由，就無法領略欣賞另一人的美好。」

對帕迪普而言，寬恕也代表為我們為彼此共同創造的社會擔起責任。二〇一二年，康乃狄克州桑迪胡克小學發生槍擊案，共有二十名學生和六名成年人過世，我記得事件發生後沒多久，安德蕾亞・雷布朗克（Andrea LeBlanc）說出一段話，令我十分震驚。

安德蕾亞身為「九一一家屬和平未來」（September Eleventh Families for Peaceful Tomorrows）成員，丈夫在第二架衝撞世界貿易中心的聯合航空一七五號班機中喪命，那之後她就積極參與和平事業。為了重塑人們看待邪惡罪行的視角，同時回應桑迪胡克槍擊案的悲劇，安德蕾亞寫下一封獻給其他和平社會運動人士的電子郵件：「現在無論是什麼人說了什麼，都無法撫平受害者家屬的悲痛……這道傷口將永永遠遠都在。」接著又補充：「然而我們卻需要理解槍手和他的家屬也是受害者，或許他們也是我們共同打造的社會的受害者。」

這個訊息聽在耳裡恐怕不太舒坦，單純把錯怪在政治人物頭上很容易，可是認真思考這個世界發生的種種可怕暴行，我們其實也難辭其咎，恐怕就沒那麼容易了。但這也是其他「九一一家屬和平未來」成員不斷重複的訊息。菲莉絲和奧蘭多・羅德里格（Orlando Rodriguez）就是其中一例，他們的兒子在世界貿易中心的金融公司坎托・菲茨德拉傑（Cantor Fitzgerald）工作，也在恐怖攻擊事件中身亡。

我曾經詢問菲莉絲，她是否有可能對當時遭到起訴、與二〇〇一年恐怖攻擊陰謀掛鉤的查卡里亞斯・穆薩維（Zacarias Moussaoui）產生惻隱之心，她的回答是：「如果妳說的惻隱之心是把他當作一個會犯錯的普通人，既幹得出壞事**也**做得出好事，那麼沒錯，我確實對他有惻隱之心。因為我相信在某些情況下，我也做得出壞事。」

跟安德蕾亞和羅德里格夫妻檔一樣，阿諾和帕迪普以及許多寬恕計畫故事分享人的努力，都可以說是一場革命。之所以把他們的努力形容成革命，是因為他們拒絕將他人妖魔化，而且這絕對不是什麼膚淺的憐憫之舉，而是他們秉持堅定信念下的行動，他們相信預防暴力極端主義行動的唯一方法，就是把報復和復仇的觀念掃進歷史道德的垃圾桶。

他們的合作聚焦於防治暴力，不讓受傷的人未來再去傷害別人。帕迪普告訴我的一番話，澈底反映出比約恩・伊勒和克馬爾・帕瓦尼克的意思：「我認為同為社會一分子的我們，很難理解自己其實就是排斥文化的幫凶。所以我是這麼想的，承認世界之所以存在種族仇恨者人人有責，而這就是我們的社會責任。如果我們老是推卸責任，說：『是那些人本性邪惡，說到底就是禽獸罷了。』那我們就永遠不可能進步。」

有時人與人之間彼此怨恨，甚至不惜互相砍殺，並不是因為他們來自不同種族團體、宗教或意識形態，純粹是生活地區或就讀學校不同；某方面來看與敵對足球隊的死忠追隨者大同小異，差就差在足球迷通常不至於痛殺對手。

每座城市都有黑幫滲透的毒品暴力，這種勢力則可能擴張至偏遠鄉下和海岸城鎮。看見幫派清算時，居民都因為害怕選擇悶不吭聲，或是幫派會以所謂的「街頭成本」評分，獎勵社群成員的暴力行徑，最後演變成為了保護地盤，做出令人髮指的殘暴行為。在某些地區，就連不小心走錯路或踏進其他住宅區，都可能是一種自殺行為。

在美國的城市街頭鬥毆中，手段最凶狠的兩大街頭幫派莫過於血幫（Bloods）和瘸幫（Crips）。他們的對立最早可從七〇年代的洛杉磯講起，自此這兩大幫派勢力就擴散至全美各地，直至今日兩方的敵意依舊濃烈血腥。以人口統計來看，這兩大幫派的成員實在不好區分，顏色是唯一指標——血幫是紅色，瘸幫則是以藍色識別。

亞基拉．薛里斯在洛杉磯瓦茲（Watts）的破敗公共住宅戰區長大，年紀輕輕就加入瘸幫。某個二〇〇五年的炙熱夏日午後，我前往洛杉磯南方與他見面，這名勇敢又極具同理心的前任幫派頭頭，劈頭就和我聊起這兩大幫派長久的敵對狀態。「但我們並不自稱『幫派』，只有社會大眾才這麼稱呼我們。」他解釋：「說穿了我們不過是一群受傷的孩子，因為太多人失去核心家庭，而幫派就是我們的新家人。我們的敵人就住在瓦茲鐵軌的另一端，馬可罕中學（Markham Junior High School）正好處於中央位置，於是我們以這間栽培街頭鬥毆戰士的學校為邊界，分隔出兩大族群，打造出暴力文化、形塑我們的觀點。年輕時期的我總是在危險邊緣遊蕩，也曾做出不少錯誤決定，搶劫、偷竊、毆人樣樣來。」

為了逃離這種暴力循環，最後亞基拉離開瓦茲一帶就讀大學，並且愛上一個女子，但曾經混幫派的經歷讓他變得既沒安全感又不成熟，很快就被忌妒心吞噬。

「我不相信她是真心愛我。」他說：「於是做出最可惡的背叛行為，故意和另一個女生上床，然後感染性病傳染給她。」

亞基拉告訴我，後來他發現這場感情背叛就是他人生的重要轉捩點。內心深感羞恥和罪惡的他在某次吸毒後經過深思熟慮，最後決定告訴女友自己的所作所為。「這是我人生第一次做出這麼高尚的事，那就是告訴她真相。」他說：「她問我怎麼可以這麼對她，我思考了一下，回答：『也許是因為我小時候發生的事。』接著第一次和她分享我小時候曾在自家遭到性騷擾的祕密。說出往事讓我滿腔怒火，我找不到語言或勇氣處理消化我在原生家庭遭遇的虐待，這時我的受害者身分開始讓我憤怒。為了找尋解答，我讀了麥爾坎・X（Malcolm.X）和詹姆斯・鮑德溫（James Baldwin）的著作。憤怒很快就轉化為頓悟，我發現我經歷的家暴和社區幫派暴力有關聯，於是心想：**我可以為社區殺戮預防做些什麼？**」[19]

一九八八年，亞基拉回到瓦茲社區，希望和平降臨都市幫派戰區，於是開始激勵鼓舞他人，沒多久甚至和敵營展開對話。他的訊息很簡單：「無論你住在鐵軌哪一側，你我的背景都相同，我們的問題也都一樣。」到了一九九二年，社區領袖簽署了瘸幫和血幫的和平協定。亞基拉還記得那一年多麼振奮人心，孩子總算可以回到公園玩樂，幫派謀殺罪數字下降四十四%。過去十年來洛杉磯的暴力數字年年下滑，這就是亞基拉在和平社會運動前線賣力的成果。

我和亞基拉見面的那個下午，他的一位朋友也在場，這人就是跟他一樣推廣和平的凱文．霍茲（Calvin Hodges）。這兩名男子都曾參與黑幫文化，要是過去他們狹路相逢，血氣方剛的兩人肯定只會殺了對方。較為年輕的凱文與亞基拉的背景檔案很相似，差別只在於他選擇離開的幫派是血幫。他解釋：「雖然我們其實很相似，血幫和瘸幫卻從來不溝通。我跟我很多朋友一樣沒有父親，所以加入幫派只是為了尋求歸屬感。我曾經遭到槍擊、砍殺、街頭襲擊，也坐過牢。」

亞基拉談及他為幫派社群搭建和平橋梁的那幾年，這時凱文也加入談話，告訴我他也參與活動。他說：「一九九二年的和平協定扭轉了幫派局勢。所有幫派人士聚集那天，我負責擔任保全，而那就是我和亞基拉的初見面。亞基拉就是堅定落實改變的一道曙光。和平協定為我帶來希望，因為我從沒想過和平確實可能降臨。這是我們生平第一次跨越鐵軌、踏過邊界，紅藍陣營甚至融合交流。只要願意好好坐下，彼此談天說笑，療癒就會降臨。我們愈常交談溝通，行使暴力的可能就愈低。」

可是接下來凱文警告我，比起戰爭，和平並不容易，畢竟砍砍殺殺終究比較簡單，終止殺戮卻是難上加難。當然暴力過後，你還得面對暴力殘留的破裂情感。

大多寬恕計畫的故事分享人都會與我保持聯絡，凱文・霍茲是少數失聯的一位。撰寫這本書時，我上了谷歌搜尋他的名字，想看看是否找得到他目前下落。我知道亞基拉創辦了尊敬計畫（Reverence Project），也就是與罪犯倖存者合作的活動，旨在改變當前羞辱和暴力的社會哲學文化，並轉型成一個更有惻隱之心和寬容大愛的文化。但是我卻對凱文的現況一無所知。

經過一番網路搜尋，我只得到兩則結果，雖然兩條消息線索不盡相同，卻同樣讓人不太舒服。第一則是二〇一〇年刊登於街頭幫派網站（streetgangs.com）的文章，[20] 這也就是我和三十五歲的凱文相遇的五年之後。文章標題是〈幫派工作人員身負重傷，卻熱情不減〉。顯然在進行危險的幫派防治工作時，凱文在警方和其他社群組織的合力運作中遭到攻擊。他為了協助一名年輕人離開幫派而淪為攻擊目標，三度中彈，最後身體局部癱瘓，只能以輪椅行動。凱文在他長大的瓦茲公共住宅大樓接受該網路刊物的訪談，據傳他表示自己並不氣惱朝他開槍的人，只是氣憤害他們變成這樣的思維。

我在網路上找到的第二條連結來自蓋帝圖像（Getty Images），這張圖片是凱文坐在輪椅上的畫面，標題寫著〈備受尊崇的幫派預防工作者凱文．霍茲，去年底輔導一名瓦茲青年時成為飛車槍擊的目標，身中七顆子彈，雖然走過鬼門關，如今他嚴重傷殘，身體局部癱瘓〉。這是《洛杉磯時報》（*Los Angeles Times*）攝影師羅伯．葛西爾（Robert Gauthier）拍攝的照片，畫面構圖簡單卻動人心魄。坐在輪椅上的凱文面朝向影像畫面左側，一大塊斑駁天空壓在他的頭頂，凱文坐在刺眼白亮的無窗房屋牆壁前，相形之下顯得渺小。這張照片捕捉住凱文的人性及生存困境，陽光在牆上打出他的影子，只見他緊閉雙眼，頁面左側的標價欄位顯示，這張圖片的高清使用費用是三百七十英鎊。

第9章

面對仇敵

「正因為罪惡傷人，正義更應該療傷。」

——約翰．布萊德懷特（John Braithwaite），犯罪學家

創立寬恕計畫之後幾年，我主持一場以寬恕和反暴力極端主義為主題的專家小組討論。現場請來兩名具有恐怖主義經驗的人，其中一人是兒子在國際恐怖主義攻擊中喪生的父親，另一人則是布萊頓炸彈客帕特里克．馬吉。馬吉在服刑十四年後，因為《耶穌受難日協議》於一九九九年提前出獄。

我已經和帕特里克見過多次，政治家父親在布萊頓炸彈攻擊中身亡的喬．貝里通常也在場。這兩人都參與寬恕計畫展覽的共同敘事，也曾經參與多場我們舉行的活動。

專家小組討論預定七點開始，然而到了六點五十五分，這名兒子遇害身亡的

父親始終沒有現身，我也聯絡不上他。最後整場討論他的座位都空蕩蕩，由我和帕特里克獨挑大梁，勉強在沒有他的情況下完成對話。翌日我收到這名父親的道歉訊息，他為了自己無故缺席深感抱歉，他說他本來已經準備好出席活動，卻頓時恍然大悟接下來發生的事代表什麼，而他無論如何都無法坐在帕特里克・馬吉身旁，畢竟這男人可是曾經發動恐怖攻擊、殃及跟他兒子一樣的無辜生命。

前一晚他的無故缺席確實讓我倍感壓力、心煩意亂，但現在我完全能夠理解，他當然無法面對帕特里克・馬吉。我憑什麼覺得他可以？要是某人曾經傷害自己、或是傷害某個類似你的人，一想到即將面對這樣一個人，在那之前的幾天、幾週，肯定是意想不到的煎熬。

這已經不是帕特里克首次公開現身時引發的強烈抵制。另一場類似事件發生在二〇一〇年寬恕計畫的首場年度演講，那天的講者是戴斯蒙・屠圖主教，主題是「暴力是否真的有理？」。和每場寬恕計畫主辦的活動一樣，主講嘉賓會邀請具有實際經驗的人現身說法，而這天邀請坐在戴斯蒙・屠圖身旁的正是帕特里克・馬吉和喬・貝里。舉辦場地是距離國會大廈僅有一・六公里的史密斯廣場聖約翰堂（St John's Smith Square church），教堂中殿座無虛席，塞滿七百多名觀眾，大多都是衝著戴斯蒙·屠圖主教的演講而來，但也有人是特地來聽暴力經驗的私人故事分享。

活動進行到一半，某位親屬死於大屠殺的女人因為帕特里克的一句話憤而離席，這件事也讓帕特里克記憶猶新。「應該是我說的話喚醒她的創傷。有時我和喬一起演講，可能當下是在回答觀眾的問題，我可以感覺到政治壓力的高帽緊緊扣在頭頂。因為我必須從政治層面回答鬥爭和權力不平衡等問題，而這對於深受創傷、失去至親的記憶依舊鮮明的人來說肯定很煎熬，也難以繼續聽下去。我和喬好幾次都因為這個原因無法繼續對話，對她來說這是很受傷的一件事，我們必須永遠記住，但對談還是不得不中斷，各自回家後重新思考這些問題，等到下次見面再繼續交談。」

這場演講之後，我們從觀眾的反饋回應得知大家都覺得這場活動很有意思，也很激勵人心，可是有時也讓人不太舒坦，有些人則說他們獲得深刻理解。舉例來說，母親遭到連續殺人犯彼得·薩特克利夫（Peter Sutcliffe）謀害身亡的理查·

麥凱恩（Richard McCann），從里茲（Leeds）遠道而來，並在事後告訴我戴斯蒙・屠圖的演講改變了他的一生。他說：「他的演講讓我驚喜不已，那一刻，我茅塞頓開。事實上，屠圖下台時我還特地追了上去，幸好最後追上他。我告訴屠圖主教我因為他說的話，原諒了謀殺我母親的凶手，我當然一直都明白我無法讓時光倒轉，可是聽見戴斯蒙・屠圖的話語後，我明白自己其實有改變現狀的能力，要做的只是需要改變我對發生事件的想法而已。」

我強烈懷疑某些觀眾之所以感到不舒坦，也許是因為受害人與加害人進行寬恕對話的過程，空氣中時常瀰漫的緊繃張力。雖然雙方往往預留療癒的溫暖空間，但彼此之間仍然可能飄散一股強烈的緊張氣氛。

首場年度演講特別引來一位觀眾的猛烈抨擊。一名女子在活動結束後幾天主動聯繫我，表示她很滿意戴斯蒙・屠圖的演講，卻覺得其他人的演講可以省略，尤其是帕特里克・馬吉。「我很惱怒這些人占去主教的演講時間。」她在信中寫道。緊接著又說她發現帕特里克的演說內容和寬恕計畫的其他故事完全不搭調，因為她認為「只有喬是提出原諒的那方，對我來說帕特里克不過是一個追逐私利、自我中心的人，演講過程實在令人坐立不安」。

我還記得當時這些批評聲音讓我很受挫，但十多年後的今天重讀這封電子郵件時，與其說我像是防衛心重的刺蝟，我發現自己反而比較好奇。因為其實仔細一想，喬幾乎從頭到尾都沒提及原諒帕特里克。她試著跨越寬恕的權力關係，說的則是關於諒解的故事。

那場演講過後的幾年，我漸漸了解參加我們活動的人多半認為這是一種激勵正向的體驗，但有些人確實也變得憤世嫉俗。喬和帕特里克的故事說明了寬恕的互動關係難以界定，很容易就踏入模糊不清的灰色地帶，偶爾令人不解，就如同批評我的那位女士所說，可能讓人坐立不安。

自二〇〇〇年喬和帕特里克初次私下見面後，他們兩人已經攜手參加逾三百場公開活動。喬也每每都發自內心，談及父親的死是如何激勵她展開畢生的和平志業。至於帕特里克，他的動力純粹是希望拓寬人們對於這場衝突抗爭的認識，譬如整起事件的背景和意圖。他認為要是想要獲得諒解與和解，就有解釋清楚的必要，所以出面說明是非常關鍵的要素。

其中一場較具爭議的活動是由寬恕計畫和跨黨派國會衝突解決小組（All-Party Parliamentary Group on Conflict Issues）合辦，舉辦場地是下議院，目的是紀念布萊頓爆炸案二十五週年，活動主持人則是自由民主黨下議院議員西門・休斯（Simon Hughes）。喬和帕特里克在議員和受邀觀眾面前對談，而到場人士都十分清楚這場活動的象徵意義。

不少國會議員很歡迎他們展現的和解姿態，但部分議員和同儕卻譴責該活動邀請布萊頓炸彈客踏進他曾經試圖摧毀的國會中心，其中最忿忿不平的莫過於諾曼・泰比（Norman Tebbit）。泰比的妻子因為這場攻擊肢體癱瘓，他仍然堅信帕特里克・馬吉應該為了炸彈事件服滿八個無期徒刑，不該因為協議提早出獄。

馬吉毫無展現悔意，而這一點顯然引燃泰比的熊熊怒火。面對批評聲浪時，馬吉不斷公然為自己的行為辯解，看不出一絲悔意。那些年來，關於馬吉的新聞頭條多半是「布萊頓爆炸案：要是再讓我選一次，我還是會下手」，並用這種論述將他刻畫成遭到嚴重洗腦，說難聽一點就是危險分子。帕特里克非常不贊同關於他的說法，並堅持「在人生中的每一天為了某件事深感後悔，卻仍然堅持自己當初的行動沒有錯，這種事情是完全可能發生的。話說回來，這只不過是誰獲准動用武力和合理性的問題」。

對於這場在下議院舉行的活動，泰比最大的抱怨是帕特里克·馬吉居然備受褒揚，還受僱為寬恕計畫等機構員工。二〇〇七年五月，泰比無情炮轟「布萊頓炸彈客」和BBC電視台（該台邀請泰比參加第四廣播的《重逢》（*The Reunion*）節目，同時也邀請喬和帕特里克，可惜最後泰比並未出席），並發文給《每日電訊報》表示：「怎麼現在搞得好像我們不但得接受馬吉先生是一個值得尊敬的人，還得景仰他，最噁心的是還要我們去喜歡他。」

幾年後，泰比在一篇《金融時報》（*Financial Times*）發表的文章中，聲稱這一類的綏靖，在在象徵英國現代社會的軟弱無力。被問到他是否哪天願意和帕特里克·馬吉和他的共犯見面時，他的回答是：「當然可以。其實我很想撞見他們，尤其是開一輛沉重卡車狠狠撞上去。」

下議院活動舉辦前夕，我曾致信諾曼·泰比，禮貌性地告知他帕特里克將在國會演講一事。我向他解釋，我知道這會勾起他和尊夫人的沉痛記憶，並解釋之所以舉辦這樣的活動，是為了更深入理解人們行使暴力的背後動機，並探討社會大眾該如何與傷痛結局和解。我試著向泰比爵士表達個人想法，並說明他的觀點和所有炸彈事件的受害者同等重要。對此我非常認真，因為我也厭倦全世界都搞不清楚寬恕計畫的真實意圖，以為我們只是不經大腦地催促大家原諒。結果我只收到一封口氣火爆的簡短回信，他只說了這一句話：「妳所謂的寬恕計畫不過是為謀殺找藉口，變相鼓勵嘉獎殺人犯。」

我當然不是暗示泰比不應該有這種反應或感受，他和其他布萊頓炸彈案受害者一樣，都擁有同樣沉痛的經驗。這些年來聽見有人建議泰比原諒發動攻擊的人時，我也和他一樣震怒。畢竟曾是ＵＶＦ成員的國會議員艾里斯特．李托告訴我，期待受害者原諒只會讓他們更走不出受害者身分。就算我們再怎麼努力理解極端暴力行為，都無法合理化凶手的表現，而之所以造成張力，是因為任何解釋應該只能夠提供背景脈絡，而不是當作閃躲或尋求寬慰的手段。

當我問帕特里克是否理解為何泰比對他懷有如此濃烈恨意，他回道：「當然啊！諾曼．泰比猛烈抨擊我，我完全可以理解，畢竟他的太太現在要靠輪椅行動，他有什麼義務非要原諒我不可？今天換作是我，若有人傷害我的親人，我還不知道自己原不原諒得了對方。」

我從沒想過把這些寬恕敘事當作未經大腦或茶餘飯後的故事，我的目標一直以來都是致力探索意義，而不是說教，我想要挖掘真相，而非粉飾太平。我希望給予目前還在努力釐清這整件事的人一個平台，也許他們沒有條理分明的故事，也無法流暢無阻說出答案，但是說出錯綜複雜的故事很重要，因為我們最需要的就是錯綜複雜、模稜兩可，甚至對立相反、令人不安的自相矛盾，才可能拓寬個人眼界。

我希望聽故事的人能跳脫出自我論述的框架，看見更寬廣遼闊的情境，並且提出與眾不同、難以回答的問題。不過對於為帕特里克等「前罪犯」打造平台的我們，最兩難的就是我們在為了諒解與寬恕進行辯論時是否設限，才不至於冒犯受傷最嚴重的人？

聆聽「敵人」的觀點會製造張力，好讓故事繼續發展，這種邀請受害者及加害者相聚對話的做法，可以去除暴力的非人性化特質，有助於傷害的修復。這意思絕對不是說我們把暴力包裝成人畜無害的行動，反而幫助我們了解人類會在什麼情況下傷害自己的同胞，而我們又該怎麼做才能杜絕暴力再次發生。

帕特里克的訊息很複雜，即使通常他的態度是不鼓勵暴力，本身也強烈支持北愛爾蘭的和平進步發展，但他卻不願譴責暴力淪為一種政治手段。有一次他對我說：「我絕對不可能告訴世界各地受到壓制的下一代說：『接受吧，別反抗了，乖乖躺著接受就是了。』」

聆聽帕特里克演講時，有的人之所以產生敵意，是因為他們希望聽到一個明瞭清晰的結局。大多數人偏好和平道路，寧可聽見他們說「都是我的錯」畫下句點，畢竟與其「我沒有其他選擇，當初我們不過是投身戰役的戰士」，聽見「我錯了，當初真的不該那麼做」當然容易多了。

正因如此，喬和帕特里克在公開場合對話時，會場中的氣氛往往顯得緊繃。他們的對話絕不摻雜一絲一毫的虛偽，也絕對未經排練，而且每一場活動的互動都不一樣。儘管空氣中瀰漫著和解氛圍，總會有人提出難以回答的問題，而安東尼・貝里爵士的回憶更是投射出一道長長陰影，也許正如帕特里克所說：「恐怖事件發生過後，無論我們兩人見面可以得出什麼答案，一旦失去的東西再也要不回來，寬恕也無法擁抱失去。」

經過多年和帕特里克在各個世界平台對話，喬已經習慣帕特里克在自我防衛的辯解和誠摯悔意之間來回切換。帕特里克也在個人回憶錄《悲痛起點》（*Where Grieving Begins*）中寫道：「我想不到比這更艱難的對話。」[1] 而他的反應通常取決於觀眾的態度是否充滿敵意，抑或敞開胸襟，當然喬完全能夠理解這一點。

社會心理學家強納森·海德（Jonathan Haidt）曾說：「如果你真想改變一個人對於某道德或政治事件的想法，就不能只從自己的視角出發，也要站在對方的立場看待事物。如果你真的深刻並直覺地讀懂對方的想法，甚至可能發現自己的眼界變得開闊。雖然道德觀點不同時，實在很難與人產生同理心，不過同理心就是正義的解藥。」多年來和喬·貝里對話的帕特里克·馬吉當然也認同這個立場，因為他明白不同立場都具有合理性。「正如同保皇派和武裝勢力，我們都相信正義是站在自己這邊。」他在回憶錄中寫道，並承認自那一刻起他就「能夠接受及利用同樣觀點，去理解自己面對的人」。

帕特里克的立場其實與我透過和平鬥士（Combatants for Peace，前任巴勒斯坦鬥士和以色列士兵組成的非暴力行動組織）認識的巴勒斯坦人並沒有不同。這些鬥士也不後悔曾經運用暴力抵制以色列侵略，他們同時也堅稱現在的重點就是找到和平解決之道。一名曾經試著轟炸以色列警局的男子告訴我：「我們只是想從國土侵略者手中奪回獨立的自由鬥士。」另一名試著刺殺以色列檢查站士兵的年輕女子則解釋：「我十五歲時相信自殺炸彈攻擊就是一種反抗手法，但現在我明白了暴力只會助長暴力，除了找尋其他方法，我沒有其他選擇。」

這兩名前鬥士和帕特里克一樣，深信他們只是在國家領土遭到侵略時保衛自己的同胞，為達目的他們別無選擇，只能採取暴力行動。這和納爾遜．曼德拉（Nelson Mandela）的立場並無不同，他在一九八五年回應前南非總統波塔（Pieter Willem Botha）關於議會的說法。曼德拉指出南非黑人做出暴力行徑，種族隔離制度要擔起責任，因為要是民主存在，暴力根本就不需進場。如今再回頭觀看南非歷史，相信一般人都能理解這個道理。

為何帕特里克．馬吉等行使暴力的人會同意和自己傷害過的人公開對談？我一直以為比起讓他人一再轉述自己的故事、不斷在公領域被人解剖分析，緘默不語、撕掉身上的壞人標籤還是簡單多了。也許他們在大庭廣眾下攤開自己的故事，是因為需要眾人理解，或是希望彌補補償，再不然就是抱持著修復式正義的精神，也可能只是想要說明一道需要答案的問題？無論原因為何，我都真心相信這種對話潛力無窮，是可以向聽眾示範修復與和解的強大案例。

我後來了解帕特里克．馬吉公開演說的動機。有次他向我解釋，要是他可以不顧慮一切，轉身離去，他會這麼做。「可是。」他又接著說：「如果你直接傷到某個人，就要勇敢站出來修補自己造成的傷害，就算做不到也至少嘗試彌補。某程度來說，你的舉動甚至可能鼓勵別人勇敢去見自己無法面對的對象。」他和喬．貝里的特殊關係記載在二〇二一年出版的回憶錄，他苦苦掙扎著釐清過往，努力建立一座共識的橋梁，而這本書就記錄這個過程的點點滴滴。

帕特里克邀請喬幫他的回憶錄寫序言，在在證實他對她懷有莫大尊敬。在這本書的開頭前幾頁，她寫道：「帕特一直都是我的導師，有時這過程實在不容易，卻也讓我改頭換面……他深深體會感受自己的行動必須付出的代價，並且毫不避諱地寫進自己的書裡，我不得不向他不畏脆弱的勇氣致敬……儘管我代表的是受害者，他還是選擇和我見面。和我見面並不容易，因為我就是一面讓他難以直視的鏡子，反覆提醒他自己當初的抉擇，可是他信任我，而我也相信我們兩人合力可以讓大家看見更多潛能。」[2]

要是受傷的人主動聯繫傷害人的一方，對方卻斷然拒絕承認他們的傷痛時，又會是什麼情況？這裡說的正是瑪麗安．帕丁頓的故事。

一九七三年，瑪麗安的胞妹露西在回家路上人間蒸發。二十年來，無人可以向她解釋這起不尋常的神祕失蹤案，直到最後露西的遺體在格洛斯特（Gloucester）克羅姆威街二十五號的地下室尋獲。警方很快就確認露西是惡名昭彰的連續殺人魔弗雷德和露絲瑪麗．威斯特的受害者之一。露西的遺體尋獲後過了十年，瑪麗安主動寫信給露絲瑪麗．威斯特，當時威斯特因為犯下十個年輕女孩和成熟女性的凶殺案，正在杜倫郡下紐頓監獄服終身監禁的刑期。

瑪麗安在信中的語氣充滿憐憫之心，說明她理解露絲瑪麗．威斯特小時候的性侵遭遇，也描述自己寬恕心理的轉折，展現這些年來她習佛開悟的智慧，結尾更是展現出有容乃大的寬宏氣度：

我知道妳對恐懼並不陌生。妳說妳覺得自己這輩子總是得謹慎提防，我的內心也感覺得到恐懼，有時感到沉重黑暗。昨天我望著山嵐，看見了自己的心，一部分仍像是山巔白雪冰冷，一部分則已融化，流淌入山谷底端的湖水。有時我的心在暖陽下徜徉，閃閃發光。

我之所以捎來這些話語是希望可以幫上忙，請妳記得我對妳絕無敵意，唯有悲傷，對於已經發生的事深感悲傷，也為了妳感受不到我希望妳明白的真相難過。妳與我的人生緊緊牽繫，在此我捎來象徵希望的新芽嫩枝。[3]

要是露絲瑪麗·威斯特真的拆開這封信，讀完信後做何反應，我們不得而知。然而寄出這封信的八週後，瑪麗安收到監獄的官方回覆郵件，要求她「請勿再寄送郵件」，因為威斯特女士「不希望再收到來信」。

這個回絕很傷人，你可能預期瑪麗安內心燃起憤怒和沮喪的感受，但正因為她成年後就幾乎不斷和失去的痛苦創傷共處，所以她聰穎睿智地選擇在二〇〇四年寫完這封信後（當時她在瑞士參加佛教禪宗靜修會）先不寄出。她在個人回憶錄《靜心凝神》中解釋：「我等到二〇〇八年，也就是四年後才將這封信寄給露絲瑪麗．威斯特。因為我覺得這是寄出信件的絕佳時機，我等到自己不再期待或需要她的回覆，才寄出這封信。」

這就是瑪麗安描寫關於露絲瑪麗．威斯特回覆的部分。由於沒有失望，所以也不需多加解釋。這封信將難以理解的殘酷轉化成一則充滿希望的訊息，並為悲傷之中誕生的人性賦予聲音，因此即便沒有收到回音也無所謂，畢竟故事已成過往雲煙，而她也可以放下。

一九七八年，瑪歌．泛．史留特曼（Margot Van Sluytman）十六歲那年，她的父親在多倫多的哈德遜灣百貨公司（Hudson Bay）男裝部工作時，遭到持械搶劫的歹徒殺害身亡。八年前，希爾多．泛史留特曼（Theodoer Van Sluytman）舉家從圭亞那搬到多倫多，為的是提供孩子一個安全的成長環境。槍擊事件發生後三天，瑪歌在殯儀館和母親、哥哥、兩個姊姊最後一次凝望父親的臉，向他道別。

她望著一動也不動躺在棺木中的父親，內心深感震撼，彎下腰親吻他的額頭時低聲喃喃：「爸，我答應你，你的生命不會白費。」可是當時她並不曉得這句誓言的意義。

三名男子因為持槍攻擊遭到起訴，其中一人是當年二十七歲的格蘭・弗列特（Glen Flett）。就各種想像得到的層面來看，這場兇殺案都震碎了這個家庭，父親過世三個月不到，喪父之痛壓得瑪歌喘不過氣，於是她最後決定搬出家。她需要獨處時間，靜靜哀悼並沉澱這場傷痛。然而傷痛並未就此消逝，兩年後，十八歲的她試圖服藥輕生，直到她母親乞求她：「我已經失去爸爸了，不能連妳也失去。」她才總算發誓再也不試圖自殺，可是後來幾年間，她卻飽受憂鬱症和飲食失調症之苦。

「我感覺自己就像是行屍走肉，終日失神落魄，不過最後還是以優等成績取得英語和哲學學位。雖然我不相信很多事，卻仍相信愛情，於是我愛上一個人，兩人結婚成家。這段婚姻很短暫，但我的兩個女兒卻給我活下去的動力。我內心仍充滿生存焦慮，有個認識的作家某次告訴我：『瑪歌，妳並不是唯一感到傷痛的人。』但是我太沉溺在自我傷痛中，任何不公不義都讓我內心苦澀刺痛。」

最後是詩拯救了瑪歌。文字成為她的「隊友」，安慰並賦予她空間，讓她宣洩複雜的痛苦感受。瑪歌甚至從詩詞中找到理想工作，把詩詞創作當作一種療傷方法，協助他人面對克服自己的傷痛。接續那幾年她先後開課、出版幾本著作，成為一名成功的詩人。

這幾十年來，瑪歌悲痛的形狀和聲調漸漸出現變化，猶如一種煉金術，將她的傷心欲絕提煉成一場堅韌勇敢的征戰，致力創造出一個關愛連結的世界。她的重點就是推廣沙波納（Sawbonna）的概念，並為其賦予全新架構，融入由受害者率領的修復式正義模型，就連加拿大司法部都有意採納這個模式。

沙波納又稱為「沙烏波納」（Sawubona），也就是祖魯語的「你好」，這項傳統認為看見與被看見具備療癒的力量，邀請人們身歷其境觀看傷痛，進行溝通交流，探索互助的可能。對瑪歌而言，沙波納就是一種打破僵化司法制度的契機，不用去管個人過往的遭遇，單純活出彼此相通的人性。[4] 她在最近一篇訪問中解釋：「我認為我們大可不必去原諒和關愛彼此，因為或許根本無法成真，但是沙波納卻**可能**發生。沙波納的用意是不讓我們偏離軌道，讓我們找到互通的人性。我們不必是死黨，卻也不會去傷害彼此，我們要尋找的是一場對話。」[5]

一旦下定決心，瑪歌就必定熱血達成目標。無論是教導學生創意寫作、進行司法制度轉型的演講，抑或以「希爾多之家」之名創辦虛擬療癒空間，她希望有朝一日可以成立實體空間，讓受害者前來進行心靈療癒。失去父親的經驗持續滲透影響她的事業，而她的動力正是來自對於父親的深深景仰，這個「對人生和生命活力充沛的男人，將會持續影響我的人生，不斷為我注入熱情、目標和喜悅」。

其中一名凶手出現在瑪歌生命，就發生在他們見面的三個月前。她發現自己的出版社收到一筆款項，匯款人是格蘭．弗列特的妻子，她以他的名義寄來這筆捐款。瑪歌解釋：

> 後來我得知格蘭．弗列特（他在坐牢過程中洗心革面，經過十四年監禁，如今已經出獄）有次參加一場受害人及加害人的聚會活動，一個女人詢問他想不想聯絡受害人親屬，他回答「想」。於是對方立即著手搜尋我的下落，還讓他看我

的出版作品。我回覆格蘭的妻子並感謝她的捐款，然後詢問她的丈夫是否考慮道歉。結果她馬上回信說：「他等這一刻已經等很久。」

自那時起，我和格蘭就開始交換電子郵件，郵件內容充滿人性溫暖，他的字字句句都幫我步向療傷，可是過了一陣子，光是文字已經不夠，我知道自己親自望入他的雙眼。於是三個月後，我總算和殺害父親的凶手相見。自我介紹之後，我們兩人開始啜泣，並且擁抱彼此。那一刻真的激動萬分，我們說了很多話，流下許多淚水，彷彿我們早就認識一輩子。

二〇一三年，我在倫敦一間人潮擁擠的咖啡廳和瑪歌初次見面，她興奮不已地和我分享這個故事。時差讓她情緒激動高漲，疲累的我則是靜靜聽她說，但我還是很感激她的坦白率真，以及她渾身上下散發的自由精神。

瑪歌和我分享她父親的故事，以及她和格蘭見面的故事，然後又講到沙波納的工作。之後話鋒一轉，我們聊到她與寬恕不自在的關係，即使母親幾乎立刻就原諒兇手，她起先卻很厭惡饒恕殺父兇手的念頭。

這場槍擊事件發生後三天，有一名記者前來家裡敲門，表示想要和她母親說話。「妳覺得妳是否可能原諒殺害丈夫的凶手？」面對記者的發問，母親幾乎毫不遲疑地回答：「當然，我原諒他們，唯有這樣我才能繼續過日子。」當下瑪歌立刻明白母親沒有不原諒的本錢。但她自己全然不同，隨著時間推移，寬恕的概念讓她愈來愈反感，尤其是寬恕常常被包裝成創傷療癒的良藥，更讓她不滿。「要受傷的人原諒是一件非常殘忍的事。」她說，緊瞅著我的目光彷彿在向我拋下挑戰書。

接著她解釋，儘管她當時依舊抱持這個觀點，卻表示她和格蘭・弗列特的關係改變了她對於寬恕的想法，某次公開演說時發生的事也讓她開始改變想法。其中一名聽眾告訴她，自己為何選擇原諒罪不可赦的加害人，也分享饒恕對方讓她內心平靜的轉折。這則故事讓瑪歌不禁好奇，她對於寬恕的想法是否太過狹隘。她告訴我：「我開始考慮寬恕的那一瞬間，全身上下都感覺到變化，覺得自己變得更平靜完整。對我來說，寬恕就是一種流動的療癒過程，在我踏上這條道路之前，一部分的我非常空洞，麻木空虛，可是現在我和殺害父親的凶手培養出友誼後，我又重新找回人生意義。」

第二次和瑪歌見面也是在倫敦。這一次我聽說她和格蘭共同進行幾場演講，而她也繼續支持他的歷程和人生。瑪歌熱情邀約我到加拿大與他見面進行訪談，搭配兩人的經驗說法，為這篇故事賦予更全面完整的框架。我注意到她對他展現出的感恩之情十分真誠，或許是因為他的贖罪讓她覺得人生更有意義，而她的心靈也日漸趨於平靜。

我從未真正訪問到格蘭・弗列特，因為我們第三次見面這天，她為了寬恕計畫在克羅伊登（Croydon）心理健康療養院分享自己的故事，可是這時他們兩人已經沒再聯絡。

我之前也目睹過類似情況，當遭遇嚴重罪行的受害者開始和傷害自己最深的人對話，之後可能發生了某件讓人失望的事，或是發現不合自己期望，於是開始口不擇言，揭露往日瘡疤，而諸如此類的互動往往會擦出新傷口，讓舊傷復發惡化。瑪歌的情況是她希望和格蘭參加某場公開演講，可是格蘭卻決定自己一個人去。結果可想而知，我和瑪歌一站上克羅伊登的講台，她果然又開始高談闊論寬恕的危險，而不是好處。

當時瑪歌真實感受到的不公不義嚴重左右了她的寬恕觀點。她覺得「除非受害者願意原諒，選擇與加害者站在同一陣線，否則受害者就不在乎人權，或是不想找出彼此共同人性」的說詞漏洞百出，並認定這是一種「侷限狹隘的錯誤觀點」，所以她非常希望能為這種二元對立和充滿批判的論調找到平衡點。

很多人內心都暗自期望透過修復式正義與加害者見面後，受害者會選擇原諒對方，而這也是瑪歌深感寬恕偏頗侷限的理由之一。許多我認識並經歷修復式正義的受害者都表示，儘管他們當初答應參與修復式正義時，並不期望自己會原諒或是對加害者產生同理心，最後仍感覺到寬恕或類似寬恕的情感在內心油然而生。很顯然看見加害者展現出誠摯恐懼及悔意，能為他們增添一絲人性，並在受害者內心激起憐憫感受。憐憫心在社會上的人際關係很常見，所以修復式正義可以觸動人們心中的憐憫之情，最後選擇寬恕，一點也不讓我感到詫異。

我剛開始搜集和解及寬恕的故事時，並不知道修復式正義的真實意思，是直到我在加拿大、美國、澳洲遇見支持修復式正義的人，才初次認識這種另類的正義理論。修復式正義和療癒圈都是處理傷痛的方法，源於解決犯罪問題和施以懲罰的原住民傳統，做法是讓所有相關人士齊聚一堂，進行具有建設性的談話。

那之後，我的寬恕計畫工作就不斷嘗試探究，要是給正義光譜兩端的人相見的機會，親耳聆聽彼此的故事會發生什麼事。修復式正義的做法是讓加害人和受害人溝通交流，交流方式五花八門，通常是面對面，也可能利用寫信、或是經由中間人幫忙傳遞訊息，有時也可能是三種方法併用。

向來大力鼓吹修復式正義的前任獄長提姆．內威爾（Tim Newell）為修復式正義的哲學整理出一個完美結論，他寫道：「修復式正義主要是把罪行視為一種傷口（而不是犯法行徑），伸張正義的用意則是療癒（而不是只有懲罰），強調要加害者替個人行為彌補負責，並且提供受害者協助和服務。修復式正義的目標是讓加害者及受害者成功重回安全社會，成為具有生產效力的人。」[6]

幾年前，我受邀在貝爾法斯特的修復式正義會議上演講。當時該業界的某位領袖級人物詢問代表團體，他們認為與修復式正義最息息相關的關鍵字是什麼。大家一股腦兒丟出五花八門的猜測，好比「道歉」、「誠實」、「真相」，卻始終沒人猜對。最後講者公布正解是「寬恕」時，我不由得感到心滿意足。然而這幾年來我卻愈來愈不贊成這個說法，部分是因為我從自己接觸到的寬恕學者和從業人員身上學到，寬恕可能只碰巧是修復式正義的結果，而非終極目標。

受害者參與修復式正義的過程，是為了知道「為何偏偏是我？」並且娓娓道來罪行對他們造成的影響。加害者則是想要彌補，同時解釋當初他們犯罪的動機。活躍參與修復式正義社會運動五十載的犯罪學者約翰．布萊德懷特說：「寬恕是一個禮物，但如果你把寬恕當作責任，寬恕就失去價值。」

V形容道歉是一種「親密和連結之舉」，這個說法其實完全可以套用在修復式正義的程序上。我聽過許多人從受害者及加害者的角度談論個人的修復式正義經驗，而這些故事都彰顯出私領域展現的道歉力量，無論道歉是以懺悔的形式呈現，或是單純扛下傷害罪責，透過深刻傷害或罪行相遇結識的兩人，而這種連結往往會打造出一種羈絆。

多份英國研究和試驗都顯示，[7] 修復式正義是降低罪犯再犯率的最有效方法，然而目前修復式正義卻尚未廣泛採納落實，部分出於成本問題，另一個原因則是人們通常以為這種方法只是輕饒罪行。但其實修復式正義幾乎很少被當作懲罰性正義之外的選擇，再加上我聽過不少加害者表示，與受害者見面其實如坐針氈，比坐牢還難熬，所以我知道修復式正義不是那麼簡單的選項。

加拿大出生的安瑪麗・哈根（Anne Marie Hagan）是第一個對我仔細解說修復式正義的人，同時亦向我描述她和殺父凶手面對面的情況。她說自己幾十年來都大力鼓吹不能讓這個心理不正常的男人出獄，相信要是他關在牢裡的時間愈長，父親的生命就愈有價值。可是有人詢問安瑪麗是否願意進行修復式正義時，她並沒有抗拒，反而發現自己很好奇，想要親眼見見這個長久以來盤據她思緒的男人。

她描述這場會面讓她明白，修復式正義就是一種理解他人傷痛的途徑，也能透過認知同理心，發現彼此共有的人性。她說：「長達一個鐘頭又四十分鐘的面對面談話中，十六年又十個月的心酸痛楚全部一筆勾消。他開始哭泣，說：『全都怪我，全都怪我。』這時我再也承受不了，我繞過桌子擁抱他，告訴他我原諒他。我還記得當時我對他說：『說責怪太沉重了，太沉重了。』我永遠都想像不到這場會面竟然讓我的心靈重獲自由解脫，我總算放下將我變成俘虜的傷痛和折磨。

我也總算了解，原來禁錮我的不是別人，而是我自己。自那天起我的人生天翻地覆，開始透過全新雙眼觀看世界，也能再次感受喜悅，麻痺冷感煙消雲散。」

修復式正義有時會帶來出乎意料的結局。例如琳達・比爾和丈夫彼得與兩名毆打刺殺女兒致死的年輕凶手見面後，不僅給伊基和恩托貝可工作機會，幾年後我詢問琳達，她和凶手這麼要好有什麼樣的感受，她甚至以不可思議的寬容氣度回答：「事實上，我漸漸喜歡上這兩個年輕人，他們就像是我自己的孩子。聽來或許奇怪，但我總覺得他們延續了艾咪一部分的精神。」

一九八一年，十三歲的卡門・亞奎爾（Carmen Aguirre）在溫哥華學校不遠的森林，遭到連續性侵犯約翰・霍雷斯・奧頓（John Horace Oughton）強暴。十三年後，如今已是作家與劇場藝術家的卡門特別前往艾伯塔省，在奧頓服刑中的監獄中與這名性侵犯面對面，希望可以取回權力平衡。跟她同行的還有另一名奧頓的受害女子蘿拉，蘿拉則是想要望入這個侵犯她的男人眼睛。

這場修復式正義被鉅細靡遺記錄在亞奎爾貼近心靈的回憶錄《墨西哥妓女一號》（*Mexican Hooker #1*）。她描述在會面之前，「大家都問我們為何想要見他，關於這個問題，我以蘿拉的說法回答他們。我見過最有智慧又清醒明理的這名女子說：『因為我想見見這個和我一輩子藕斷絲連的男人』」[8]

她解釋這場會面氣氛緊繃且意想不到，因為奧頓開門見山就說不記得強暴事件，最後他表示，儘管要對自己壓根不記得的事表達悔意實在不容易，但他正在學習對受害者抱持同理心。光是這樣已讓亞奎爾心滿意足，接著甚至說出大多數人都匪夷所思的話。她以下面幾句話感謝奧頓：「約翰，我多年來都在思索為何你要對我做出那種事。現在我知道原因了，這件事是要教會我憐憫。即使在性侵事發當下，我都感覺得到你的傷痛，我真的可以感覺到，所以我想要謝謝你。」

若把這個極端的善意之舉當作她的療傷支柱，這幾句話或許就有道理，同時也是釋放仇恨的強效解藥，為她的人生找回對稱與平衡。雖然她言談之間並未提及寬恕，但都屬於同一片水域，而憐憫就是脫離性侵暴力的唯一途徑。

二〇一四年，保羅．柯勒爾（Paul Kohler）遇到四名蒙面歹徒闖空門，並慘遭暴打。當對方逼問他「錢在哪裡？」保羅心想他們肯定搞錯對象走錯屋，可是歹徒始終不顧他的抗議，甚至開始出拳痛毆他。這時另外兩名歹徒在樓上發現他的太太莎曼莎，於是命令她躺下，並使用她的連帽上衣當作頭罩，蒙住她的頭臉。謝天謝地，他們的女兒和男友當時正在頂樓，聽見樓下的喧譁後默不作聲地鎖上房門，迅速撥打緊急服務電話。警察在八分鐘內抵達現場，及時救了保羅一命，因為這時他已經被打到眼窩挫傷，鼻梁斷裂，大量出血。

當我在倫敦西南部、發生攻擊事件的保羅家中見面時，他告訴我其中兩名歹徒當晚就遭到逮捕，另兩人則是在媒體公布他滿臉瘀青的驚悚照片後才逮到人。雖然保羅對於新聞播報心懷感恩，卻還是注意到故事經過惡意操縱。「不巧的是，經過某些媒體和政治元素的加油添醋，這則故事遭到錯誤扭曲。例如他們就利用這起攻擊事件點燃反移民、反歐盟情緒，並將我描繪成保家衛國、抵禦外敵的英格蘭英雄，對此我不是很滿意。」

案件進入最後審理階段，歹徒獲判漫長的牢獄刑期，可是保羅心頭仍盤旋著許多尚待解答的問題。後來是「為何是我」（Why Me?）慈善組織為家屬主動提供修復式正義，經評估後，居中協調他們和其中一名歹徒見面，其他歹徒則因不適合參與這個程序而排除。

保羅解釋，他的家人想和歹徒見面的動機各不相同。「我之所以想要和他們見面，是因為我想知道他們為何攻擊我。我太太想要宣洩她的怒氣，我女兒則是希望知道這男人是否打算彌補自己的錯事。最後我們發現，在這場長達兩個鐘頭的會面中，唯獨我女兒提出的問題才是真正的重點。為何他們會挑中我，我始終不得而知，但我很確定是他們搞錯地址、追錯毒品債務。我太太則是發現他其實早就已經知道她的感受，因為他命令她蒙住自己的臉時，她瞪著他的神情已經非常明確。我女兒提出的問題倒是非常重要，因為他雖然向我們道歉，但我們仍覺得必須在這場會面中釐清，他的歉意是否真心誠意，抑或只是做做樣子，而唯一的測試方法就是詢問他現在是否設法改變自我人生。他告訴我們，目前他正試著修補人生（認真讀書、和監獄進行建設性的合作），所以我們感覺他確實已真心悔改。」

對於保羅的女兒來說，和歹徒見面讓他多了份人性，歹徒在她眼中不再是妖魔鬼怪。保羅說：「這對於她的復原至關重要。」至於這場會面能帶給保羅什麼樣的影響，他目前還說不準，但他很清楚妻子不喜歡這場會面。即使「為何是我」

慈善組織強調，修復式正義的用意不是原諒加害者，莎曼莎仍然覺得她對犯人太寬厚仁慈，花了很長時間才接受這個事實。至於保羅，原諒加害者對他的人生進程也是很重要的階段。

「對我而言，寬恕是一件自然而然發生的事，也許正因如此，我才能和這起事件和解。有人事後對我說，我肯定是堅定虔誠的信徒，才可能原諒得了這樣的惡行。身為一名『對上帝敬畏三分的不知論者』，這個說法每每都令我忍不住笑出來，因為其實我認為寬恕是人性的一部分，和宗教信仰並沒有太大關係。而原諒加害者只不過是解決自我內在的問題，以確保過去經驗不讓你內心懷恨積怨。就這點來說，寬恕可以說非常矛盾，幾乎算是一種自私舉動，因為你會與自我內心的創傷和解，最後當然就會原諒加害者。」

馬克・恩布雷特博士（Mark Umbreit）是明尼蘇達大學社會工作學院的修復式正義與和解中心（Center for Restorative Justice & Peacemaking）的創辦主任，同時也是一名享譽國際的學者和寬恕工作者，過去四十年來曾經擔任調解者、調停人、作家、老師、研究員等角色。二〇一三年十月，我造訪明尼亞波里斯時，非常榮幸他答應在美麗的科莫公園（Como Park）河岸咖啡廳與我見面。

他告訴我，最初美國的受害者運動對修復式正義抱持著戒慎恐懼的態度，只怕這樣一來會抹煞他們承受的傷害。在質疑修復式正義的人與刑事司法組織之間建立橋梁，就是恩布雷特的工作主軸，也因為這一點，多年來他刻意避談寬恕。可是他表示，他第一次目睹受害者與加害者的調解過程時，發現整個室內的氣氛轉變，充滿寬恕的空間，所以他遲早得同意修復式正義調解會面中瀰漫的寬恕氛圍和能量，往往超越清真寺、教堂、猶太會堂。

馬克．恩布雷特也和我分享，他近期與德州大學卓越教學教授瑪麗蓮．亞莫博士（Marilyn Armour）進行的研究。亞莫博士同時也是修復式正義與修復式對話機構（Institute of Restorative Justice and Restorative Dialogue）前主任兼創辦人。恩布雷特講到「寬恕的矛盾」，也就是在修復式正義的場合中，你愈常提到寬恕或鼓勵原諒，人們就愈覺得不安全，反之要是能夠創造出更多安全的環境條件，寬恕就愈可能發生。

當月稍晚，我也和人在德州奧斯汀（Austin）傑出的亞莫博士見面。她說：「肢體語言可以透露不少訊息，絕大多數都是透過非語言的形式傳遞表達。我們常常堅持寬恕應該是一種明確概念，但這一類概念全是宗教政治捏造出來的，令人覺得模糊不清，所以寬恕需要的是重新定義。從肢體語言、臉部表情讀出寬恕讓我覺得很有意思，可是要直接說出：『你可以原諒我嗎？』人往往會退縮。」

對於修復式正義，大眾的反應一般都很正面積極，但要是你把寬恕放在某個框架中，他們的反應則變得充滿敵意。伊莉莎白和費南多．吉米內茲（Fernando Jimenez）在二〇二一年八月號的《鏡報》（*Mirror*）大方分享個人故事，[9] 因為他們迫不及待想讓全世界知道，即使一個年輕人因為危險駕駛害死他們的女兒，他仍然可能獲得救贖，並且熱血沸騰地探討寬恕的療傷能力。費南多說：「一開始，原諒尼克是一件很困難的事，但後來我理解，我原諒的不是他這個人，而是原諒他的愚蠢行為。」他們的故事非比尋常，因為他們不僅原諒導致女兒死亡的男人，甚至帶他回到自己家、去監獄探望他，對他視如己出，直至今日仍持續在人生路上支持他。

《鏡報》的文章一經刊出，部分讀者評語顯現出司空見慣的不可置信，我早就預料到罪行受害者講到寬恕時，眾人可能會出現這種反應，例如其中一人寫道：「真可惜，這世界幫倒忙的人實在太多，就是有這種天真好騙的人，對他人抱持希望和信任，最後反被罪犯揩油，害自己或其他無辜的人繼續淪為受害者。」另一則評語則是：「這家人居然邀請犯人去家裡！照理說他們那天在花園裡挖出的坑才應該是他的新家吧……」

也許普羅大眾已經做好心理準備，願意把採取修復式正義當作一種減少犯罪率的方針，可是他們還沒做好準備，把寬恕當作減輕心理傷痛的方法，尤其要是受害者不只有寬恕，還給予加害者澎湃的愛與慷慨，好比伊莉莎白和費南多．吉米內茲的案例。

凱伊．普拉尼斯（Kay Pranis）是美國修復式正義領袖，而她的專業領域就是和平圈。她告訴我，長久以來她都盡可能避免使用寬恕二字，直到開始接觸美國原住民。她說：「那時我再也無法逃避，因為原住民會告訴你，只要你一天不原諒，每天都只是為自己平添苦惱。」雖然普拉尼斯堅信受害者絕對具有不原諒或不與罪犯和解的權利，她卻相信社會有饒恕的責任，在犯人出獄後接受他們重新投入社會及社區。她說：「與釀成傷害的人和解就是一種社會責任，因為如果不這麼做，我們就會製造出下一次受害經歷。」

英國的情況也大同小異，也許你以為罪犯一旦服完刑期，就等於獲得社會大眾的寬恕，然而現在有愈來愈多人要求公正，與其走上修復與改造之路，這種做法似乎只讓已經邊緣化的人更無路可退。社會譴責罪犯，大眾普遍充滿敵意，具有犯罪紀錄的更生人這下更難回歸社會，重新開始並修補個人罪行的裂痕。

但也不是社會大眾都充滿敵意。家族企業提姆普森（Timpson）的執行長詹姆斯・提姆普森（James Timpson）僱用前科罪犯的比例，遠遠超越其他英國公司（至少多出十％）。也許這個跡象顯示，我們的社會其實比想像中更包容。詹姆斯堅稱：「正因為我們僱請前科罪犯當職員，來我們店內消費的顧客人數超過為此避免來本店的人。」[10]

演化心理學有一個相當吸引人的觀點，值得我們銘記在心，那就是寬恕其實和報仇一樣，最後都演進成一種策略，用意是在傷害過後降低未來傷害的風險。[11] 我們的司法制度主要採取究責和報仇的懲治手法，但成本卻非常高，也無法達成減少犯罪率的主要目標。或許這個假設很極端，但我們不妨想像一個更具人性化的社會，一個國家的寬容大量（若是做得正確）或許能改變犯罪者的動機，也能改變他們面對受害者的態度，進而降低犯罪率，減少社會成本，最重要的是可以中斷永無止境的復仇循環。

第10章

卸下束縛

「寬恕並非原諒某種行為，而是原諒人類與生俱來的不完美。」

——薩曼莎・勞勒（Samantha Lawler）

二〇一三年十月某個陰雨綿綿的上午，我和凱西・哈林頓牧師（Reverend Cathy Harrington）在紐約市中央公園附近見面。她從威斯康辛州遠道而來，為的就是在女兒蕾絲莉遭遇凶殺案的九週年紀念日與我碰面。我們碰面的時候，凱西住在密西根州，從事受害者外展服務工作，同時也是「普救一位神」教會（Unitarian Universalist Church）牧師，而該教會的傳統信念是每個人都有與生俱來的價值和尊嚴。* 後來是凱西那天上午告訴我，我才知道原來這天是蕾絲莉的忌日。在這個意義非凡的一天，這位痛失愛女的母親帶著療傷心情，特別遠行至曼哈頓和一個名為寬恕計畫的組織分享她的故事，令我非常感動。

雖然那天上午我們的對話令人不太自在，卻也閃現著諒解和希望的光影。凱西和我分享她的女兒在二〇〇四年夏天發生的事，以及這個事件遺留下的創傷如何重塑她的道德和靈性生活。「失去一個孩子就像是核彈爆炸，你的世界會化為一片荒蕪貧瘠，此後寸草不生。」她說：「彷彿地標消失在地平線，你已不知道自己身在何處，我花了很長一段時間尋覓方向。」

蕾絲莉在二〇〇四年畢業之後，與母親同住在加州柏克萊附近，凱西當時正要完成神學院課程。那年夏天稍晚，凱西被召去密西根州的教會，於是蕾絲莉和兩名女性友人搬進納帕谷（Napa Valley）。

凱西說：「當初是我妹妹通知我消息的。十一月一日這天，她打電話給我，告訴我她看見電視新聞報導說我女兒和她朋友居住的多瑟街（Dorset Street）發生

*普救一位神主義的特色是「自由卻有責任的搜尋真理與意義」。信徒不見得都是基督徒，不過部分信徒的靈性信仰仍以基督為中心。

凶殺案。我起先不敢置信，可是隨後致電納帕警察局時，警方卻告訴我：『我們一直在等妳的電話，哈林頓太太。』我的心臟碎裂一地。據說她們萬聖節那晚發完糖果後就直接上床睡覺，可是後來有人闖進屋內，砍殺蕾絲莉和她的朋友亞德莉安。不幸中的大幸是另一個睡在一樓臥室的女孩毫髮無傷。由於蕾絲莉遭遇凶狠殘忍的攻擊，警方初步判定是熟人所為。」警方花了一年時間才揪出真凶，凶手是亞德莉安死黨的男友艾瑞克·可普（Eric Copple），而當時可普在一家土木工程公司上班，先前沒有前科紀錄，也從未見過蕾絲莉。

凱西和警方通完話並放下電話後，震驚到說不出話來地坐著，難以承受的濃烈悲痛令她無法動彈，她的世界瞬間天崩地裂。她問我：「聽到這樣的消息妳能怎麼辦？」接下來她就讀的神學院顧問馬上致電給她，要她盡快買一張機票，並且陪她一起回加州。「於是我照做了。顧問一路陪在我身邊，在我人生最低潮的那幾週保護我。當時我真的很需要陪伴，媒體跟拍令人不堪其擾，謀殺案件變成茶餘飯後的話題，我很快就發現原來死者和喪親家屬毫無權利。蕾絲莉的新聞報導內容聳動低俗，對她種種貶抑。」

在蕾絲莉的喪禮上，凱西的兩個兒子把母親拉到一旁，懇求母親不要反對殺害的姊姊凶手死刑判決。她當時很茫然，不知道該怎麼做，一方面她的信仰要求她不可接受任何國家批准的謀殺，另一方面她卻不希望為了凶手的生命，和自己的親生兒子鬧翻。兒子的央求讓她接連幾週深陷苦思，最後她總算想到，她可以聯絡某位或許能幫助自己解決這道傷痛難題的人，而這個人就是極力反對死刑的天主教修女海倫．培貞（Helen Prejean），培貞修女的著作後來亦改編成電影《越過死亡線》（*Dead Man Walking*）。

凱西接下來告訴我，海倫修女的忠告是如何滋潤她的心靈。

她告訴我，兒子想為姊姊的命案尋求終極嚴懲手段很正常，可是她也說了，由於使徒想要從耶穌的死得出意義，於是完成福音書。她邀請我創作蕾絲莉的福音書。所以我開始思考女兒留下的遺產，腦中立刻浮現她是一個內心充滿愛的人，身邊朋友成群。海倫修女也談到《越過死亡線》電影中的凶手母親，由於大家都毫不留情地攻擊她，最後她只好遠走他鄉。海倫修女對我說：「凱西，耶穌要我們展開雙臂，因為十字架也有兩隻胳臂，一隻伸向受害者與他們心愛的人，一隻則是以相同的愛與希望，擁抱凶手和其家屬。」這是我第一次同情艾瑞克的母親。我感覺心胸開闊，瞬間發現在這之前，我的心猶如一個緊握不放的拳頭。這麼一回想，我之前肯定以為一顆碎裂的心只能用止血帶緊緊纏繞包裹。海倫修女說的這番話為我伸手不見五指的黑暗刺戳出一個孔洞，因為想到艾瑞克母親的那一瞬間，我發現身為孩子遭到謀殺的母親還不是最淒慘的。

耶穌基督在十字架上張開雙臂、擁抱受害者與加害者的形象，讓我想起瑪麗·強森告訴我的話，也就是第2章提到時機未成熟的寬恕故事。跟凱西一樣，瑪麗也有堅定信仰，在兒子拉瑞米恩·伯德遭到謀害後幾年，有人鼓勵她和凶手歐薛·以色列見面。瑪麗澈底改變心意的這一刻來得突然，也不在她的意料之內，而就在那之後，她決定和凶手見面。

瑪麗多年來飽受喪子之痛和憤怒折磨，雖然試著原諒凶手卻始終辦不到，某天心力交瘁的她聽見一首詩歌朗讀，內容講的是傷痛的共通性。這首詩的標題是

〈兩個母親〉，描述耶穌的母親聖母瑪利亞，與背叛耶穌的使徒加略人猶大的母親對話。「剎那間，我腦中浮現創辦一個慈善組織的遠景，我想要支持跟我一樣孩子遭到謀殺的母親，也想幫助自己孩子是殺人凶手的母親。」她說：「那一刻我總算明瞭，要是我無法原諒歐薛，我就永遠沒有資格面對這些母親。」

結果瑪麗安排與正在服刑的歐薛見面。講到她和歐薛在監獄長達兩個鐘頭的對話時，她形容這是一場非常震撼的寬恕經驗，實質層面和靈性方面都是。「我感覺有個東西從我的腳底冉冉飄起，離開我的身體。」她說：「自那天起，我就感覺不到仇恨、敵意或憤怒，一切雲消霧散。」瑪麗現在稱呼歐薛是她的屬靈兒子恐怕也不意外，此舉則完全展現出憐憫和恩典。

在紐約時，一想到海倫．培貞修女，凱西的情緒似乎就變得平靜。接著她又講到法庭審理的過程。「我們清楚告訴檢察官，不想公開審判，寧可達成認罪協商。一方面艾瑞克．可普已經承認動手殺人，另一方面是二〇〇七年判決前進行聽審時，我的兒子已不覺得有必要判他死刑。等到一切落幕，媒體也離開法庭，我朋友低聲問：『凱西，妳想和艾瑞克的母親見面嗎？』聽到這句話時我瞬間驚慌失措，可是我馬上看見她朝我的方向走來，心知肚明是躲不掉了。她渾身發抖，看得出來比我還驚慌失措。我們兩人的相似處讓我心頭一顫，我忍不住這麼想：『噢，我的天，我們兩個根本一樣！』接著我們擁抱對方，這一個擁抱充滿惻隱之心，讓我們卸下內心重擔。」

判決前的聽審結束之後，家屬總算可以鬆一口氣。可普獲判無期徒刑，不得假釋，同時也放棄他的上訴權利。他已經躲過死刑，而根據當時某報紙報導的說法，據說凱西表示，這是「整場無法言喻的可怕事件中，最具惻隱之心的結果，也總算終止暴力循環」。

判決總算落幕了，可是凱西還得實現海倫·培貞修女賜給她的目標，也就是為蕾絲莉寫一本福音書。為了釐清龐大沉重的喪女之痛，她曾和舊金山的尼加拉瓜窮人進行街頭靜修活動，與身無分文的尼加拉瓜人共同生活。她說：「我從中獲得安慰。若說有個地方可以讓我找到恩典，那就是街頭。尼加拉瓜有一句話，那就是光是靠雙腳走路，我們就能走出自己的人生方向。而那就是我當時做的事，我只是一次往前踏出一小步。」

對話進行到一半，我明白這應該是一個難以啟齒的話題，卻仍然詢問凱西現在對寬恕有何感想。因為她有普救一位神教的多年神職經驗，所以我想知道她是否希望自己有天也可以原諒。

她告訴我：「蕾絲莉過世兩年後，我在報紙上讀到阿米什人已經原諒校園槍擊事件的凶手。我對我的哀傷輔導員說：『這些阿米什人真是誇張！我真的不敢置信，也不相信這種事會真實發生。』要是我都無法原諒，他們怎麼可能說原諒就原諒！這時我的哀傷輔導員回道：『是他們的信仰督促他們接納寬恕。』我覺得這個說法對我很有幫助。耶穌真的很不可思議，他人還釘在十字架上，苦難還沒結束，就已經原諒傷害他的人。身為普救一位神教的基督牧師，我也想要效法耶穌的典範和教導，可是一想到我那永遠無法誕生的孫子，我想要抱在懷裡的小寶寶，至今我依舊無法想像要怎麼原諒殺死女兒的凶手。老實說，我很怕有天得面對凶手，因為我不知道我是否有原諒的勇氣和風度，但我希望自己可以，也在內心這麼默默禱告。」

和凱西見面後的一週，一場因緣際會讓我碰見海倫・培貞修女。當時她正在明尼亞波里斯市中心的聖瑪利羅馬天主大教堂（Roman Catholic Basilica of St Mary）演講，在這座自詡「窮人庇護所」的教堂中，我再次聽見恩典的案例。海倫修女描述她首次與死刑犯的相遇過程，由於她從未與謀殺犯見過面，所以無法預期會見到什麼樣的妖魔鬼怪。她說：「但當我望著他的臉龐，我卻瞥見他的人性，那一刻充滿恩典。」緊接著告訴聽眾：「有時我們得先心碎一地，才可能抵達一個全新地點，重新整頓自我人生。」這句話讓我想到凱西。

作家勞倫斯・岡薩雷斯（Laurence Gonzales）多年來研究人們如何挺過最險惡的災難，從墜機乃至集中營都有。他認為恩典就是生存關鍵，是一場讓人在創傷情境下釐清並找到聚焦的轉變旅程。[1] 對某些人而言，遇見恩典會喚醒深層的靈性體驗，為人帶來療癒與慰藉。

我和凱西在紐約見面之後，女兒的死持續形塑凱西的人生。她全心全意投入服務信眾的神職工作，之前在田納西州查塔努加（Chattanooga）擔任志願警局牧師，現在則轉調至北卡羅萊納州阿什維爾（Asheville）。最近她告訴我，她參加了邁可・拉普斯利神父在美國舉行的回憶療癒（Healing of Memories）研討會，並形容「對於正在療癒的我及數不清的人來說，這場研討會非常關鍵」。她深深體會到恩典降臨的美好，恩典偶爾也能幫助她減輕悲傷。「我多年來慢慢調整心理狀態，眼睛也漸漸適應黑暗。當我越過悲傷的空洞深淵仰望天堂，就能發現恩典。恩典就在那裡等待我，將我的悲傷一點一滴宣洩殆盡，恩典也是這趟孤單旅途中最值得信賴的旅伴，而我只需要繼續朝那個方向前進。」

寬恕計畫沒有宗教合作組織，但我們有不少修復式論述在探討信仰與寬恕的關係。人們常常透過專制的神學濾鏡觀看寬恕，而我早期也對這種角度抱持謹慎觀望態度。因為我想要盡可能避免過度傾向宗教靈性的弦外之音，於是往往把寬恕計畫包裝成「百分之百的世俗組織」，而且對此的態度是毫不退讓、堅持到底。直到瑪麗安・帕丁頓直言不諱地指出，她覺得這種想法不對，並點出幾乎所有寬恕計畫搜集的故事都具備深廣的靈性特質。

經過一番思索，我發現要是靈性指的是更深刻的悟性和連結，無論是更崇高的力量、自然界、自我或人性都好，那她說的完全沒錯。神學家兼諷刺作家亞麥可（Mike Yaconelli）替這種神祕學和事實的結合，下了一個精闢結論：「靈性不是公式，不是測驗，而是一種關係。靈性不關乎技能，而是關乎親密。靈性無關完美，而是連結。靈性生活都是在我們混亂的人生中展開。」[2]

我很喜歡這段關於靈性的描述，精準地捕捉到精髓，清楚說明連結可能將一個人的生命引導調整至全新美好的方向。由於原諒某人可以全面開拓靈性的嶄新地景，所以你可以說寬恕的本質就是一種靈性現象。

確實，即使是自稱無神論者的萊特拉帕・姆法勒勒都形容，其中一名受害者的母親吉恩・弗里原諒自己時，他感覺這個經驗比較類似靈性體驗，而不是宗教體驗。他說：「我是無神論者，吉恩是基督徒，我從中學習體認到一件事，那就是寬恕與一個人的宗教信仰幾乎完全無關。」

我之所以擔憂寬恕與宗教或靈性信仰畫上等號，是怕這樣會造成排他性。我擔心訴說信仰能推動實踐寬恕的故事，可能會排擠不具宗教信仰的人，讓人誤以為唯獨心理素質強大或靈性優越的人才做得到寬恕。我一向不希望大家以為唯有在上帝的支持或宗教指導下，人才可能原諒。寬恕常常被宗教的緊身衣包裹束縛，顯得狹隘侷限，就如同瑪麗安．帕丁頓說的：「寬恕長年淪為宗教信仰的俘虜，而這就是最大的問題。」

即使遭遇猛烈的文化逆風，或是以意識形態和身分認同的論調，將人狹隘地分門別類，這種時候，世界各地的信仰傳統無疑仍能派上用場，向人們傳遞智慧。在接下來的部分，我會簡潔有力、廣泛遼闊地闡釋每一種主流宗教眼中的寬恕。但當然我很清楚要百分之百描繪出不同宗教教義的細微差異和複雜層次，是絕對不可能的任務，而且也恐怕淪為可悲的斷簡殘篇。[3]

在猶太教（第7章曾討論）中，你首先要尋求原諒的對象不是上帝，而是遭到冒犯的對象，而若犯錯者不道歉，受害者就沒有非得原諒對方的宗教義務。請求受害者原諒的次數以三次為限，要是對方三次都拒絕你，你就能尋求上帝的寬恕。生還者不能代替受害者原諒，好比謀殺的情境。雖然生還者不能代替死者原諒，但他們可以引導加害者反省懺悔，也可以原諒自己背負的傷痛。另外猶太教也會舉行請求死者原諒的儀式。

在基督教傳統中，寬恕是一種刻意的行為，透過上帝的憐憫與恩典展現愛，因此寬恕既是人與人之間的關係，也是神與人之間的關係。有些基督徒相信他們需要無條件寬恕，沒得商量，因為耶穌在〈馬太福音〉中告誡信徒：「你們饒恕人的過犯，你們的天父也必饒恕你們的過犯；你們不饒恕人的過犯，你們的天父也必不饒恕你們的過犯。」[4]

再者寬恕並非一勞永逸，而是一旦必要就得不斷重複的舉動，也就是聖經中所說的「七十個七次」。[5] 換句話說，為了取得上帝饒恕，基督徒就得為了自己的行為痛定思痛，改變自我，而這就是「懺悔」。基督徒之間也有一種激烈辯論，饒恕的義務是否可以同樣運用在死不悔改的人身上。

在伊斯蘭宗教中，寬恕是最高的靈性表現。《可蘭經》的教義說阿拉就是所有寬恕的源頭，但前提是被原諒的一方必須先懺悔。依罪行而定，罪人可以直接由阿拉赦罪或受害人饒恕。然而要取得上帝饒恕，就必先檢視道歉者的誠意是否符合標準，此外亦有三大關卡：做錯事的人要先承認犯錯，而且是在上帝面前認罪。再來罪人必須向上帝承諾，未來不再犯下同樣錯誤。最後，罪人必須向上帝請求饒恕。如果罪行直接影響到某人，那麼就需要符合第四項條件，也就是盡自己所能更正錯誤，並請求遭到傷害的一方饒恕。

在佛教信仰中，神明並沒有懲罰或饒恕的力量，原諒自我和他人是一種避免自己走不出負面思想的方法。佛教相信仇恨和心懷惡意會對一個人的心理造成長遠效果，因為要是你無法放下原諒，根深蒂固的傷痛就會定義你這個人。佛教比較常把寬恕解釋成對他人心生憐憫或善意關懷。佛教徒相信的是因果報應，意思是就算受傷了，他們也不需要對方彌補，因為做錯事的人總有一天會得到報應。

在印度教中，彌補、寬恕、懺悔就是自我淨化的最佳方式。印度教聖典《薄伽梵歌》（Bhagavad Gita）清楚言明，唯獨上帝有饒恕的能力，獲得上帝饒恕之後，罪惡業障就會獲得淨化，而上帝的饒恕可以完全洗刷信徒的罪惡。

錫克教認為寬恕是化解憤怒的良藥。一旦你的憐憫之心激起，就能原諒得罪自己的人。饒恕不是憑藉人力可以達成的行動，而是一種神聖贈禮，為的是保護人不被自負阻礙，靈性因而無法進步。

我試著將寬恕拆解解密成世俗題材時，其中幾篇寬恕計畫的故事仍然甩不掉宗教信仰的根源。在這些案例中，故事主人的扎實信仰反轉了分裂和仇恨，變成團結和睦的關係。亞季姆・哈米薩（Azim Khamisa）的故事就是一個很好的例子。我在尋找宗教傳統觸發寬恕的範例時，亞季姆引起我的注意。一九九五年，亞季姆的二十歲兒子塔里克（Tariq）外出送披薩時不幸遭到謀殺，聽說後來亞季姆原諒兒子的凶手，並以兒子的名義成立非營利組織塔里克哈米薩基金會（Tariq Khamisa Foundation），致力推動年輕人暴力防治。經年累月下來，該組織的觸角甚至深入美國各州和其他地方的青年。

在人滿為患的學校禮堂和會議廳講台上，亞季姆經常向年輕人講述兒子的故事，也提到殺害兒子的凶手東尼・希克斯（Tony Hicks）雖然「擁有稚嫩臉龐，卻擁有凶手的心智」。希克斯十一歲就加入街頭幫派，十四歲時為了向幫派頭頭證明自我，選擇無端攻擊塔里克，將他射殺身亡。

我已經和亞季姆見過好幾次面，聽過他在學校、會議、課堂上對決策者演說。亞季姆言行舉止溫文儒雅、輕聲細語，而他的真誠無庸置疑是來自這段痛苦經驗。

身為蘇菲派伊斯蘭教徒，亞季姆表示是他的靈性生活拯救了自己：

接到塔里克過世的通知電話時，我人正好在廚房。當下我雙膝發軟，整個人跌落在地，頭正好撞上冰箱，最後整個人縮成一團。這種感覺就好像心臟有顆核彈引爆，疼痛劇烈難耐，我還記得當時我靈魂出竅，由於內心找不到慰藉，於是身為蘇菲教派信徒的我求助信仰。

我相信上帝，也相信當時我靈魂出竅時是投入上帝關愛的懷抱。可是我不記得我的靈魂離開多久，只記得躺在那個溫暖擁抱裡，等待爆炸威力逐漸消逝，上帝又帶領我重回體內。接下來幾週，我都是靠禱告苦撐下來。死者過世的第四十天，蘇菲教會鼓勵你轉化悲痛，實踐憐憫善舉，可以變成一種有助於靈魂成長、具有高辛烷值的燃料。用四十天哀悼一個孩子，時間說長並不長，但我成立塔里克哈米薩基金會的其中一個動機，就是為兒子創造靈性貨幣，也是為我自己找尋人生意義。

亞季姆將他的堅強歸於信仰。他描述塔里克遭到謀殺後不久，死黨某次和他獨處時說：「無論殺了塔里克的人是誰，我都希望他們在地獄不得好死。」他本來以為亞季姆會贊同他的說法，沒想到亞季姆望著他搖頭道：「我不這麼想。我只看到手槍兩端都是受害者。」他的朋友一臉錯愕，說：「今天要是有人奪走我兒子的性命，我不但想要逮到凶手，還要他全家上下都受苦受難。」我問亞季姆，他是從哪裡得到這股悲天憫人的力量，他回答：「我學到一件事，那就是嚴重創傷和悲劇發生後，有些人會覺醒頓悟。這並不是我本人的智慧，我不覺得身為凡人的我們有這等能耐，更不是來自我充滿關愛的心靈，而是更偉大崇高的力量。」

謀殺事件發生後不久，亞季姆主動聯絡東尼・希克斯的法定監護人，同時也是他祖父的普雷斯・菲力克斯（Ples Felix）。自那之後，這兩個男人就常常攜手站上講台，以朋友和合作伙伴的身分敘述兩人的共同故事。普雷斯是信奉基督教的非裔美國人，亞季姆則是在肯亞長大的蘇菲派伊斯蘭教徒，是心碎沉痛和堅信零暴力、憐憫、寬恕的原則牽起了這兩人的緣分。「究竟誰才是敵人？」每次對聽眾演講時，亞季姆都會這麼問：「是殺死我兒子的十四歲小男孩東尼？還是迫使東尼加入幫派的社會勢力？」

亞季姆「拯救」暴力青年的工作重點就是轉變，明確一點講就是他所謂「靈魂世俗」層面的改變。「靈魂世俗」是他發明的用詞，意指深遠長久的內在改變。他謹慎繞過宗教組織的政治與教條，傾向探討靈性，深信只要鼓勵年輕人尊重並擁戴不同的智慧傳統，他們就能獲得豐富的內在資源、熬過艱難時刻。這就是他所謂的「內在導航系統」，經過善加運用，這種靈性生活就能啟動深遠改變。

亞季姆的故事之所以特別，不只在於他對寬恕抱持深沉信念，也來自他認為東尼．希克斯造成的傷害，自己也有責任。意思並不是他認為這件事也該怪自己，而是身為社會的一分子，他相信要是其他社會上的人犯罪，自己也絕非完全無辜。套用他說的一段話：「同樣身為美國人民，我覺得奪走兒子性命的那顆子彈自己也有責任，因為這是一個美國孩子發出的一槍，而我是第一代美國人民。我把社會勢力當作敵人，認為正是這種勢力讓數不清的有色年輕人備受忽視冷落，最後選擇沾上犯罪、幫派、毒品、武器。跟我們知道的恐怖主義者一樣，東尼也是受到洗腦才變得激進。塔里克是東尼的受害者，這點完全沒錯，但東尼卻是美國整體社會的受害者，而社會就是你與我、每個人的鏡像反射。」

亞季姆這裡指出的寬廣觀點，與二〇〇一年第二架飛機撞擊世貿中心後失去丈夫的安德蕾亞．雷布朗克雷同，也與父親在二〇一二年橡樹溪錫克教寺廟遭到槍擊身亡的帕迪普．凱雷卡（故事在第8章分享）沒有差別。這種世界觀也同樣反映在杜斯妥也夫斯基（Dostoevsky）的《卡拉馬助夫兄弟們》（*The Brothers Karamazov*），作者透過佐西馬神父（Elder Zosima）的聲音說：「這一切的一切，這裡的每一個人，都是我們共同的責任。」共同罪責共同承擔的觀念就是促進療傷的強大助力，因為我們承認大家共有的人性，受害者及加害者並無不同。

亞季姆對於寬恕的演說和描寫深廣透澈，他相信寬恕具備實在的轉化力量，不存在模稜兩可的灰色地帶。塔里克遭到謀殺的幾年後，他首度在監獄與希克斯相見，如今回想，他相信那一刻對兩人來說，都是意義深遠的心靈洗滌。「我記得我深思了幾千個鐘頭，才總算鼓起勇氣去見他，因為我心知肚明，若我真的想要完成這趟寬恕的旅程，勢必得和東尼見面。於是我請普雷斯陪我一起去，我對他說：『我希望你介紹我和東尼認識，但之後請讓我和他單獨交談。因為你是他祖父，而我有些比較為難的問題想問他，你在場的話，他恐怕無法卸下戒心。』普雷斯非常體貼，讓我們獨處一個半鐘頭，我和東尼以男人的姿態對談。我看得出來我的寬恕改變了他，因為他謙恭有禮，有問必答。他內心充滿悔恨，而我也相信他再也不會犯下同樣錯誤。」

我最後一次和亞季姆交談是二〇二〇年，當時我們一起錄製「仇（寬）恨（恕）兩個字」播客節目。他在這一集節目上告訴我，希克斯已經服滿二十五年刑期出獄，參加塔里克哈米薩基金會的工作。亞季姆希望希克斯不用多久就能到學校演講，因為由他親口告訴年輕人暴力犯罪的後果，說服力應該無人可及，也八成沒有比亞季姆站在兒子凶手旁邊的畫面更強烈的寬恕象徵吧！

亞季姆在節目上聊到憐憫心，也講到寬恕。他說：「我認為寬恕的先決條件是憐憫之心，而憐憫之心的先決條件是同理心，同理心的先決條件是認識一個人，畢竟沒有人能對一個自己不認識的人產生同理心。我已經知道所有東尼的故事、他完整的人生歷程，有時我不免好奇，要是我的成長遭遇跟他一樣，在洛杉磯中南部苦苦掙扎，我是否也會做出和他一樣的選擇。甘地有一句名言：『憎恨罪惡，熱愛罪人。』我認為就某種程度來說，每個人都傷害過他人，每個人都會犯錯，也都是平凡人，若要有這種同理心，我覺得我們得先真切去了解另一個人。」

亞季姆接著又說出某句我永遠無法忘懷的話，因為這句話完美闡釋為何有些人可以在最煎熬的情境下寬恕，也和海倫．培貞修女說的話有異曲同工之妙。「一顆碎裂的心，就是一顆開放的心。」這句話的意思是，如果你在傷痛之中敞開心胸，就能逐漸看見微妙轉變。「這個社會的人很容易妄下批判，論斷他人，緊閉自我心扉，但一顆封閉的心只會離寬恕和憐憫愈來愈遙遠。」他告訴我，他過去很努力敞開心房，並引用他最喜歡的蘇菲派神祕主義詩人魯米（Rumi）的名言，藉此解釋他的歷程：「上帝會敲響你的心房，一而再、再而三，不停地敲，直到總算敲開為止。」*

和亞季姆一樣，我分享的其他故事主角也從信仰獲得保護，並透過儀式、禱告、敬拜擺脫怨念和仇恨。魯琪．辛（Ruchi Singh）逃離一段暴力虐待的婚姻之後，毅然決然離開澳洲，回到印度娘家。最初她只是為了實際理由原諒施暴丈夫，並且下定決心，絕對不要變成像他一樣殘忍粗暴的人。她也知道不放下仇恨，恐怕只會害自己深陷憂鬱。她解釋：「保持內心一塵不染的不二法門，就是絕對不要去辱罵他。我甚至祝福他，雖然這麼做不容易，卻讓我的心靈解脫。寬恕的意思並不是說無論他過去怎麼對待我，我都無所謂，而是我可以帶著平靜的心情繼續生活。」

為了更堅定落實寬恕，她知道必須將寬恕的觸角拓展至更深遠的層面，強化她的內心世界。她說：「我花了三個月的時間深思冥想，有意識地深呼吸，唸禱寬恕的曼特羅。我不可能單憑空想達到原諒，而是需要採取實際行動。所謂的行動就是靈性方面的實踐，我得在醜陋情緒中摸索方向，直到負面感受開始煙消雲散，濁水排空為止。」

音樂家尚－保羅．桑僕圖（Jean-Paul Samputu）是盧安達大屠殺的倖存者。初次與尚－保羅談到他的經歷是二〇二二年，我們人正好在基加利（Kigali），那

＊二〇二二年初，我收到亞季姆的來信，他說：「我和東尼現在一起到學校演講，上週我們還為三百五十名學生演講，現在他在塔里克哈米薩基金會擔任義工，平時從事水電工的工作。我很驕傲他在十四歲誤入歧途、交錯朋友之後，如今能有這樣的轉變。我們是拯救了東尼沒錯，但更重要的是，他未來還會解救更多年輕的靈魂。這展現出貨真價實的寬恕力量。」

天是格蘭德愛馬仕和平基金會（Guerrand-Hermès Foundation for Peace）舉辦的「療癒歷史傷口」會議最終日，旨在公開討論這個非洲小國的暴力根源。尚—保羅描述他自己成功脫逃，家人卻難逃一死的故事。聽起來實在耳熟能詳，畢竟過去幾天我們已經聽過無數令人心碎的類似證詞，就連該國的羅馬天主教會都是觸犯人性罪行的共謀，甫得知教會就是大屠殺的主戰場，而許多基督教徒也參與血洗屠殺時，尚—保羅和眾多倖存者一樣氣憤震驚。

他描述個人經歷：「政府開始煽動胡圖族的仇恨情緒時，我的父親要我盡快離開盧安達，因為我是知名圖西族音樂家，可能是明顯的攻擊目標。起初我父母不明白他們也有危險，因為我們住在布塔雷省（Butare）南部，胡圖鄰居就住在不遠處。我父親說：『我信得過他們，他們都是我朋友。』即使我央求他離開，他還是堅持：『我已經八十六歲了，要死也要死在這裡。』」

尚—保羅徒步穿過森林，逃難盧安達，直到最後抵達蒲隆地（Burundi），然而胡圖人殘殺圖西人的消息很快傳到他耳中，沒多久他就得知自己的父母、三個兄弟、一個妹妹慘遭屠殺。後來甚至得知父親慘遭鄰居殺死，兇手正是尚—保羅的好友文森。

尚—保羅講起他不僅得知家人慘遭謀殺，揮舞開山刀砍殺父親的人，竟然還是他交情最久的朋友，令他是多麼心痛。「我難以平息震驚感受，為了遺忘傷痛，我開始酗酒吸毒。我想要親手殺死文森，為家人報仇，偏偏我找不到他，於是開始自殘。我耗費九年時間面對自我憤怒、怨恨、復仇心態。我的妻子和肢障女兒在加拿大，而我則在盧安達與加拿大來回往返，憤怒和怨氣強烈到我再也無法唱歌，也無法站上舞台，這時的我不過是一個毒蟲和酒鬼。」

他解釋是上帝解救他，他才沒斷了自己的生路。他說：「有朋友不斷為我禱告，因為他們知道我來日不多。」

就在某天，奇蹟突然降臨。在地獄中徘徊遊走時，我內心瞬間出現一股奇異的平靜感受。最後是信仰讓我停止酗酒。之前我嘗試過毒品、巫醫，什麼方法都試過了，就是沒一個管用。於是我拾起聖經前往禱告山，遠離人群，獨自在山上度過三個月，潛心發掘上帝的療癒力量。

隱居期間，我聽見一個聲音告訴我，就算你成為基督徒也不夠，終究得原諒殺父凶手，因為如果心中還有恨，你就無法再去愛人。那個聲音告訴我，寬恕全是為了自己好，而不是為了犯人。當然我沒有馬上就消化這則訊息，然而最後我還是別無選擇，於是有一天說出：「好！我準備好原諒了。」就在那天，我頓時感到無事一身輕，彷彿有一股我無法言喻的力量。

幾年後，尚—保羅與文森總算和解，並當面告訴文森他已經原諒他。在這個充滿療癒力量的交心過程，文森告訴尚—保羅他父親的葬身之處，亦向他解說大屠殺法規，幫助尚—保羅更了解事發經過。大屠殺法規指出你得先殺最親近的朋友，否則他們就會反過來殺你。尚—保羅說：「聽見這番話我漸漸明白，無論是誰都可能因為那場大屠殺變成魔鬼。」

培養出寬容心態後，他的人生重回正軌。「創作靈感又回到從前，產量源源不絕，我寫了幾千首歌，並在二〇〇三年獲得撒哈拉以南非洲最高榮譽的科拉音樂獎（Kora Award）。正因如此，我可以帶著音樂挺進美國，和大家分享寬恕這個非主流武器。之所以非主流，是因為寬恕是一個難以開啟的話題，走向寬恕的過程也很艱辛。有的人並不想教導孩子寬容，就連教會也一樣，他們望著鏡中的倒影，發現自己無法傳授自己辦不到的事。」

對某些人來說，基督教要求的饒恕可能成為惡夢般的痛苦折磨。戴安娜・奧蒂茲（Dianna Ortiz）修女是一名美國羅馬天主教修女，曾為瓜地馬拉的原住民社群工作，後來於一九八九年遭到瓜地馬拉軍人挾持、折磨、強暴。二〇一一年奧蒂茲罹癌病逝，享年六十二歲，而她描繪的殘酷暴行，是我有生以來讀過最令人寒毛直豎的故事。[6]

獲得釋放後那幾年，為了討回公道，她在美國和瓜地馬拉法庭上主張，「我要控告瓜地馬拉軍隊，也不輕饒折磨我的人」。[7] 後來，她成立「終止折磨與生還者支持國際聯盟」（Torture Abolition and Survivors Support Coalition International），並完成個人回憶錄《蒙蔽之眼：從折磨走向真相的旅途》（*The Blindfold's Eyes: My Journey from Torture to Truth*）。閱讀她的故事時，我發現有一點最引人注目，那就是直到死前，奧蒂茲修女都表示基督教對於饒恕的理想令她掙扎不已，某次她甚至在全國公共廣播電台（National Public Radio）上說：「我只能把饒恕交給上帝……明明是天主教修女卻無法原諒，更讓我深感罪惡，我不確定我明白寬恕的意義。」8

透過基督教濾鏡、而非科學和心理學的角度陳述寬恕，或許可能是冒犯之舉。邁可．拉普斯利神父就目睹過有的神職人員無意間將寬恕化作武器。他認為牧師和傳道本意良善，但這麼做卻會徒增人們的負擔，尤其他們勸誡人「應該」原諒，可是這些人想要的只不過是「一個溫暖擁抱，有人聆聽自己的痛苦」。他經常反問神職人員，他們在人生路上是否覺得寬恕容易辦到，他們一致回答寬恕是件不容易的事，於是邁可．拉普斯利神父又問他們為何從未向信徒講述寬恕的難處。「神職人員有時只以布道內容為主，不談自己的實際經驗。曾經和我一起工作的人表示，他們不曾以我們談論這話題的方式向信徒布道寬恕。」邁可神父還指出一個重點。「我布道寬恕時，偶爾會提到寬恕需要付出龐大心力，而且過程疼痛難受。布道結束後，時常有人在教會門前對我說：『我很感謝你這麼說，因為這說明了不是只有我有這種問題。』」

在第8章出現的挪威烏托亞島大屠殺倖存者比約恩・伊勒告訴我，戴斯蒙・屠圖主教要求挪威人原諒該國近代史上最罪不可赦的惡人時，成效並不高。恐怖攻擊發生後三年，屠圖主教在奧斯陸諾貝爾和平中心（Oslo Nobel Peace Center）記者會上演說，有人提問原諒安德斯・布雷維克是否為合理做法時，他說他本人絕對是採取寬恕的立場。他說：「我相信這也是上帝會選擇的立場。上帝並不怨恨任何人，而我們都是上帝的孩子，有的人會變壞，但我們總歸還是祂的孩子，始終來自同一個家庭。」

對於以上評語引發的「義憤公怒」，比約恩下了一個結論，那就是挪威人眼中的寬恕和世界其他角落截然不同，因此常常造成誤解。挪威同胞的反應令他沮喪，因為他說：「我很確定戴斯蒙・屠圖主教所謂的寬恕，意思不是要我們讓犯人脫罪，也不是說他們有資格再犯。我認為主教的觀點跟我其實很類似，那就是不否認傷痛，並接納曾經發生的事，然後繼續過日子。這種寬恕的用意是從實際經驗中培養智慧，以確保日後暴力不再上演。戴斯蒙・屠圖是一名宗教團體的主教，挪威則是一個世俗國家，而從宗教關係為出發點看待寬恕，又和從世俗關係出發看待寬恕是兩回事。與其說寬恕，挪威人對於和解及建立和平的觀念比較自在。」

信仰可以用來勸告信徒原諒。二〇〇六年，牛奶貨車司機查爾斯・羅伯茲（Charles Roberts）闖入一間賓州鎳礦村（Nickel Mines）阿米什校舍掃射無辜民眾，最後五名女孩身亡，槍手則飲彈自盡，這場悲劇事件旋即登上世界頭條。事件報導一開始既聳動又駭人聽聞，可是沒多久焦點就轉為一個問題，那就是鎳礦村的阿米什人怎麼可能輕放歹徒？槍擊案發生後幾個鐘頭不到，包括在這場事件中痛失愛女的阿米什人在內，所有人都表示原諒凶手和其家屬。

也許大家不需要對阿米什人的反應過度驚訝，因為對該基督教分支的三十四萬兩千名成員而言，不寬恕就是一種罪過。然而這種要求信徒積極遵守信仰義務，全然放下、寬恕罪犯的情況，卻反而顯得僵化而不寬厚。要是思考某些阿米什人似乎很樂意原諒教會中揪出的性侵犯，情況更是格外撲朔迷離。

或許是因為阿米什領袖不希望司法介入，所以選擇自行解決紛爭吧。樂觀一點來說，這也許就類似修復式正義或社群正義，但宗教團體擁有懲罰和饒恕罪犯的權力卻很危險，因為這代表犯人會再次回到社群，再說有時阿米什社群會認為受害者其實和施暴者一樣有罪，必須分擔責任並儘速原諒對方。

二〇二〇年，《柯夢波丹》（*Cosmopolitan*）雜誌和泰普調查（Type Investigations）網站發現，過去二十年來，[9] 美國七州發生五十二起阿米什孩童官方案件。這篇文章聲明「#我也是」（#MeToo）運動是讓阿米什女性有通報性侵案件的管道，但在這種深受父權掌控又離群索居的生活方式，外加阿米什司法制度偏好懺悔和寬恕，而不是實際嚴懲或修復，教會長老往往在社群內部處理爭端，掩飾孩童性侵案的事實，盡可能打消受害者通報政府機關的念頭，甚至威脅恐嚇受害人。

蘇珊・華特斯（Susan Waters）是兒童性侵事件的倖存者，現在的她住在密德蘭（Midlands），是一名詩人，也是三個成年孩子的母親。很長一段時間，她的故事都以匿名形式刊登在寬恕計畫網站，搭配一張認不出她本人的照片。這則故事彰顯出一個人的宗教信仰和毫無彈性的寬恕神學觀念之間的衝突。

蘇珊在寬恕計畫登上某個週日晨間電視節目後主動聯繫我，我帶著前任UVF準軍事組織成員艾里斯特・李托同行，開車北往會見蘇珊。當時李托正在倫敦帶我探索穿越寬恕錯綜複雜的地下根，率領我殺出一條寬闊道路。我們約在蘇珊家見面，她泡茶給我們喝，並和我們分享她的故事。當天傍晚離開她家時，我內心油然而生感激之情，我很感謝她願意分享個人經驗，闡釋凌亂無章、備受爭議的寬恕本質，既是一條艱困難行的道路，也讓人轉變成長。

蘇珊先從她的童年講起：

黑暗降臨之前，我哥哥羅伯特本來是一個性格溫和的男孩子。在他十歲、我七歲的那一年，我們的關係出現不可逆的轉變。當時我們在里奇蒙游泳池（Richmond Swimming Baths）上課，我哥哥的指導老師鮑伯C是個性迷人的大嗓門。他會帶羅伯特去吃零食，沒多久就主動說要來我們家，有天還帶我們去倫敦玩。童年就是在那一天結束。

鮑伯C最可怕的手段，就是挑撥兩個孩子的感情，他成功讓羅伯特對付我，自己則是裝出慷慨大方、懂得照顧人的大人模樣（我不想要傷害妳），讓羅伯特擔當助攻威脅的黨羽（妳要是敢說出口，我就打斷妳的腿）。我覺得自己就是犧牲供品，鮑伯C在一旁煽風點火，我哥哥持續虐待我直到我進入青春期。家再也不是安全的避風港，我該如何告訴爸媽他們誤信鮑伯C，或是他們出門上班後家中都發生了哪些事？我擔心我會害哥哥捲入麻煩，也害怕要是我公開祕密會發生什麼事，當時我真的很迷茫。

一年後，在某場游泳社團組織的旅行中，蘇珊親眼目睹鮑伯C騷擾一個坐在他身旁的女孩。自那刻起，她就發誓再也不和這名游泳教練說話，她母親卻錯把這當作是她失禮的行為，並且不顧蘇珊抗議，繼續讓鮑伯C帶哥哥出門，這個情況持續到某天警察來敲他們家門，原來是鮑伯C被逮到侵犯一名男孩，他的受害者網絡也隨之揭露。鮑伯C在他的自白中供出受害人姓名，蘇珊的哥哥是其中一人。「我記得羅伯特和父親去警局做筆錄，對他們兩人來說，這是一件既丟臉又可怕的事。他們板著一張撲克臉回到家，母親結束家訪護士的工作回到家後，他們也對這件事隻字未提，還是媽媽稍後閱讀當地報紙才得知這整件事。在一九七〇年的家庭裡沒有溝通這回事，我們的關係就在這種毒氣瀰漫的沉默之中出現裂痕。對我們而言，將這場創傷掃進厚厚的積雪底下，眼不見為淨，假裝一切正常容易多了。」

蘇珊在基督教家庭中長大，一路到成年，宗教信仰都是她人生重要的一部分。她學到的主禱文說「原諒他人時，我們同時也原諒自己」，而她內心擔憂要是她不原諒，上帝就不再愛她。寬恕的壓力讓她默不作聲，卻感覺不安全。

等到她總算初為人母，了解愛與被愛的真諦，祕密才總算再也藏不住。她說：「替七歲女兒洗澡時，危機總算降臨，我發現我就是在這個年紀喪失純真。有陣子我只能自己一人從基督教書籍中尋找解答，卻只找到完美的和解故事，我想要的是和哥哥畫清界線的許可，可是我在基督教義中卻找不到這種智慧。」

幾年後，哥哥的難得造訪總算讓努力維持的和平表象崩塌。哥哥取笑她最年幼的孩子，看見孩子雙眼泛淚時，蘇珊總算失控，朝羅伯特憤怒咆哮，並要求他立刻離開，今後不要再回來。母親事後致電詢問蘇珊為何不歡迎哥哥，雖然心裡很清楚這麼做會撕裂家族，她卻仍舊豁出去，不避諱地揭露往日真相。她說：「無地自容的感受讓我失控，我的內心徹底崩潰。」

母親在這件事情發生後的十年過世時，身為母親遺囑的唯一執行人，蘇珊出於法律義務必須主動聯絡失聯已久的哥哥。事後她進行創傷輔導，還刻意把鞋子留在門口，以防一轉身就能開溜，這時她才想起真正的重點。「與自我的憤怒搏鬥時，我想起很久以前，羅伯特在一次坦誠對話中對我說的話。他說：『要是在這可悲渺小的人生中，我可以改變一件事，那就是保護妳不被鮑伯C欺負。』他顫抖的聲音透露出悔恨和恐懼。」

這對兄妹僅以電子郵件交代完遺囑，而這一次的經驗帶給蘇珊力量，因為掌控權重回她手中。看來羅伯特只在意金錢，對於母親或蘇珊的狀況漠不關心，於是她決心提起傷痛過往，並要求他繳納部分遺產，當作修補往昔痛苦經驗的心理諮商費用。「他沒有多說一句，也沒有道歉，直接付錢了事。」

儘管人生起起落落，蘇珊依舊相信世界有崇高力量和真善美。她從佛教智慧獲得自我療癒，即使覺得自己不可能原諒，至少可以原諒自己的不原諒，光是誠實面對一件需要原諒的事，就是一個重要過程。內心平靜時，蘇珊還能保持安全距離地去愛戴哥哥，想起那個曾經溫和的男孩。於是在她最後寫給哥哥的信中，蘇珊心中有數這恐怕是他們最後一次交談，並且誠懇地原諒他。她想起戴斯蒙・屠圖的話，那就是原諒他人並不是因為對方值得寬恕，而是因為你值得平靜。她解釋：「這個決心讓我總算可以解放自己。」

我和蘇珊初次見面後過了幾年，這時她的父母都已不在人世，她再次聯繫我詢問是否可以更改她刊登在寬恕計畫的故事，在網站上公開她的本名。原來是她那與家人遷居海外的哥哥長期和自己的心魔對抗，沉溺酒精多時，最後總算結束自己的生命。「有的人會說他罪有應得。」她寫道：「但我卻感覺到他憤怒又孤單死去的痛楚。」蘇珊亦在毫無預警的靈性頓悟中獲得解脫。她說：「某個大清早，寬慰就像溫暖關愛的存在突然降臨我的心靈。我相信那是我哥哥，而我現在總算可以心平氣和。」

原諒鮑伯C就沒那麼容易了。蘇珊認為他肯定已經過世，畢竟已經過了那麼多年，於是她在當地報紙搜尋，發現他遭逮的報導。她本來以為他會入獄服刑，卻不是滋味地發現，事實上他只收到一張五十英鎊的罰單，外加行為不檢點的口頭警告。她說：「當時我想確認鮑伯C已經死了，所以搜尋人口普查。可是當我讀到他的出生紀錄，一股憐憫的暖流意想不到地湧上心頭。在我眼前的男人並不是一個恐怖噁心的大人，而是一個小嬰兒。我忍不住對著這張照片納悶，你的成長過程究竟發生什麼事，才會變成我認識的那個壞人？」

我常常好奇，具有虔誠宗教信仰的人和毫無信仰的人體驗到的寬恕，是否存在微妙差異。若真的有，恐怕也與經驗本身的強度無關，而是因為他們相信世上有更偉大的力量，因而能夠交出沉重負擔，因而產生深遠信念，於是寬恕就成了長久以來個人療癒的主要成分。

我想到孩子遭到謀殺的三名家長全都選擇原諒，而信仰則為他們打造出個人療癒的框架。儘管周遭的人強力譴責批評威爾瑪・德克森，但她仍然原諒殺害女兒坎達絲的未知凶手。瑪麗・強森初次見到謀殺兒子的男人後，瞬間感受到一股能量在體內流竄，自那之後她就不再埋怨或怨恨。亞季姆・哈米薩則是堅定誠心地禱告，熬過得知兒子死訊的那幾個鐘頭。

另外亦有和寬恕計畫合作多年的瑪麗・弗利（Mary Foley）。她在我們的修復團體課程中向一群男性獄友分享個人故事。瑪麗的女兒夏綠蒂在十五歲那年於東倫敦參加一場家庭派對，慘遭另一名十八歲青少年畢崔茲謀殺，該少年最後因為無端攻擊獲判無期徒刑。謀殺案發生後那幾年，瑪麗開始寫信給畢崔茲，而她在修復團體課程中向獄友唸出這些信件內容，示範她是怎麼在這場悲劇中，以修復的形式在痛苦中找回內心的平靜。我曾經問瑪麗，她是否認為自己的寬恕不同於其他不相信上帝的人。

她的回答是：「我不這麼認為，因為我也認識很多不相信上帝或沒有任何宗教信仰的人，他們曾經發生過不愉快的事，可是仍能選擇原諒，繼續過生活。」接著她陷入一陣深思，又繼續解釋她所察覺的差別。「他們勉強壓抑下過往創傷，假裝視而不見，繼續過日子。然而傷痛卻沒有因此消失不見，創傷依舊存在。我是有宗教信仰沒錯，我也沒有因為這樣比較高尚，但是我們之間卻有一點不同，那就是夏綠蒂的事件帶給我的傷痛及創傷已不復在，完全消失殆盡。」

我很好奇感覺創傷完全消除磨滅的瑪麗，是否覺得是上帝對她伸出援手？她說：「噢，上帝確實幫我不少忙。因為現在我不會再回頭，也沒有悔恨。我已經沒有傷痛，沒有一直放不下的創傷。即使沒有信仰，有些人也可能辦到，至於他們是怎麼辦到的，我就不得而知了。」

我反芻深思瑪麗的創傷完全消除磨滅的說法，好奇這是否與女兒的事件沒有讓她感到羞愧有關。無法解決的創傷所帶來的羞愧往往沉痛擾人、深深刺痛，或許聽來毫無邏輯可言，明明被砍出一道深刻傷口的人是你，怎麼反而是你感到羞愧？但是罪行受害者常常會產生這種感受。譬如遭到闖空門的人會怪自己粗心大意，沒有準備良善的保全系統，謀殺案中失去孩子的人，則往往因為不能拯救孩子深感自責。瑪麗的寬恕經驗具有一種堅定深刻的特質，那就是她從禱告的信念中找到平靜，也許這正是英國監精神醫學家鮑伯・強森（Bob Johnson）博士傳達的意思：「創傷的解藥就是信任。」

第11章

寬恕的機制

「我猜人之所以緊捉著仇恨不放，是因為他們擔心若是沒了仇恨，他們就不得不正視傷痛。」

——詹姆斯．鮑德溫（James Baldwin）

多年來，我孜孜不倦地挖掘寬恕的意義，試著從這種錯綜複雜的心理概念中挑出核心骨架，總是盼望有天發現寬恕的真諦，並濃縮概念，得出**實際有形**的事物，好比一個簡單易懂的決定性解釋。結果想當然，我愈是調查搜尋實際案例，真相就愈混濁不清。

寬恕是一種令人丈二金剛摸不著頭腦、難以掌控的題材，理由很簡單，因為寬恕對每個人的意義都不盡相同：隨你怎麼歸類寬恕都好，總之沒人能為這項技能、恩典、特質、行為、心態得出一個意義。

正因如此，我的動機向來是引述真實故事，把這些故事當作寬恕的來源和指標，也一直不願意給予關於寬恕的指導教學，傾向拿他人的寬恕經驗為借鏡。不過我也很好奇，原諒的先決條件有哪些，以及為何有些人選擇原諒，有些人卻始終不能原諒；為何有的人想都不想就能夠原諒，有的人則只把寬恕當作生存的一根救命稻草。[*1] 為了找出解答，我和心理學家馬西・諾爾博士攜手打造一個寬恕工具箱，由馬西分析故事，我們兩人合力得出幾項寬恕的關鍵要素，接下來再進一步簡化初始分析。我發現培養寬恕心態需要五種或六種主要成分。[*2]

[*1] 為何有些人比較寬容？一份論文（瑪莉安・史坦納、馬修斯・亞雷曼、麥克・麥可洛發表於二〇一二年四月號的《性格與社會心理學公報》（*Personality and Social Psychology Bulletin*））將重點放在性格上，把人類粗分成兩種性格類型：友善親切（也就是試著和人交好），以及神經過敏（容易感到壓力、恐懼、悲傷、焦慮）。作者發現性格友善親切的人較容易原諒他人及自己。該份研究亦顯示，這是因為比起年輕成人，年長成人較少與他人產生負面互動，也因為他們的人生經驗較豐富，年長成人較不容易因為負面互動不悅，而顯得較為寬宏大量。

[*2] 常常有人問我，女性是否比男性寬容？我聽過許許多多寬恕故事，一直以為性別不是影響寬恕的可能要素，直到我碰巧讀到一份二〇〇八年進行的整合分析，[1] 這份有趣的分析指出寬恕背後可能存在細微卻重要的性別差異，意思是女性確實比男性更容易原諒。男性的報復程度比女性高，女性通常希望維持關係，而這種心態會鼓勵她們原諒，而不是尋仇報復。同理心等性格特質及女性關懷照顧他人的倫理傾向，也是寬恕的重要元素。研究亦反覆地指出，女性的宗教信仰比男性堅定，所以宗教也是一大關鍵要素。

好奇心

探尋真相的好奇心態似乎是必備的先決條件。擁有好奇心代表你認知自己尚未釐清所有事情，尚未全盤了解一件事，而好奇又比感興趣更深入。有時這意味著搜尋隱藏不明的事物、沒有說出口的話語，以及錯過的重點。對於威斯康辛州橡樹溪的錫克教寺廟槍擊案，帕迪普・凱雷卡的反應也是認同好奇心的力量。他說：「我們已經清楚事發經過，卻不明瞭原因，然而除非真正理解原因，否則你得不出整起事件的意義。又除非你從中得出意義，否則療傷免談。」

觀感改變

好奇心之後就是寬恕的第二原料：改變觀感的能力。*若說非黑即白的推論只會強化不包容，又或者義憤讓我們停滯在「我才正確，你是錯的」的立場，裹足不前，那麼採取寬恕姿態的人通常都是可以接受開放思想、彈性觀點又影響深遠的思想家。因為友人尼克「不顧後果的危險駕車」，瑪麗亞・吉米內茲在一場交通事故中身亡，她的母親得知消息的第一個反應，就是馬上展現原諒立場。當然，伊莉莎白・吉米內茲感到天崩地裂，可是急欲尋找答案的她卻能跳脫下意識的思考模式：「我記得起初我這麼想：**要是握著方向盤的是我兒子或丈夫，甚至我自己，我會希望世界做出什麼反應？**這就是我當下第一個想法，而這個想法救了我。」

好奇心傾向和透過寬廣視角觀看世界的兩大特質，在在為凱瑟琳・羅勒—勞博士的研究提供佐證。羅勒—勞博士的研究揭露寬宏大量的人具有遼闊世界觀，對於人生或他人也較無既定期望。同樣地，心理治療師羅賓・薛荷也認為，觀感

*近期一份研究指出，教導孩子理解他人觀感，就能幫助孩子學習原諒他人。這份研究也發現，教導孩子誠摯道歉，他們就能接受他人的寬恕。資料來源：https://www.sciencedaily.com/releases/2021/12/211208110307.htm

改變就是寬恕的主要元素，因為觀感改變能讓局勢明朗開闊。我在一場會議中聽見他這麼形容：「寬恕難以預料，你要不是走不出報復心理，就是一百八十度大轉彎。經過一段顛覆混亂或危機期、傷痛或失敗，我們才得以覺醒，澈底改變觀感。真正的寬恕並不是顯示一個人道德高尚，而是從不同角度觀看世界。」

薛荷很喜歡向大家傳授一個超強寬恕絕招，他自己也是運用這招，原諒積怨多年的繼子。他說：「我們看不慣彼此，分別對我妻子抱怨對方幹了什麼好事。」後來薛荷下定決心要好好處理這段棘手關係，而他的做法是套用夏威夷古老的荷歐波諾波諾（ho'oponopono）傳統做法。夏威夷是世上最離群索居的地方之一，夏威夷原住民心知肚明躲不了對方，便藉由禱告、討論、自白、懺悔、互相補償、寬恕，發展出學習修復關係的豐富歷史。過程分成四個簡單步驟，你可以和某人進行，也能以團體形式提倡療癒式正義，或者像是唸經般在內心默唸，反覆說出以下四個肯定句：「對不起」、「請原諒我」、「謝謝你」、「我愛你」。

「我在街上走路時就這麼默唸數週（過程中會有些許抗拒）。」薛荷說：「然後有天我遊船後回來，突然發現我自言自語，說：『都結束了。』意思是我的觀感剎那間出現劇烈轉變，我對繼子的怨念也船過水無痕。我並沒有原諒他，也沒有不原諒他，只是瞬間了解我們之間發生的事，並無法真實定義我們兩人的關係。過去我太執著證明自己是對的，而這就是整體問題所在，不是他。外界並沒有出現任何改變，從那一刻起，由於我看待整體局勢的心態轉換，於是心境也跟著澈底改變。」

發現同理心

寬恕的第三個原料是培養出憐憫和同理心，意思是無論情況多惡劣，都能設身處地為對方著想。同理心還有一個意思，那就是以某種固有層面來看，人人都有共通的人性，而這一點讓我們與其他人類同胞密不可分、產生互相連結，即使是敵人也一樣。所以說原諒就等於拒絕妖魔化或去除他人的人性，通常就是意想不到降臨的同理心澈底改變人際關係、終結仇恨。

巴桑・阿拉敏（Bassam Aramin）的故事闡釋了同理心在原諒上所扮演的不可或缺的角色。巴桑是喪失親屬的以色列和巴勒斯坦家庭組成的「父母之家」巴勒斯坦籍成員，也是在約旦河西岸長大的前任戰士，年輕時曾蹲過七年苦牢。他常常分享自己坐牢期間看了一部關於大屠殺電影，而看這部電影的動機是因為他想看見猶太人遭到屠殺的畫面，他本來以為自己會很享受，怎料看見許多手無寸鐵的人遭到納粹殘忍殺害時，他卻瞬間出乎意料地掉淚。他說這就是他第一次為敵人感到同理心的時刻。「我試著不讓其他獄友看見我的眼淚，因為他們不會明白為何我會為了自己仇敵承受的傷痛落淚。」

放下怨恨

寬恕的第四項原料就是鬆綁怨恨。一旦理解怨恨或仇恨其實是一種沉重負擔，放下就是一種自我憐憫。放下怨恨可能需要你釋放得來不易的權力，包括道德優越或自我正確的立場。你也必須接受從道德方面來說，人本來就是盤根錯節的個體，不會有人依照你的期許行動，更不能只憑一個人犯下的滔天罪行定義他。

山米．蘭格（Sammy Rangel）曾經是投身和平運動的前任幫派成員，自幼就遭受親生母親和舅舅虐待，造成他早年經常進出心理治療中心、育幼院、少年觀護所等場所。十一歲那年，暴力支配吞噬了他，不久他就加入規模最龐大的拉丁裔街頭幫派。十七歲那年，山米在芝加哥行竊汽車，首度遭逮坐牢，成年後更是以監獄為家，直到參加嚴密緊湊的毒品勒戒課程才總算走回人生正軌。

對山米而言，寬恕就是個人療癒的關鍵，出獄後他下定決心要找到寬恕，除了得到兒女的寬恕，自己也能夠原諒母親。「我在內心胡思亂想出許多我無法原諒母親的迷思，像是她必須接受我的原諒、她不值得我原諒，以及最重要的是，她的所作所為不可原諒等迷思。可是後來我發現，我必須放下這些想法，因為只要我持續在心中累積母親對我的各種虧欠，我就永遠無法在人生路上前進。到頭來是寬恕釋放了我，讓我從不斷吞噬自我的仇恨中解脫。」

創造意義

要是想要將寬恕拼湊完整還需要第五元素，那就是創造意義的過程。身為人類的我們為了減輕傷痛，傾向合併使用逃避和容忍兩種方法，但要是相信傷痛並非平白無故發生，不少人就能承受劇烈傷痛。對某些人來說為可怕經歷賦予意義，或許能夠形塑自我，讓我們成為今天的自我。從過往經歷中尋找嶄新意義的意思就是從事發「起因」中獲得全新啟發。找尋意義是能夠把罪行造成的傷痛情緒，換成別具寓意的經驗故事，意思是能夠接納傷痛，將傷痛化為你的一部分，因為正如亞基拉・薛里斯所說：「傷口會帶給你禮物。」

作家安德魯・所羅門（Andrew Solomon）在職業生涯中訴說他人困境的故事，並在他二〇一四年精彩絕倫的TED演講中，談及創造意義的精髓。他形容在困境之中尋找意義，就是「必須把創傷當作成就自我的養分，也應該把人生最悲慘的事件轉化成勝利故事，在傷痛之後活出更美好的自我」。[2]這裡，他特別引述自己小時候遭到霸凌的故事。

所羅門二年級時，班上有個名叫鮑比・芬克（Bobby Finkel）的男同學，某次他舉辦一場生日派對，邀請全班同學參加，唯獨漏掉所羅門。身為一名年輕男同志的他描述自己一直以來都備受排擠和邊緣化，最後是多年後參加同志大遊行，他才找到個人的身分認同和幸福，與他的伴侶結婚育子。他得出一個貼切結論，那就是他深刻理解到自己之所以能在傷痛經驗中尋找意義，並從中挖採到黃金，其實都要「感謝鮑比・芬克。多虧這段霸凌經驗，我的人生才能推向這一階段，我無怨無悔地感激這個我曾經嘗試改變的人生」。最後更是下了總結：「總會有人想要沒收我們的人性，但是修復人性的故事也總是不虞匱乏。」

邁可・拉普斯利神父提供另一個關於尋找意義的正面描寫。他時常點出一個事實，那就是雖然炸彈奪走許多事物，他多少還能維持過往人生，甚至從中獲得一些東西。「我可以問心無愧告訴你，正因為走過這趟旅途，現在的我變成一個更好的人。炸彈事件讓我領悟到完美並不屬於人類的故事，人類故事本來就不完美、擁有缺角，我們需要彼此才可能澈底展現人性。」

青春期女兒在特拉維夫自殺炸彈中身亡的拉米・艾爾哈南相信，正因為他從這起事件得出人生意義，他才打造出與女兒永久維持的羈絆。他說：「訴說自己的故事為我賦予人生意義和目的性，讓我每天早晨都下得了床。我感覺女兒正站在我身後，推著我前進。」

自我反省

倘若好奇心、觀感改變、發現同理心、放下怨恨、創造意義就是建立寬恕心態的磚瓦，那麼再加上一層鞏固的水泥也很重要，畢竟要是少了自我反思，我們就不可能澈底改變。我搜集的故事主人翁都是踏上漫長煎熬的自我發現之旅，最後才轉變自己。自我反省之所以重要，是因為如果我們不了解自己，就可能受到蒙蔽因而造成傷害。至於我們能夠多深入了解自我，全要看我們有多深入去了解他人。

最強力的違抗行動就是說出自己的故事，並且永遠銘記在心。一名性侵女性受害人曾經對我說：「說出自己的故事解救了我。」拉米則說：「因為說出自己的故事，我的生命才有意義。」這一句話我已經聽過無數次。說故事就是一種多元的思想交流，訴說真實故事也是一種分享個人經驗的方法，說故事的人可以從傷痛事件中創造出意義，並為傾聽故事的人提供觀點見解。

一九八〇年代的心理學家教授詹姆斯・潘貝克（James Pennebaker）發現，寫下個人感受可以大幅改善身心健康，亦有豐富確鑿的實證指出，封閉自我、緊閉心房可能害人生病。潘貝克從多項研究發現，以文字抒發個人想法和感受，揭露難熬痛苦的事件，有助於人們釋放情緒。另外他也發現，在紙上宣洩情緒能為感受貼上標籤，整理成一個條理分明的故事。文字抒發之所以重要，是因為如果人可以把個人經驗寫成故事，他們就能夠更輕易走出這段經驗。

母親遭到連續殺人魔彼得・薩特克利夫毒手的理查・麥凱恩告訴我：「寫下我的故事就像是脫下一層皮。我勇敢面對過往，討論禁忌話題，而這釋放了我。」安瑪麗・柯克柏恩（Anne-Marie Cockburn）的十五歲女兒瑪莎在拿到半公克的結晶狀高純度搖頭丸後死去，瑪莎過世翌日，安瑪麗就立即著手創作回憶錄，她常常形容寫作就是她的「心理急救服務」。詩詞則是拯救了瑪歌・泛史留特曼，讓她可以「在紙張上展開一段人生對話」。[3]

斜槓女演員、導演、編劇的蜜卡拉．柯爾（Michaela Coel）將個人性侵經歷寫成十二集虛構故事，並與HBO和BBC合作製成影集《生命轉彎那一天》（*I May Destroy You*），這部戲劇讓她在國際備受讚譽，她也很清楚解放創傷故事具有力量，她個人的觀察是：「跟我其他的創傷經驗一樣，寫出這個故事並且扭轉傷痛敘述，變成充滿希望、幽默詼諧的小品，是一件非常療癒的事。」[4]

訴說個人的傷痛故事具有療效，也能孕育滋養憐憫心的種子。我在第9章提到的卡門．亞奎爾一九八一年在溫哥華學校附近的森林，遭遇連續性侵犯攻擊，事發當下才十三歲。卡門將人生經驗轉譯為表演，並重新在心中找回愛。面對二〇一六年《衛報》採訪，她解釋：「我目前著手寫下幾部戲劇，包括描寫這場攻擊的《觸點》（*The Trigger*）。好幾位從未參加假釋聽證會的受害者在首映當天來到現場，並且等待表演結束後與我交談。我一人分飾兩角，同時飾演強暴犯和主要受害者的角色。」

這部戲劇以「卡門」的獨白畫下句點，她想像著強暴犯內心瞬間湧上「悔恨、憐憫、哀愁、悲傷、痛苦、絕望、痛徹心腑，五味雜陳的感受恍若水壩洩洪湧上心頭，他的心臟則因為無法承受而爆裂。」[5] 亞奎爾想像這名強暴犯也有憐憫心，並且同情這個她相信肯定飽受折磨才做出這種事的男人。編寫和表演這齣戲劇讓她內心不禁好奇，想要見見這個攻擊她的人，最後參與修復式正義活動，前往他正在服長期徒刑的監獄與他相見。

以創作手法抒發傷痛故事可能具有救贖效果，也能讓讀者、觀眾、聽眾大開眼界。在二〇〇五年的倫敦交通運輸爆炸案中失去雙腿的吉爾・西克斯（Gill Hicks），選擇的方法不是站在聽眾面前訴說個人故事，而是透過繪畫和設計印花布料抒發情感，藝術則成為她的「修復式對話」。她運用全新媒介打造與事件本身迥異的語調和頻率。由於吉爾選擇和平而不是報復手段，因而慘遭網路酸民炮轟，因此創作也幫助她重拾平靜心靈。

她最喜歡的就是製作圍巾，因為圍巾就是攻擊發生當早幫助她包紮傷口、救了她一命的止血帶。她說：「我需要進行圍巾藝術創作，因為我要人們戴上圍巾，並且展開談話。」許多設計都是單色調，編織成黑白相間的圖案，我問吉爾這種手法是否具有含義。「當然有。」她聲稱：「我腦中想像的是炸彈攻擊客非黑即白的思維，許多人都在生活中將人分成『我們和他們』。我真的迫不及待嘗試並且挖掘出一種提問方式，邀請大家思考該如何找到灰色地帶。」

另一個我覺得摸索寬恕旅途的有效方法，就是以創傷療癒地圖的圖表或和解圈思考療癒過程。我最初是在網路上發現這種創傷療法，[6]之後則加以運用在我個人的工作上，許多療癒領域工作的人也套用這種方法。這張地圖的最初研發者是俄羅斯心理學家兼衝突化解專家歐嘉．波恰洛瓦（Olga Botcharova），波士尼亞戰爭期間，波恰洛瓦正好住在波士尼亞與赫塞哥維納（Bosnia and Herzegovina），在當地工作。有意思的是，她第一次提出這個程序時，稱該地圖為「邁向寬恕七步驟」，但是之後套用此模型的人卻似乎不使用寬恕二字。[7]

創傷療癒地圖讓我大開眼界，因為它極具說服力，精準忠誠地反映出與我對話的人走過的療癒路徑。創傷療癒的過程就是認清縈繞不去的創傷，以及讓人能力失常的恐懼可能造成的效果，並且達到和解。然而這張地圖也可以用來擺脫日常生活中，各種微不足道、稀鬆平常到人們往往忽視的怨恨和痛苦。地圖內圈指的是下意識的直覺式報復路徑，也代表有時難以擺脫的上癮循環，外圈則是一條導向接納與和解的路徑。這張地圖的路線不是A到B的直線進展，反而像是療癒過程中的鷹架，人們則可能在內外圈之間來回往返。

創傷療癒地圖

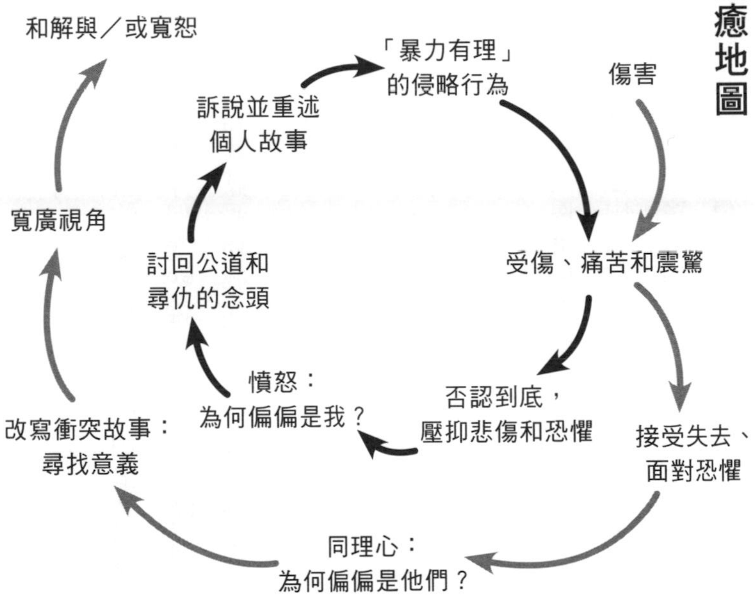

受傷、痛苦和震驚

震驚或受傷發生的當下會滋生痛苦，可能是突發的暴力行為，例如摯愛遭遇暴力死去，抑或不可預期和不請自來的失去，好比伴侶突然選擇離去。這時發生了傷害我們的事，我們的世界破了一個大洞，自我感受粉碎崩塌，令人感到手足無措。

否認到底，壓抑悲傷和恐懼

經過震驚或失去的創傷之後，縮進否認或沉默的保護殼就是一種安撫人心的應對策略。莉絲・卡辛和蘇珊・華特斯的故事就突顯出這個重點。由於她們的家人無法處理突如其來的創傷，於是選擇沉默。同理，意外撞死一名行人穿越道上的老嫗後，凱莉・康諾（Kelly Connor）講到後來母親處理悲劇的做法，就是規定閉口不談此事。凱莉說：「將近整整二十年來，我一次都不曾提過這起意外，我曾經深信自己沒有活下去的權利，也嘗試過自殺。」

二〇一六年，蘿西・艾莉妃（Rosie Ayliffe）的二十歲女兒蜜亞在壯遊年到澳洲當背包客。蜜亞搬進昆士蘭一間青年旅館不久，就找到一份甘蔗田工作，卻慘遭法國籍的斯麥爾・阿亞德（Smail Ayad）刺殺身亡。另一名年輕背包客湯姆・傑克森（Tom Jackson）為了保護她也身負重傷，傷勢惡化身亡。蘿西形容她聽聞女兒死訊當下的反應：「我完全無感，彷彿情緒斷線，而我是一名根本不想出演電影的演員……我發現在謀殺案發生後那幾個月，悲痛對我的身體造成影響。我本來很積極照顧自己的身心狀態，可是悲痛情緒卻讓我癱瘓失能。創傷後壓力症候群發作下，我也出現關節疼痛、疲憊、緊繃的症狀。」

憤怒：為何偏偏是我？

內圈的憤怒也是一種強大有效的生存機制。妮娜．西蒙（Nina Simone）總說是憤怒賜予她活力與創意，讓她可以撐到今天。但是如果不公不義的傷痛演變成長期憤怒，抑或深陷自憐情緒走不出來，恐怕會適得其反，因為憤怒最終會消耗我們，並且進入自我毀滅的循環。

遭到具有威權的大人虐待後，喬夫．湯姆森的人生澈底改變。他說：「我只記得隔天醒來時，感到胸膛深處潛伏著一股黑暗抑鬱，這件事我一直以來都沒有告訴任何人。」他的憂鬱很快就轉為怒氣，他則透過暴力行為壓抑憤怒感受。

澳洲失竊的一代活動支持者雷．密尼康某次說了讓我對憤怒深感興趣的話。他說他可以掌握、控制、理解義憤，畢竟這種情緒本來就是人性的一部分，但他覺得憤怒若是發酵成怨念，問題就來了。「我品嘗過怨念的滋味，它會反撲扭曲你的心智，導致理智線斷裂。我要提防自己不掉入這種陷阱。之前我也曾深陷陷阱，花了很長時間才恢復……為了不掉進陷阱，你得非常謹慎留意自己內心的羅盤，以及你當下的內在世界。」

責怪他人也是一種處理創傷的方法。五歲那年，塞內加爾村裡的女性說要帶莎里瑪塔・巴吉—奈特（Salimata Badji-Knight）去野餐，事實上卻是帶她到森林，壓住她的四肢進行割禮。「長久以來我都責怪村裡的女性，她們居然聯手對我做出那種事。我責怪所有袖手旁觀的男性，也怪我那縱容事件發生的母親，以及我那從來不在場阻止事情發生的父親。」

討回公道和尋仇的念頭

否認和憤怒會引發濃烈的報復幻想，無止境在腦海中播放事發經過，讓人思索該怎麼尋仇。報復確實讓人感覺痛快，也能帶來短暫的正面效益，讓人充滿力量，提升自我價值感受，並且遮掩羞恥或悲痛的不適。詹姆斯・鮑德溫相信：「我猜人之所以緊捉著仇恨不放，是因為他們擔心若是沒了仇恨，他們就不得不正視傷痛。」跟所有負面感受一樣，尋仇念頭一開始也許能讓人覺得強大有力，最後卻會變成強迫性，讓人放不下傷痛，無法與傷害自己的人斬斷關係。

我永遠忘不了剛開始搜集寬恕計畫的故事時，前往貝爾法斯特專訪瑪格麗特．麥金尼（Margaret McKinney），她對我說的一段話。她的二十二歲兒子布萊恩在一九七八年遭到ＩＲＡ挾持綁架並謀殺，而她描述得知當下時的個人感受：「可惜我不知道殺害布萊恩的凶手是誰，否則我就會去殺了他們的小孩。我想要他們也嘗嘗這種滋味。」我很少聽見這麼真切又令人坐立不安的報復想法，殺人心態確實也讓瑪格麗特破碎的心獲得片刻寧靜。

訴說並重述個人故事

人在受傷時會訴說並一再重述自己的悲痛故事，這是一種網羅支持、呼籲討回公道的方式。蕾貝卡．德莫羅（Rebecca DeMauro）的十一歲女兒安德莉亞在一九九九年於阿肯色州遭到親戚卡爾·羅伯茲（Karl Roberts）謀殺，她說：「沒有言語可以形容失去一個孩子的沉痛，凌遲致死還比這好受。我從未體會過這麼劇烈的身心痛楚。」另外亦形容猶如洪水的悲傷是如何吞噬她。

最後，卡爾·羅伯茲因為第一級謀殺罪獲判死刑，而這似乎澆熄了她的怒火。但沒多久他又開始占據她的腦海，她則是一有機會就不吝惜傾吐她對他的恨意。她說：「我想要轟爆他的腦袋，我希望他凌遲受苦，甚至幫他取了一個綽號『惡魔之子』，向上帝祈禱他在獄中遭到性侵折磨。」為了保持個人故事繼續存活，她和孩子遭到謀殺的其他父母保持密切關係、加入寫作課程創作類似的報復故事，並且玩電腦遊戲，在遊戲中製作卡爾·羅伯茲的虛擬分身角色，讓她可以好好折磨他。

「暴力有理」的侵略行為

若是內心深處累積沉痛感受，尋仇或許能讓人嘗到甜美滋味。由於曾經親眼目睹以色列軍隊殺害巴勒斯坦孩子，巴桑．阿拉敏在十六歲時嘗試投擲手榴彈，轟炸以色列軍隊車隊。多年來飽受以色列軍隊殘暴折磨的他，最後總算一報血仇。他說：「我內心深深渴望報仇，於是加入解救城鎮災難的團體，雖然我們自稱是自由鬥士，但外界稱呼我們恐怖分子。」

要是沒有深層的內在轉變，引導我們走上不同道路，創傷沉痛就可能持續累積發酵，再加上孤單痛苦的感受，受傷的人更容易在內圈封閉自我。因此有無能力將上述的壓力反應化為類似自我疼惜，就是療癒和復原的關鍵。史蒂芬．拉維（Stephen Levine，講述死亡和死去的知名作家和導師）在《冷落憂愁》（*Unattended Sorrow*）中寫道：「療癒並不是傷痛不再，而是以憐憫之心取代憎恨、提升面對傷痛的能力。」[8]

由於在內圈停滯不前，夾在報復權力和劇烈陣痛的無力感之間，人們最後往往會身心俱疲，看不見一線曙光。於是為了重新取得平衡，他們不得不改變，而接納龐大的逝去和面對恐懼的能力就是創傷療癒的關鍵，讓人或許能夠表達悲痛，感受傷痛並且澈底哀悼。

接受失去、面對恐懼

對於這一種悲痛，美國喜劇演員兼《晚間秀》（*Late Show*）主持人史蒂芬・荷伯（Stephen Colbert）的描繪令人為之動容。二〇一五年，荷伯接受《GQ》雜誌訪談，談到他十歲那年在一場飛機失事中失去父親和兩個哥哥的故事。[9] 飛機墜毀後，幸運生還的兄長離家，荷伯則和母親待在家裡，掙扎面對他們的慘痛損失。他看見母親面對恐懼時展現的力量，無可救藥的悲喜交加，直到他也慢慢地接受事實，甚至感謝這場形塑他人生的悲劇。在這場訪談中，他聊到自己是怎麼把這份喜悅套用在喜劇演出，以及走出最黑暗的深處時，他是怎麼從母親身上學到直接望入悲痛的劇烈光源，而不是逃避現實。「多虧她為我設下楷模，我才沒有變得怨天尤人，他告訴《GQ》雜誌：「她不是一個愛埋怨的人。她當然破碎到體無完膚，卻從不怨天怨地。這是接納痛苦時的健康反應，並不代表她被痛苦打敗，接受現實不代表失敗，而是一種意識覺醒。」二〇一九年，劇作家兼社會運動人士V上WTF播客節目接受馬克・馬隆訪問時，曾提醒他：「子彈就是一顆顆硬化的淚水。」他們正講到她當時發表的回憶錄《道歉》（*The Apology*），V談及父親虐待造成的後遺症時，表示她真的謝天謝地自己能流下淚水，然後反問：「不然所有憂傷、羞恥、觸痛又該往哪裡發洩？當然是暴力。我小時候老是在哭，要是我不能嚎啕大哭，憤怒又該如何宣洩？怒氣會轉化成暴力。」

很多人在描述自己是怎麼從凌虐經驗中獲得人生智慧，或是將傷痛轉化成惻隱之心時，都經常這麼說。舉例說明，一九九七年在車臣共和國遭到挾持當人質的卡蜜拉・卡爾（Camilla Carr），反覆遭受其中一名嫌犯性侵。她向我描述獲得釋放後，她是怎麼處理創傷逐步侵蝕內心的遺毒。「起先你得處理憤怒，然後面對淚水，等到眼淚流乾，才可能找到平靜心靈。」她斬釘截鐵，語氣幽幽說道。

同理心：為何偏偏是他們？

我們已經知道更深入挖掘同理心，或是感同身受去憐憫曾經傷害你的人，就是寬恕的一大步。另一個與創傷和解的關鍵點，就是重新賦予敵人人性。關於接納五歲時在森林發生的事，莎里瑪塔・巴吉－奈特認為同理心就是諒解，她說：「直到我改信佛教，不再視自己為受害者，我才不覺得自己毫無價值。我從憤怒之中得出惻隱之心，深知這不是母親的錯，也不是對我行割禮的女性的錯，她們只不過是被傳統蒙蔽雙眼罷了。」

改寫衝突故事：尋找意義

感受並表達憐憫終將改寫衝突故事，為了不再停駐於「為何偏偏是我？」的心態，切換至「為何偏偏是他們？」的想法就有其必要，尋找意義的重要性在這裡又重新浮現。精神病學家、精神科醫師、哲學家及納粹死亡集中營倖存者維克多．弗蘭克（Viktor Frankl），常常提及從人生的死灰中尋覓意義的重要性。他在一九四六年的個人回憶錄《活出意義來》（*Man's Search for Meaning*）中表示，創傷生存者需要「從磨難中發現目的和意義」，才能處理面對悲劇，這並不是一種「輕鬆寫意的狀態，而是需要我們咬緊牙關、死命拚搏，才可能找到具有價值的目標，這也是個人自由選擇的任務」。

馬西．諾爾博士也表明為了跳脫陷阱，避免拿曾經受到的傷害或傷害他人的過往打擊自己，我們就得「善用自己的悲劇，分享你從中學到的教訓。個人故事可以帶來啟發和轉變，而且可能跨越個人層次或私領域，拓展至社會層面」。

對於孩子蒙受暴力而死亡的父母，即便是一場喪禮都能為他們賦予意義。瑪格麗特．麥金尼足足等了二十一年，才總算等到ＩＲＡ承認他們殺了她的兒子，並且透露他位於莫納亨郡（County Monaghan）邊界外的確切埋葬地點。一九九九年，瑪格麗特在鄰近貝爾法斯特西部住家的米爾頓墓園重新安葬兒子。她告訴我：「聽來也許瘋狂，但我真心感激ＩＲＡ讓我在二十一年後可以重新安葬兒子。他的遺骸安置在一具漂亮棺木中，我們家突然變得熱鬧非凡，很多人特地前來致上最後敬意……我現在已不再對殺害布萊恩的人懷恨在心，事實上，我甚至想見見奪走他性命的人。我總算找回自己內心的平靜，現在他也該替自己找回平靜。」

寬廣視角

反覆幻想報復情節最後往往教人精疲力竭，讓人變得像是傷害自己的人一樣殘酷腐敗。數不盡的犯罪受害者和倖存者曾經對我說：「我不想要仇恨，因為我不想變成他們。」但為了重新定義你的故事，我們就必須透過更寬廣的視野看待個人故事。往往只需要一件小事，就能改變拓寬一個人的世界觀。蕾貝卡・德莫羅的故事就是一個很好的例子。

十二歲女兒遭到殺害後，報復尋仇的念頭日漸壓垮蕾貝卡，似乎什麼都無法減輕她的傷痛。當謀殺安蒂的凶手的處決在最後一刻取消，她的世界再度天崩地裂。後來，她是在電視上看到惡名昭彰的連續殺人魔蓋瑞・利奇威（Gary Ridgway）的審判後，才頓時劇烈改變觀點。她觀看受害者身心評估報告的剪輯影片，聽見「我希望你在地獄裡生不如死，人渣」時，內心寬慰不少。只見利奇威麻木無感地坐在那裡，渾身僵硬，雙眼散發陣陣惡意。接下來蕾貝卡看見最年幼受害者的父親上前，身為基督徒的鮑伯・魯爾（Bob Rule）告訴法庭，這場謀殺在在挑戰他的核心信仰，接著他凝望利奇威，表示因為上帝要求信徒寬恕，幾經多時的靈魂探索，他總算在內心找到饒恕的力量，可以原諒殺害女兒的凶手。

蕾貝卡觀看這段影片時，注意到利奇威的臉孔這時逐漸柔和，嘴唇輕微顫抖，然後一行淚滑下他的臉龐。她說：「那一刻我才恍然大悟，停止仇恨就是唯一讓我活下去的方法。我得和鮑伯・魯爾一樣放手原諒，讓安蒂好好安息……因為情況要是不改變，我就會帶著一顆破碎的心踏進墳墓，躺在女兒身旁。」

邁向和解與／或寬恕

這就是創傷療癒的契機，從可以預見的內圈逐漸移向外圈更為寬廣的潛能，而這也是修復式正義進場的時機。對多數人來說，正義的焦點是以牙還牙，用折磨報以折磨，但還有一種更具療癒力的正義理論可以修復傷口，讓在罪行及衝突中受傷的人，以及造成傷害的人齊聚一堂。要是傷害你的人已經不在或不願補償，導致修復不可能實現時，或許可以尋求內在和解。

我常常把這件事想像成一種為自己討回公道的方法，換句話說，就是不成為自己痛苦的俘虜，也不讓傷害自己的事物定義自我，更不能讓舊傷癱瘓自己。與傷害自己的人和解或是接受無法改變的事，你就能讓過往煙消雲散。在這裡，寬恕或許可以幫你恢復平衡，或是修復既成傷害。寬恕某人不代表你要和他們和解，而是控制自我的傷痛情緒，並且決定放手。

蘿西．艾莉妃從失去愛女的傷痛中釋放自我，原諒謀殺蜜亞的男人。她鼓起勇氣參加澳洲的審判時解釋：「我很怕這個名叫阿亞德的男人，因為他的攻擊手法極其殘暴，先前經研判為危險人物，不適合出庭應訊……但我仍覺得有必要理解為何他當晚有這種衝動，做出如此傷天害理的事。」

蘿西知道阿亞德獲判無期徒刑是應得的下場，然而司法正義可以為受害者帶來解脫，對她卻是一種全然陌生的觀念。尤其是她很清楚一個心理有問題的男人受苦，對她並沒有什麼好處。她推斷謀殺應該是嫌犯無法控制自己的情緒所致，也許是瘋癲、主宰他的暴怒、精神病發作。

蘿西說：「我知道很多人都希望他和他家人受盡痛苦折磨，甚至去死。我能了解他們的想法，但是朗讀我的受害者身心評估報告時，我雖然提到傷痛已經發生，無法逆轉，然而我還是希望阿亞德和他的家人安好，獲得心靈的平靜。當我說阿亞德理解自己的所作所為有多可怕，已經比任何懲罰讓他難過時，他第一次抬頭望著我，我們就這麼默默不語凝視彼此。我拒絕對他發洩恨意，而我相信這個舉動具有影響力。接下來我恍然大悟，原來這就是我繞過大半個地球參加審判的用意，也就是希望找到人與人之間的連結。在我心目中，唯有透過諒解、深入另一人的思想，改變才可能啟動。」

打從一開始蘿西就沒有給自己非得原諒的壓力，但她想要紀念死去的女兒。跟威爾瑪・德克森和亞季姆・哈米薩，以及我所認識、在暴力事件中痛失孩子的無數家長一樣，她知道想在悲痛中找到解脫，就必須擁抱愛，遠離仇恨，寬恕才會降臨。

正如蘿西所說：「大家可能覺得我瘋了，居然原諒阿亞德，但是我不在乎，畢竟這吻合蜜亞自幼的價值觀。我們兩人都深信唯獨透過愛與寬恕，人才可能在人生路上繼續走下去，而這也是她一直努力嘗試走上的道路。」

結語

這本書快要收尾時，寬恕計畫的創辦贊助人戴斯蒙．屠圖主教不幸離世，當時禪師兼靈性導師釋一行才剛過世一個月。這兩名男性都是勇氣十足的激進和平運動人士，也因為深具遠見、不分宗教信仰的領袖地位而享譽國際，更是經常講到寬恕的優點，世界同時失去兩名道德領導巨人，令人深感惋惜。

釋一行終其一生反思人生，於是他相信寬恕是創造和平、公正、永續世界的關鍵鑰匙，堅信「唯獨心中冉冉升起憐憫之情，人才可能原諒。」他經常主動接觸遭到自己雙親傷害的人，在《寬恕力量》（*The Power of Forgiveness*）影片中，他對著無法與雙親和好、「許許多多氣憤難消的子女」朗讀冥想經文。在座無虛席的室內，他以溫柔堅定的嗓音指導聽眾：「深呼吸時，我看見五歲的自己；吐氣時，我溫柔擁抱五歲疼痛的我。深呼吸時，我看見五歲的父親；吐氣時，我對五歲的父親露出微笑。」他在這裡想指出的重點是，唯有想像自己殘酷的父親也曾經是一個脆弱無助的五歲男孩，你才可能開始諒解他，並對後來長大成人的他抱有惻隱之心。

他解釋，要是內心憤怒不平，你氣惱的對象以及你自己只會變得更痛苦。更進一步解釋聰明人都知道憤怒時不忘保持冷靜，因為「當你冷靜清醒，就會發現對方只是社會環境、父母朋友造成的混亂困惑、仇恨暴力下的受害者」。有了這份理解，憤怒就逐漸消散，惻隱之心蠢蠢欲動。

釋一行傳授成年子女安撫傷痛心靈的做法並不容易，但是這個方法經過改良，現在也運用在各種不同情境上。

蓋兒・基森鮑姆（Gayle Kirschenbaum）將她的童年比喻成戰區，並描述她在「敵軍地盤」長大的經歷，因為她出生前母親以為她是男孩，甚至告訴兩個年幼兒子，會從醫院帶回弟弟「蓋瑞」。成長過程中，蓋兒成了母親霸凌洩恨的箭靶，卻發現兩個哥哥備受溺愛。她日日夜夜活在恐懼之中，不管做什麼或說什麼，都可能引爆母親的怒火或觸發全新的怨恨。不意外，蓋兒邁向成年的時候開始出現信任及拋棄的問題。

可是後來發生一件事，讓本來可能在母女之間造成嫌隙的軌道轉向。「我在玩心理桌遊時突然醍醐灌頂。」蓋兒說：「我拋出骰子，骰子降落時，主持人要我起立，然後閉上眼，想像我母親是一個小女孩。那時其實我已經知道她的童年並不好過，於是在腦海中想像一個充滿痛楚的受傷孩子。接著主持人要我想像自己也是一個小女孩，由於我太熟悉自己的傷痛，所以這完全不困難。這下我的腦海中浮現兩個肩並肩、深受重傷的小女孩，我發現我必須改變自己看待母親的方式，我得讓她走下母親這個高高在上的神壇，不再認定她應該愛我、疼我，認清她也只是一個手足無措的受傷孩子。」蓋兒後來製作一支關於原諒母親的紀錄片，過程中她更透澈了解為何母親這樣對待她。

關於所有我學到的寬恕，全部來自慷慨與我分享故事的人，他們則是挖掘及親身經歷強而有力的療癒過程，所以我覺得用蓋兒的口述內容為本書做結尾，是再合適不過的做法。蓋兒巧妙解釋自己是如何原諒不疼愛她的母親，而她的母親不但同意她製作《媽，看看我們變成什麼樣子！》（*Look At Us Now, Mother!*），甚至全程參與拍攝，為何對兩人來說是關鍵轉捩點。[1]

紀錄片開拍時，我尋尋覓覓解答，想要知道為何母親這樣對待我。但當我試著挖掘她的過往，她的標準回答一貫是：「我不知道，全都不記得了。」於是這時我曉得我需要求助專業人士，而媽也同意去見心理治療師。這個過程當中，我得知母親的傷痛，像是她妹妹的夭折、父親企圖自殺，以及她幾乎不曾擁有的童年。老樣子，任何對他人施暴虐待的人（除非本身有嚴重的心理疾病）往往也是創傷的受害者，受傷的人則必會轉過身去傷害別人。我也漸漸了解她的自戀傾向，明白了為何對她來說產下女兒是一件很煎熬的事。因為如果你是一個光鮮亮麗又自戀的女性，你就會渴望男性關注，而女兒則變成你的競爭對象。

我知道有許多我這一代的女性不能原諒她們惡言相向的壞心母親，因為她們從未從母親口中聽見一句抱歉。我從來不期望母親道歉，她之所以無法道歉，是因為她對自己做的事沒有自覺，所以為了自身的健康和幸福，我選擇原諒她，從心理焦慮和束縛釋放自我。

寬恕是一種即使他人不愛你、你仍能去愛人的美德。接下來，不可思議的事發生了，當我重新調整自己看待母親的方式，我的期待也隨之改變。我再也不把母親當作某個應該愛我、疼我、養育我的人，而是一個深深受傷、渴望被愛的孩子。

當我奪回自己的力量，把她的批評當作耳邊風，她的羞辱最後對我完全起不了半點作用。當她發現我變了，明白現在我可以打從心底去愛她，她也改變了自己對待我的方式，最後完全不再羞辱我。由於我能理解並原諒母親，我們現在變成親密的朋友，也很喜歡彼此的陪伴。一想到小時候我恨不得她死去的女人，現在居然成為我的好姊妹，不得不覺得這一切真的很不可思議。

致謝

大力感謝這幾年來誠實又慷慨與我分享個人故事的所有朋友，以及無疑提供我本書創作來源和靈感的人，不論他們的名字是否出現在書中。

我要特別感謝寬恕計畫的主任瑞秋·博德（Rachel Bird），她以個人觀點和纖細敏銳支持我深入探索這個難以捉摸的題材。我想要謝謝珊卓·貝爾福（Sandra Barefoot）、瑪麗安·帕丁頓、馬西·諾爾博士，感謝他們與我分享個人對於寬恕、羞恥、創傷失落的深厚知識及見解，拓寬我的理解深度。

我也要特別感謝我聰穎睿智的編輯法蘭希絲·杰索普（Frances Jessop），即使一開始我並未如自己所願寫出所有關於寬恕的重點，她仍然相信這本書的構想。因為她高超的編輯手法和無窮無盡的正向鼓舞，這本書的創作才得以暢通無阻、順利愉快。我要謝謝喬納森·威騰柏格拉比、史蒂芬·切里、曼瓦·阿里為我提供強效有利的事實查證。謝謝首位認為寬恕故事值得寫成書的人，潔西卡·

金斯里（Jessica Kingsley）。我也想感謝莫亞．克羅克特（Moya Crockett），她對「仇（寬）恨（恕）兩個字」播客節目的報導讓大家開始關注我們的慈善基金會工作，也就是這本書的靈感來源。我也要大大感謝凱瑟琳．卡威爾（Catherine Cardwell）幫我細心檢查初稿，以及泰莎．麥可瓦特（Tessa McWatt）的明智建議，協助我將點子化為文字。

深深感謝我親愛的好友海倫．布洛德溫．瑞斯（Helen Blodwen Rees）將她位在威爾斯的房子借給我，讓我可以逃離倫敦數週，專心埋首寫作。同樣地，我也要謝謝出借德文郡（Devon）房子給我的安．大衛（Ann David）。

我要把這本書獻給安妮塔．羅迪克女爵士和戴斯蒙．屠圖主教，紀念這兩位寬恕計畫慈善基金會的創辦贊助人。他們對寬恕計畫的價值抱持滿滿信心，協助我為基金會打穩地基，以利啟動之後的慈善事業。由衷感謝推動寬恕計畫起飛的關鍵人物：蘇．銳（Sue Rae）、吉爾．福斯特、布萊恩．穆迪，沒有他們，我就絕對不可能在十八年後創作一本長達四百頁的寬恕之書！另外我必須感謝幾年前出現在生命中、鼎力協助寬恕計畫的卡塔琳．卡洛莉（Katalin Karolyi）、路易莎．

海克斯特（Louisa Hext）、茱蒂・艾隆賽（Judy Ironside）、蘇菲・勒維（Sophie Levy）、羅伯・拉蒙（Rob Lamond）、賽門・馬克斯（Simon Marks），他們對該基金會的未來貢獻良多。

同樣感謝艾里斯特・李托、艾莉耶絲・歐瑪（Eliyes Omar）、馬丁・伊凡斯（Martyn Evans）、凱特・奎格里（Kate Quigley）、喬・貝里、柏恩德・雷葛拉夫（Bernd Leygraf）的幫忙。也多虧不分今昔曾經參與基金會的所有志工、贊助人、認真勤奮的受託人。我當然也不會放過這次機會，好好向多年來支持資助寬恕計畫的人致上感謝，他們就是我們慈善工作的命脈，有賴於他們，基金會才得以存活。

最後也同樣重要的是，我要大大感謝我的先生丹、三個孩子：菲比、芙蘿拉、魯賓，以及我的妹妹伊琳卡和她的家人。我愛你們，謝謝你們一直陪在我身旁，不斷支持我。我也要感謝在我著手創作這本書前不久辭世、而我也將永遠敬愛的父母。

附錄

作者序

1 「人類容忍邊緣」是Pratāp Rughani 博士發想的名詞。Rughani 博士是得獎紀錄片製作人及倫敦傳播學院的紀錄片實踐教授，長期支持寬恕計畫，為創作藝術準則和故事敘述提供寶貴素材。

2 Fred Luskin長達數十載進行寬恕健康益處的研究和教學。請見F. Luskin, *Forgive for Good: A Proven Prescription for Health and Happiness* (HarperCollins, 2002).

第1章

1 Julie Nicholson, quoted in Richard Wilson, 'The Futility of Forgiveness', *Prospect* magazine (July 2012).

2 《李爾王》，第四幕，第六場。

3 Marco Belpoliti and Robert Gordon (ed.), *The Voice of Memory: Interviews 1961–1987* (New Press, 2001), p. 270.

4 A. Solzhenitsyn, *The Gulag Archipelago 1918–1956* (Harvill Press, 2003), p. 75.

5 一份近期研究發現，寬恕的想法能給予人掌控自我人生的感受，減輕生理壓力反應。請見C. V. O. Witvliet, T. E. Ludwig and K. L. Vander Laan, 'Granting forgiveness or harboring grudges: Implications for emotion,

physiology, and health', *Psychological Science* 121 (2001): 117–123.
6 Desmond Tutu, foreword to catalogue for photographic exhibition, *The F Word: Images of Forgiveness* (The Forgiveness Project, 2004).
7 《起義》共分成三集，2021年連續三晚於BBC第一台播映。
8 P. Houghton, *On Death, Dying and Not Dying* (Jessica Kingsley Publishers, 2001), pp 20–21.
9 'Mina Smallman: "I know what Sarah Everard's parents are experiencing", BBC News, 26 March 2021, https://www.bbc.co.uk/news/av/uk-56450969
10 Reinekke Lengelle, PhD, 'To Forgive is Not a Verb: A reflection and Sawbonna', 28 September 2020, http://writingtheself.ca/2020/09/28/to-forgive-is-not-a-verb-a-reflection-and-sawbonna/
11 http://www.edwardstaubyn.com/Backup/interviews/bookwormpart1.mp3
12 Edward St Aubyn, *Some Hope* (Pan Macmillan, 2012), Chapter 10.

第2章

1 Rebecca Solnit, *Hope in the Dark* (Canongate, 2005), p. 7.
2 Matthew Parris, 'To hell with the foolish idea of forgiveness', *The Times*, 18 July 2015,https://www.thetimes.co.uk/article/to-hell-with-the-foolish-idea-of-forgiveness-tj5cq8pv967
3 Colin C. Tipping, *Radical Forgiveness* (Global 13 Publications, 2002), p. 54.
4 joeldiana.com/?page_id=6
5 一份研究報告發現，在宗教權威人士或政府及政治領袖鼓吹下達成的寬恕，恐怕流於表面，成效有限又不穩定。請見E. Staub, 'The Origins and Evolution of Hate, With Notes on Prevention', in R. J. Sternberg (ed.), *The psychology of hate* (pp. 51–66), American Psychological Association, 2005, https://doi.org/10.1037/10930-003, and E. Staub, L. A. Pearlman, A. Gubin & A. Hagengimana, 'Healing, Reconciliation, Forgiving and the Prevention of Violence After Genocide or Mass Killing: An Intervention and Its Experimental Evaluation in Rwanda', *Journal of Social and Clinical Psychology* 243 (2005): 297–334, https://doi.org/10.1521/jscp.24.3.297.65617

6 Richard Wilson, 'The Futility of Forgiveness', *Prospect* magazine (July 2012).

7 Noted in R. J. O'Shaughnessy, 'Forgiveness', *Philosophy*, 42/162 (1967): 348; *David Copperfield*, Chapter 42: 'Mischief', http://www.ibiblio.org/dickens/html/42066.html

8 C. Barks (trans.), *Rumi: Selected Poems* (Penguin, 2004), p. 36.

9 Lorie Johnson, 'The Deadly Consequences of Unforgiveness', CBN News, 22 June 2015, https://www1.cbn.com/cbnnewshealthscience/2015/june/the-deadly-consequences-of-unforgiveness/

10 研究顯示，擁有寬恕心態與多種心理健康結果有所關聯，包括降低焦慮、憂鬱及其他主要精神病疾病。請見Hirsch et al., 2011; Lin et al., 2004; Ryan and Kumar, 2005; Toussaint and Cheadle, 2009; Toussaint et al., 2008.

善於寬恕的人也比較少出現身體健康症狀，整體健康也較優良（Lawler et al., 2005; Seawell et al., 2014），心血管對於壓力的反應較好（Lawler et al., 2003）；降低心血管疾病機率（Friedberg et al., 2007; Toussaint and Cheadle, 2009; Waltman et al., 2009）。可想而知，寬恕與較低死亡率相關（Krause and Hayward, 2013; Toussaint et al., 2012）。

「為存活而原諒」研究發現，越是堅持有條件式寬恕的人，就只能依條件原諒他人，而相較於不採取有條件式寬恕的人，這些人明顯更早死，也就是說落實無條件式寬恕的人可以多活三年之久。（L. L. Toussaint, A. D. Owen & A. Cheadle, 'Forgive to Live: Forgiveness, health, and longevity', *Journal of Behavioral Medicine* 35/4, (2012): 375–386.）

11 Paul Kix, 'The Downside of Forgiveness', *New York Magazine*, 21 January 2011, https://nymag.com/news/intelligencer/70839; James K. Mcnulty, 'Forgiveness increases the likelihood of subsequent partner transgressions in marriage', *Journal of Family Psychology* 24/6, (2010): 787–90, https://www.semanticscholar.org/paper/Forgiveness-increases-the-likelihood-of-subsequent-Mcnulty/92e8d742c421309f005e6acb3db6eda77870e72e

12 Christiane Sanderson, 'The Role of Forgiveness After Interpersonal Abuse' in Stephen Hance (ed.), *Forgiveness in Practice* (Jessica Kingsley Publishers, 2019), p. 140; see also Christiane Sanderson, Counselling Survivors of Sexual Abuse (Jessica Kingsley Publishers, 2008); Christiane Sanderson, *The Seduction of Children: Empowering Parents and Teachers to Protect Children from Child Sexual Abuse* (Jessica Kingsley Publishers, 2004); Lenore E. A. Walker (ed.), *The Battered Woman Syndrome*, 3rd edition (Springer Publishing, 2008).

13 https://www.iicsa.org.uk/key-documents/26895/view/child-protection-religious-organisations-settings-investigation-report-september-2021-.pdf

14 Christopher C. H. Cook and Wendy Dossett, 'Addiction and Forgiveness', from Stephen Hance, *Forgiveness in Practice* (Jessica Kingsley Publishers, 2019), p. 230.

15 德希達的《寬恕論》探討關於寬恕與歷史創傷的議題，例如南非的大屠殺和種族隔離政策：J. Derrida, *On Cosmopolitanism and Forgiveness* (Routledge, 2001).

第3章

1 《大屠殺》是高製作成本的美國電視劇，主演是年輕時代的梅莉．史翠普，該劇改變了德國人對於該國國家歷史的觀點。

2 「奧斯卡．葛洛寧審判：『奧斯維辛集中營記帳手』宣判有罪」，BBC News, 2015年7月15日，https://www.bbc.co.uk/news/av/world-europe-33533009

3 *Poetry Unbound* podcast, https://onbeing.org/programs/dilruba-ahmed-phase-one/

4 在美國重新更名為The Reawakening。

5 Primo Levi, *If This Is a Man / The Truce*, tr. Stuart Woolf with an introduction by Paul Bailey and an afterword by the author (The Orion Press, 1960; Abacus, 1987; *Se questo è un uomo* first published in Italy, 1958), p. 382.

6 Robin Shohet, 'Understanding Revenge: An invitation to let go' in Stephen Hance (ed.) *Forgiveness in Practice* (Jessica Kingsley Publishers, 2019), p. 123.

7 Chanel Miller, Know My Name (Viking, 2020).

8 *The Flipside with Paris Lees*, 'Forgive me, not?', 27 October 2021 https://www.bbc.co.uk/sounds/play/p0b05w53

9 'Billy Connolly "still loves abusive dad"', BBC News, 5 January 2013, https://www.bbc.co.uk/news/uk-scotland-20920274

第4章

1 Ben Fuchs, 'Betrayal, Revenge and Forgiveness: A Life Initiation', Changes – International Journal of Psychology

and Psychotherapy, 15/1 (1997), John Wiley & Sons.

2 Harriet Brown, 'How to Forgive Anyone – and Why Your Health Depends on It', 27 April 2011, https://www.oprah.com/oprahs-lifeclass/how-to-forgive-others-health-benefits-of-forgiveness-fred-luskin/all

3 International Rehabilitation Council for Torture Victims, 'Conversion Therapy is Torture', 23 April 2020, https://irct.org/media-and-resources/latest-news/article/1027

4 Jane Graham, 'Jean-Michel Jarre: "My success was so big and violent it was almost abstract", The Big Issue, 27 November 2018, https://www.bigissue.com/interviews/jean-michel-jarre-my-success-was-sobig-and-violent-it-was-almost-abstract/

5 David Whyte, *Consolations: The Solace, Nourishment and Underlying Meaning of Everyday Words* (Canongate Books, 2019), p. 52.

6 *Ian Wright: Home Truths*, 6 May 2021 https://www.bbc.co.uk/iplayer/episode/m000vt7g/ian-wright-home-truths

7 完美例證就是作者克里斯多福・伊薛伍德和藝術家藝術家唐・巴卡迪的友誼，雖然兩人年齡相差三十歲，卻在一九五三年初次見面後就維持好友關係，直到伊薛伍德在一九八六年離世。由於巴卡迪年輕許多，伊薛伍德明白巴卡迪渴望更豐富的性生活，但是從他的日記可以看見，他認為最重要的莫過於兩人的情誼，而不是他的事業或宗教。光是靜靜坐著等待他，他就能在巴卡迪心中保留一席之地。最後他們的關係昇華成父子、師生情誼，而這一段感情也記錄在凱薩琳・巴克內爾著手的書信集序言。

第5章

1 Lis Cashin, *This Is Me: My Journey to Mental Wellbeing* (2020), p. 64; www.lischasin.com

2 Johann Christoph Arnold, *The Lost Art of Forgiving: Stories of Healing from the Cancer of Bitterness* (Plough

Publishing House, 1998), p. 114.

3 Stephen Hance (ed.), *Forgiveness in Practice: Uses and Abuses of Self-Forgiveness* (Jessica Kingsley Publishers, 2019), p. 74.

4 'Phase One' from Bring Now the Angels by Dilruba Ahmed, © 2020. Reprinted by permission of the University of Pittsburgh Press.

5 J. S. Zechmeister and C. Romero, 'Victim and offender accounts of interpersonal conflict: Autobiographic narratives of forgiveness and unforgiveness', *Journal of Personality and Social Psychology* 82/4 (2002): 675–686, https://doi.org/10.1037/0022-3514.82.4.675

6 J. Blustein, 'On Taking Responsibility for One's Past', *Journal of Applied Philosophy* 17/1 (2000): 1–19.

7 Richard Holloway, *On Forgiveness: How Can We Forgive the Unforgivable?* (Canongate Books, 2002), p. 49.

8 Twitter, @QandA, 23 May 2021, https://twitter.com/qanda/status/1398058400081010688?s=21

第6章

1 比起沒有創傷後壓力症候群的軍人，患有創傷後壓力症候群的男性退伍軍人對伴侶家暴的機率高出兩至三倍。經指出，約有三十三％患有創傷後壓力症候群的退伍軍人在過去一年至少一次暴力對待親密伴侶。約有九十一％患有創傷後壓力症候群的退伍軍人在過去一年曾對親密伴侶心理暴力。（數據摘自DomesticShelters.org,'The Facts About Abuse in Military Families: A by-the-numbers look at domestic violence among service members', 2 December 2016, https://www.domesticshelters.org/articles/statistics/the-facts-about-abuse-in-military-families）

2 艾克哈特．托勒，《當下的力量》（橡實文化，2023年）。

3 詳細請見https://www.drborris.com/politicalforgiveness

4 研究顯示某些條件下促成的寬恕可能有害。大屠殺、種族滅絕和不可逆轉的衝突發生過後，加害者和被害者團體要是持續生活在一起，而加害者不願承認自己有責，抑或不肯表達悔意，寬恕就可能對這些團體的人際關係形成更多問題。請見E. Staub, 'The Origins and Evolution of Hate, With Notes on Prevention', in R. J. Sternberg (ed.), *The psychology of hate* (pp. 51–66), American Psychological Association, 2005, https://doi.org/10.1037/10930-003; E. Staub, L. A. Pearlman, A. Gubin & A. Hagengimana, 'Healing, Reconciliation, Forgiving and the Prevention of Violence After Genocide or Mass Killing: An Intervention and Its Experimental Evaluation in Rwanda', *Journal of Social and Clinical Psychology* 243 (2005): 297–334, https://doi.org/10.1521/jscp.24.3.297.65617

5 Jude Whyte, 'Jude Whyte: Best people of Northern Ireland can hope for is to live in parallel universes of barely tolerating each other', *Belfast Telegraph*, 14 March 2019, https://www.belfasttelegraph.co.uk/opinion/news-analysis/jude-whyte-best-people-of-northern-ireland-can-hope-for-is-to-live-inparallel-universes-of-barely-tolerating-each-other-37911450.html

6 https://www.theforgivenessproject.com/stories/brima-koker/

7 P. Gobodo-Madikizela, A Human Being Died That Night: *A South African Woman Confronts the Legacy of Apartheid* (Mariner, 2004), p. 117.

第7章

1 Bryan Eneas, 'Sask. First Nation announces discovery of 751 unmarked graves near former residential school', CBC News, 24 June 2021,https://www.cbc.ca/news/canada/saskatchewan/cowessess-marieval-indian-residential-school-news-1.6078375

2 Parliamentary Debates, Senate, 12 June 2008, 1505 (Mary Simon, President, Inuit Tapiriit Kanatami).

3 研究顯示，很少證據指出團體之間的道歉和原諒存在因果關係，因為光是道歉往往不足以讓人寬恕，以至於道歉與寬恕的關係逐漸薄弱，也很可能是因為道歉並不符合期望。請見Matthew J. Hornsey and Michael J. A. Wohl, 'We are sorry: Intergroup apologies and their tenuous link with intergroup forgiveness', *European Review of Social Psychology* 24/1, (2013): 1–31.

4 https://reformationharvrestfire.com/2010/08/a-nation-forgiven-canada/

5 Quoted from an interview McCullough gave to Krista Tippett for On Being (airdate 2008), https://onbeing.org/programs/michael-mccullough-getting-revenge-and-forgiveness/

6 Molly Andrews, 'The Narrative Architecture of Political Forgiveness', *Political Psychology* 40/3 (June 2019): 433–447, https://repository.uel.ac.uk/download/b478494a756bd78f91c75d0eb89efd78d7ee74989adedab7df3ba3316e2b91bb/344924/The%2520Narrative%2520Architecture%2520of%2520Political%2520Forgiveness.pdf

7 Marina Hyde, 'Footballers can say it, but for England's politicians, "sorry" really is the hardest word', *The Guardian*, 13 July 2021,https://www.theguardian.com/commentisfree/2021/jul/13/footballers-england-politicians-sorry-euro-2020-players-prime-minister

8 Nancy Berlinger, PhD, 'Resolving Harmful Medical Mistakes:Is There a Role for Forgiveness?', *American Medical Association Journal of Ethics* 13/9 (September 2011): 647–654,https://journalofethics.amaassn.org/article/

resolving-harmful-medicxal-mistakes-there-role-forgiveness/2011-09

9 一份傑出論文研究了當前醫療疏失的調查回應可能促成的二次傷害，以及修復式方法如何劇烈改變結局。Jo Wailling MHR, RN, Allison Kooijman MA, Joanne Hughes, Jane K. O'Hara PhD, 'Humanizing harm: Using a restorative approach to heal and learn from adverse events', *Health Expectations* (2022), https://onlinelibrary.wiley.com/doi/10.1111/hex.13478

10 Gillian Slovo, *Making History: South Africa's Truth and Reconciliation Commission* (OpenDemocracy, 2002).

11 Marc Maron, WTF podcast, Episode 1028, 17 June 2019, http://www.wtfpod.com/podcast/episode-1028-eve-ensler?rq=Eve%20Ensler

第 8 章

1 David Baddiel, *Social Media, Anger and Us*, BBC Two, 13 December 2021.

2 *South African Times*, 27 September 2006.

3 House of Commons Library, 'Hate Crime Statistics', 26 November 2021, https://researchbriefings.files.parliament.uk/documents/CBP-8537/CBP-8537.pdf

4 New Zealand Human Rights Commission, 'COVID-19 fueling discrimination against Tangata Whenua and Chinese communities', 17 February 2021, https://www.hrc.co.nz/news/covid-19-fueling-discrimination-against-tangata-whenua-and-chinese-communities/

5 Asian Australian Alliance, 'Covid-19 Coronavirus Racism Incident Report', https://asianaustralianalliance.net/wp-content/uploads/2020/07/COVID-19-racism-incident-report-preliminary.pdf

6 Refuge, 'A Year of Lockdown', 23 March 2021, https://www.refuge.org.uk/a-year-of-lockdown/

7 'FBI Releases 2020 Hate Crime Statistics', 30 August 2021, https://www.fbi.gov/news/pressrel/press-releases/fbi-releases-2020-hatecrime-statistics

8 Dean Balsamini, 'NYC hate crimes skyrocketed by 139 percent this year: NYPD data', *New York Post*, 3 July 2021, https://nypost.com/2021/07/03/nyc-hate-crimes-skyrocketed-by-139-percent-this-year-nypd/

9 UK Government Home Office, 'Official Statistics: Hate Crime, England and Wales, 2019 to 2020', Updated 28 October 2020, https://www.gov.uk/government/statistics/hate-crime-england-andwales-2019-to-2020/hate-crime-england-and-wales-2019-to-202

10 Emma Powys Maurice, 'Counter-terrorism probe launched after trans police officer gets "two million hate comments"', PinkNews, 13 October 2021, https://www.pinknews.co.uk/2021/10/13/counter-terrorism-trans-police-officer-online/

11 'Hate Crimes In Schools Rise By 121% In Just Three Years', LBC, 12 September 2019, https://www.lbc.co.uk/news/hate-crimes-in-schools-rise-racism/;搜集自英國各地的警方數據顯示，二〇一五年該校發生超過九百起仇恨相關事件，但該數據卻在二〇一八年攀升至一千九百八十起案件，足足提高一百二一％。

12 Guy Lynn, 'Anti-Semitic reports in London hit new high, charity says', BBC News, 15 June 2021, https://www.bbc.co.uk/news/uk-england-london-57439688

13 Tom Krattenmaker, 'Stopping the rampant hate running through America', USA Today, 2020, https://eu.usatoday.com/story/opinion/2020/11/12/how-end-hate-has-surrounded-politics-andelections-column/6232592002/

14 'Southampton man arrested over "racist attack" is released', BBC News, 28 February 2021 https://www.bbc.co.uk/news/uk-england-hampshire-56229747

15 *Confessions with Giles Fraser* podcast, https://podcasts.apple.com/gb/podcast/confessions-with-giles-fraser-unherd/id1445038441?mt=2

16 Michael Hodges, 'Civilisations presenter Mary Beard: "I'm really glad I didn't do TV until I was 50"', *Radio Times*, 13 April 2018, https://www.radiotimes.com/tv/documentaries/civilisations-bbc-mary-beard/

17 David Baddiel, *Social Media, Anger and Us*, BBC Two, 13 December 2021.

18 https://threader.app/thread/1417674275046273035

19 https://www.youtube.com/watch?v=kGJGYgoaPyI&list=PLpPQHEkzSCXrSNNLvZbVYhb93B81z7PUT&t=916s

20 https://www.streetgangs.com/tag/calvin-hodges/

第9章

1 Patrick Magee, *Where Grieving Begins: Building Bridges After the Brighton Bomb* (Pluto Press, 2021), p. 212.

2 同上，第xi頁。

3 Marian Partington, *If You Sit Very Still* (Vala Publishing, 2012), pp. 167–69.

4 Margot Van Sluytman, 'Sawbonna: Justice As Lived Experience', Athabasca University, June 2012, https://www.iirp.edu/images/pdf/sawbonna-paper.pdf

5 Glynis Ratcliffe, 'When her father was murdered, this writer turned to poetry', Broadview, 13 October 2021, https://broadview.org/margot-van-sluytman/

6 *Forgiving Justice*, Swarthmore Lecture, Quaker Home Service (Newell, 2000), p. 44.

7 Professor Lawrence Sherman and Dr Heather Strang, ‘Restorative Justice: The evidence’, 2007, https://restorativejustice.org.uk/resources/restorative-justice-evidence-%E2%80%93-professor-lawrence-sherman-and-dr-heather-strang

8 摘自Carmen Aguirre, *Mexican Hooker #1: And My Other Roles Since the Revolution*, Granta, 14 April 2016, https://www.theguardian.com/society/2016/apr/09/carmen-aguirre-why-faced-my-rapist?CMP=Share_iOSApp_Other

9 Kate Graham, ‘“We forgave man who killed our daughter and even let him move in to our home”’, *Daily Mirror*, 4 August 2021, https://www.mirror.co.uk/news/uk-news/we-forgave-man-who-killed-24689161

10 *Justice* podcast, Edwina Grosvenor in conversation with James Timpson OBE, Chair of Prison Reform Trust and Chief Executive of Timpson, a successful UK-wide family run business, https://podcasts.apple.com/gb/podcast/justice-with-prison-philanthropist-edwina-grosvenor/id1436859351?i=1000486241154

11 N. Lacey and H. Pickard, ‘To Blame or to Forgive? Reconciling Punishment and Forgiveness in Criminal Justice’, Europe PMC, 2015, http://europepmc.org/article/MED/26937059

第10章

1 L. Gonzales, *Surviving Survival* (W.W. Norton & Company, 2012)

2 M. Yaconelli, *Messy Spirituality* (Zondervan, 2002), p. 13.

3 若想更深入閱讀寬恕的所有層面，包括信仰傳統，請見Stephen Hance, *Forgiveness in Practice* (Jessica

Kingsley Publishers, 2019).
4 馬太福音，第六章：第14-15節，新國際版聖經（NIV）。
5 馬太福音，第十八章：第21-22節，新國際版聖經（NIV）。
6 'Nun sought justice after torture in Guatemala', *Washington Post*, 20 February 2021, https://www.pressreader.com/usa/the-washington-post/20210220/281526523768704
7 https://www.scribd.com/document/53408350/Speak-Truth-To-Power-Courage-without-Borders-Series-Sister-Dianna-Ortiz-Guatemala-USA-Torture
8 https://www.washingtonpost.com/local/obituaries/dianna-ortiz-nun-who-told-of-brutal-abduction-by-guatemalan-military-dies-at-62/2021/02/19/932ac25a-713a-11eb-85fa-e0ccb3660358_story.html
9 Sarah McClure, 'The Amish Keep to Themselves. And They're Hiding a Horrifying Secret: A year of reporting – an exclusive partnership between Cosmo and Type Investigations – reveals a culture of incest, rape, and abuse', Type Investigations, 14 January 2020, https://www.typeinvestigations.org/investigation/2020/01/14/amish-sexual-abuse-assault/

第11章

1 Andrea J. Miller, Everett L. Worthington and Michael A. Mcdaniel, 'Gender and Forgiveness: A Meta-Analytic Review and Research Agenda', *Journal of Social and Clinical Psychology*, 27/8, (2008): 843–76.
2 Andrew Solomon, 'How the worst moments in our lives make us who we are', youtube.com/watch?v=RiM5a-vaNkg

3 https://broadview.org/margot-van-sluytman/

4 2018 James McTaggart Lecture at the Edinburgh TV Festival

5 摘自Carmen Aguirre, *Mexican Hooker #1: And My Other Roles Since the Revolution*, published by Granta, 14 April 2016, https://www.theguardian.com/society/2016/apr/09/carmen-aguirre-why-faced-my-rapist?CMP=Share_iOSApp_Other

6 https://peacecrane.weebly.com/the-circle-of-reconcilation.html

7 https://www.humiliationstudies.org/documents/

8 Stephen Levine, *Unattended Sorrow* (Rodale, 2005), p 19.

9 引述於*The People*, 18 August 2015, 'Stephen Colbert on Learning to Accept the Deaths of His Father and Brothers: 'I Love the Thing That I Most Wish Had Not Happened''', https://people.com/tv/stephen-colbert-plane-crash-killed-his-father-and-brothers-when-he-was-10

結語

1 https://www.gaylekirschenbaum.com/look-at-us-now-mother

國家圖書館出版品預行編目 (CIP) 資料

寬恕：是終點，還是起點？／瑪琳娜．肯塔庫奇諾（Marina Cantacuzino）著；張家綺 翻譯
– 初版 . -- 臺北市：三采文化，2023.011
面： 公分 .（Focus 104）
譯自：Forgiveness: An Exploration
ISBN：9786263582088（平裝）

1. 心理學 2. 個人成長 3. 社會議題

176.56 112016302

◎封面圖片提供：
iStock.com / Kseniya Lapteva
iStock.com / laski
iStock.com / petekarici

suncolor 三采文化

FOCUS 104

寬恕

是終點，還是起點？

作者｜瑪琳娜．肯塔庫奇諾（Marina Cantacuzino）
翻譯｜張家綺
責任編輯｜張凱鈞　專案主編｜戴傳欣
美術主編｜藍秀婷　封面設計｜方曉君
內頁排版｜曾瓊慧　文字校對｜黃薇霓

發行人｜張輝明　總編輯長｜曾雅青　發行所｜三采文化股份有限公司
地址｜台北市內湖區瑞光路 513 巷 33 號 8 樓
傳訊｜TEL: (02) 8797-1234　FAX: (02) 8797-1688　網址｜www.suncolor.com.tw
郵政劃撥｜帳號：14319060　戶名：三采文化股份有限公司
本版發行｜2023 年 11 月 3 日　定價｜NT$480

suncolor

suncolor